Sexualmagie

FRATER V∴D∴

SEXUAL MAGIE

Freisetzung und gezielte
Anwendung
der Kräfte des Eros

Ansata

Das vorliegende Buch ist sorgfältig erarbeitet worden.
Dennoch erfolgen alle Angaben ohne Gewähr.
Weder Autor noch Verlag können für eventuelle Nachteile oder
Schäden, die aus den im Buch gemachten praktischen Hinweisen
resultieren, eine Haftung übernehmen.

FSC

Mix

Produktgruppe aus vorbildlich
bewirtschafteten Wäldern und
anderen kontrollierten Herkünften

Zert.-Nr. SGS-COC-1940
www.fsc.org
© 1996 Forest Stewardship Council

Verlagsgruppe Random House FSC-DEU-0100
Das für dieses Buch verwendete
FSC-zertifizierte Papier *Munken Premium*
liefert Arctic Paper Munkedals AB, Schweden.

Ansata Verlag
Ansata ist ein Verlag der Verlagsgruppe Random House GmbH

ISBN 978-3-7787-7334-5

1. Auflage 2008
Copyright © 2008 by Ansata Verlag, München,
in der Verlagsgruppe Random House GmbH
Alle Rechte sind vorbehalten. Printed in Germany.
Illustrationen: Reinert & Partner, München – Doris Detre
Einbandgestaltung: Reinert & Partner, München
Herstellung: Gabriele Kutscha
Gesetzt aus der Stone Serif bei Leingärtner Nabburg
Druck und Bindung: GGP Media GmbH, Pößneck

Inhaltsverzeichnis

Vorwort 7

Magie, Mystik, Eros – eine kurze Geschichte
der Sexualmagie 9

Das Geister- und das Energiemodell:
Grundlagen der Sexualmagie 29

Tabu Sexualität – die stressfreie Erschließung
und Nutzung der eigenen Sexualkraft 35

Die Trainingsstufen der Sexualmagie 51

Angewandte Sigillenmagie und Talismantik 171

Die sexualmagische Praxis 189

Sexualmagische Rituale:
Invokation und Evokation 335

Psi-Phänomene sowie sexualmagische Heilungs-
und Energetisierungspraktiken 351

Praktische Sexualmystik:
Unio mystica und Chymische Hochzeit 366

Literaturverzeichnis 376

Vorwort

Die Geschichte der praktischen Magie reicht zwar weit in die Urzeit der menschlichen Entwicklung zurück, doch hat es lange gebraucht, bis sie sich in verschiedene Unterdisziplinen verästelte, um schließlich in bisweilen weit auseinander liegende Kategorien eingeteilt zu werden.

Auch die Sexualmagie stellt eine solche Unterdisziplin des Gesamtkomplexes »Magie« dar, wiewohl vielleicht ihre geheimnisvollste und umstrittenste. Erst um die Wende vom 19. zum 20. Jahrhundert findet der Begriff »Sexualmagie« seine erste öffentliche Erwähnung, und wenn sie seitdem auch häufig das Interesse vor allem der Sensationsmedien erfuhr, blieben genaue Einzelheiten, Techniken, Gebräuche und die diesen zugrunde liegenden Gesetzmäßigkeiten und Symbolstrukturen meist im Verborgenen.

Das vorliegende Werk erschien in einer ersten Fassung unter dem Titel *Handbuch der Sexualmagie. Praktische Wege zum eingeweihten Umgang mit den Kräften des Sexus* im Jahr 1986. Die Veröffentlichung war damals von einigen technischen Schwierigkeiten begleitet. Hinzu kam eine aktuelle Buchmarktsituation, die einer groß angelegten Verbreitung magischer Literatur nicht eben förderlich war. So erreichte die Ausgabe im deutschen Sprachraum nur einen vergleichsweise winzigen Leserkreis, ganz im Gegensatz zum Ausland, wo sie im angelsächsischen Raum seit Jahren ihre Interessenten findet. Es liegt sogar eine japanische Ausgabe vor, und erst vor Kurzem erschien es in russischer Sprache.

Für die vorliegende Ausgabe wurde das ursprüngliche Werk vollständig überarbeitet, umstrukturiert, neu gegliedert und in einigen Punkten erweitert. Zwar bleiben die Grundprinzipien der Magie stets dieselben, doch war es schon immer oberste Aufgabe magischer Autoren, als Kinder ihrer Zeit auch die Sprache ihrer Zeit zu sprechen, um den zeitgenössischen Magieinteressenten eine an sich zwar uralte, dennoch aber immer wieder frische und aufs Neue zu entdeckende Kunst und Wissenschaft nahezubringen. Nach immerhin 21 Jahren schien es daher geboten, auch sprachlich einiges auf den neuesten Stand zu bringen.

So bleibt zu wünschen, dass die vorliegende Ausgabe einen möglichst großen Kreis interessierter Leser im deutschsprachigen Raum findet, die dazu bereit sind, dieses so faszinierende wie wirkungsvolle Spezialgebiet der praktischen Magie kennenzulernen, es zu erkunden und durch eigene Forschung weiterzuentwickeln.

a in I, 2 in C, AN 2007 e. v.

Fra V∴D∴.
Vbiqve Daemon∴Vbiqve Devs∴

Magie, Mystik, Eros – eine kurze Geschichte der Sexualmagie

Es gilt als sicher, dass es bereits in der Vorzeit sexualmagische Kulte und Praktiken gegeben hat, von denen wir freilich wenig Gesichertes wissen. Sehr wahrscheinlich waren diese Kulte dem ähnlich, was wir noch heute in schamanischen Gesellschaften etwa im Amazonasbecken, auf Papua-Neuguinea oder in manchen Teilen der Arktis und des Inneren Asiens beobachten können. Die schamanischen Fruchtbarkeitskulte der Frühgeschichte bedienten sich häufig stark sexualisierter Figuren und Gestalten, man denke etwa an die steinzeitlichen Frauengestalten mit ihren üppigen Brüsten und Gesäßkonturen, an sakrale Darstellungen von Vagina und Penis usw. Im alten Sumer rankten sich die Sexualkulte vor allem um die Verehrung der Mondgöttin Ishtar (Astarte), und die Chaldäer pflegten eine hoch entwickelte Tempelprostitution, die zumindest in ihren Anfängen rein sakrale und magische Züge gehabt haben dürfte. Im alten Ägypten gab es unter anderem den Isis-Kult und die Phallusverehrung, während Indien und Tibet den Tantrismus und den Kundalini-Yoga entwickelten und im alten China die innere Alchemie des Taoismus (auch »taoistisches Tantra« genannt) vor allem in höfischen Kreisen kultiviert wurde. Im Griechenland Platos wurde der Eros geheiligt, freilich überwiegend der männliche, doch kannten etwa die Demeter-Mysterien auch eine starke Betonung des weiblichen Elements. Das Judentum entwickelte in einigen Zweigen der esoterischen Kabbala sexualmagisches und -mystisches Gedankengut, und es kannte auch einige Sekten, etwa die Sabbatianer, die derlei Lehren in die Praxis umsetzten und pflegten.

Die späthellenistischen Gnostiker, die sich überwiegend mit Judentum und Christentum auseinandersetzten, hatten ihre ausschweifenden Sekten und Sexualkulte (etwa die Ophiten und Simonianer wie überhaupt die gesamte »Barbelo«- oder »Sperma-Gnostik«), die sich auch eingehend mit der Sexualmagie, wie wir sie heute verstehen, beschäftigten.

Auch Weltreligionen wie das Christentum und der Islam wiesen gewisse sexualmystische und -magische Züge auf, man denke etwa an den mittelalterlichen Minnekult oder an manche esoterische Sekte innerhalb des Sufismus. Weitgehend unabhängig davon, gelegentlich mit ihnen aber auch Verbindungen eingehend pflegten bis tief in das Mittelalter des Christentums hinein Anhänger heidnischer Religionen sexualmagische Fruchtbarkeitsriten und -beschwörungen. Dieser Spät- oder Neuschamanismus hat nach dem Zweiten Weltkrieg eine Wiederbelebung durch den von England ausgehenden Wicca- oder Hexenkult erfahren, der zumindest in seinem höheren Einweihungsgrad (dem sogenannten »Großen Ritus«) sexualmagisch und -mystisch geprägt ist.

Der berühmt-berüchtigte Templerorden wurde bei seiner Zerschlagung sexualmagischer Praktiken bezichtigt, doch gab es auch noch andere Richtungen und Sekten innerhalb des mittelalterlichen Christentums, so etwa die »Brüder vom freien Geist« (Begarden, Ortlibianer), die mit derlei Gedankengut wohlvertraut waren. Generell lässt sich allerdings sagen, dass im Christentum die Sexualmagie und -mystik weitgehend sublimiert, also »entschärft« wurde, sei es nun innerhalb der bereits erwähnten Hohen Minne, der allgemeinen Mystik bis zum späteren Pietismus oder auch in der Alchemie. Eine Entwicklung übrigens, für die wir auch in Indien, Tibet und China interessante Parallelen finden sowie im chassidischen Judentum.

Es nimmt nicht weiter wunder, dass die Urkraft Sexualität schon von jeher das Interesse der Menschheit auf sich gelenkt hat. Sie wurde gefürchtet und verehrt, angebetet und verteufelt, gepflegt und unterdrückt – offen und geheim, drastisch und milde. Im Grunde verfahren wir heutzutage mit ihr nicht viel anders, als es unsere Vorfahren vor Tausenden von Jahren taten. Trotz aller Sexualforschung ist die Sexualität für uns ein Mysterium geblieben, ein Buch mit sieben Siegeln, faszinierend und erschreckend zugleich.

Dennoch wäre es falsch, von einer kontinuierlichen Tradition der Sexualmagie zu sprechen. Wiewohl der Glaube daran naheliegt, lässt sich eine solche objektiv und historisch gesichert nicht nachweisen. Vielmehr müssen wir feststellen, dass eine Unmenge an einschlägigem Wissen immer wieder in Vergessenheit geraten ist, um später aufs Neue entdeckt beziehungsweise wiederentdeckt zu werden – immer und immer wieder. Erst seit Ende des 19. Jahrhunderts lässt sich in Europa eine ungebrochene Tradition der Sexualmagie nachweisen, die die heutige Sexualmagie entscheidend geprägt hat. Darauf wollen wir nun unser Augenmerk richten.

Abgesehen von vereinzelten Gruppen um schon damals relativ unbekannte Gestalten wie Edward Sellon in England und Paschal Beverley Randolph in Amerika, lässt sich der Beginn der eigentlichen modernen Sexualmagie mit der Gründung des Ordens Orientalischer Tempelritter (Ordo Templi Orientis = O. T. O.) durch Theodor Reuß um das Jahr 1904 festmachen. Wie schon erwähnt gab es auch eine Reihe von Vorläufern, und schon 1870 versuchte Hargrave Jennings sich in seinem Werk *The Rosicrucians, Their Rites and Mysteries* an einer sexualmagisch-mystischen Interpretation der rosenkreuzerischen und freimaurerischen Symbolik. Vom Orden Orientalischer Tempelritter O. T. O. wird uns aber immerhin verbrieft, dass er sich offen zur Sexualmagie bekannte und diese in seinen höheren Graden (vom VIII° bis X°) praktizierte. Weniger bekannt ist die Tatsache, dass Rudolf Steiner, der Begründer der Anthroposophie, vor dem Ersten Weltkrieg neun Jahre lang Chef der deutschen Sektion des O. T. O. war, wenngleich er sich schon relativ früh von dessen sexualmagischen Praktiken distanziert haben soll. Dies wird von anthroposophischer Seite gern verschwiegen, doch weiß ich aus zuverlässiger Quelle, dass Steiner noch nach seinem Tod im vollen Ornat eines Rex Summus X° O. T. O. aufgebahrt worden sein soll, wovon es sogar noch Beweisfotos gibt. Dieser Punkt ist insofern wichtig, als dadurch die bislang oft unterschätzte Rolle des O. T. O. meines Erachtens ins rechte Licht gerückt wird, denn die heutige Sexualmagie verdankt diesem Orden ungeheuer viel, nicht zuletzt seinem späteren Oberhaupt Aleister Crowley (1875–1947). Dieser wohl

am übelsten beleumdete und am meisten missverstande-
ne Magier aller Zeiten war es, der der modernen Sexualmagie die entscheidenden Anstöße gegeben hat, und dies
gewiss nicht nur durch seine Einführung eines zusätzlichen (XI°) Grades innerhalb des O. T. O., der sich vor allem
mit homoerotischen Praktiken beschäftigt. Was immer
man sonst vom Meister Therion halten mag, unbestritten
bleibt auf jeden Fall sein gewaltiger Beitrag zur modernen,
pragmatisch orientierten Sexualmagie.

Dabei ist es erstaunlich, dass Crowley zu Lebzeiten die
innersten Geheimnisse seines Ordens nie wirklich der
Öffentlichkeit preisgegeben hat, so ruhm- und skandal-
süchtig er auch sonst war. Aber durch die nach seinem Tod
veröffentlichten Tagebuchaufzeichnungen und die Ent-
schlüsselung zahlreicher seiner einschlägigen Schriften hat
er Entwicklungen angeregt, die später von Autoren wie
Kenneth Grant und Francis King lange nach Crowleys Tod
ebenso aufgegriffen wurden wie von Louis Culling, Israel
Regardie, Michel Bertiaux oder Pete Carroll. Auch das nur
wenigen Insidern bekannte Werk *The Forbidden Book of
Knowledge* des Amerikaners Charles Fairfax Thompson lebt
davon, und mittlerweile ist die Zahl der einschlägigen Autoren Legion, vor allem im angelsächsischen Bereich. Viele
von ihnen kopieren freilich mehr oder weniger geschickt
den Altmeister Crowley, der uns in diesem Werk noch öfter begegnen soll, ohne wirklich über ihn hinauszuführen.

In diesem Zusammenhang weniger bekannt ist der
Engländer Austin Osman Spare (1886–1956), der die Sexualmagie vor allem durch seine Sigillenmagie und sein
Konzept von der »Atavistischen Nostalgie« bereichert hat,
womit wir uns noch eingehender befassen werden. Spare

war für kurze Zeit auch Mitglied in Crowleys Orden A∴A∴, der später unter der Ägide des Meisters Therion mit dem O. T. O. fusionierte, ging aber schon bald wieder eigene Wege. Sein Einfluss wird vor allem in der modernen Chaos-Magie deutlich, die seinen Zos-Kia-Kultus innerhalb ihres eigenen Ordens I.O.T. (Illuminates of Thanateros) wiederbelebte und mit zeitgenössischem Gedankengut (Quantenphysik, Existenzialismus, Strukturalismus) »verjüngte«.

In diesem Zusammenhang darf auch die Fraternitas Saturni (F. S.), die sich aus der deutschen Pansophischen Bewegung unter Gregor A. Gregorius (Eugen Grosche) abspaltete und mit ihrem 18. Grad (dem »Gradus Pentalphae«) zumindest die theoretische Sexualmagie pflegte, nicht vergessen werden. Auch dieser Orden wird bei uns gelegentlich in entsprechendem Zusammenhang Erwähnung finden. Gregorius unterhielt freundschaftliche Beziehungen zu Aleister Crowley bis zu dessen Tod. Es lässt sich wohl mit Fug und Recht behaupten, dass die Fraternitas Saturni über lange Zeit hinweg auch das sexualmagische Wissen des O. T. O. bewahrte und pflegte, als sich dieser selbst nach Crowleys Tod in verschiedene Splittergruppen aufteilte. Ein Schicksal freilich, das auch die F. S. immer wieder ereilte, bis sich Anfang der 80er-Jahre eine Stabilisierung und Konsolidierung einstellte. Immerhin bieten die »Sonderdrucke« dieses Ordens wie auch manche Ausgaben seiner internen Schrift »Saturn-Gnosis« manch interessanten Einblick in die ältere Praxis der Sexualmagie.

Dieser kurze Abriss der Geschichte der Sexualmagie mag hier genügen, denn wir wollen uns nicht mit den zahllo-

sen kleinen und kleinsten Gruppen und Grüppchen befassen, die sich ebenfalls mit der Sexualmagie beschäftigten, vom Adonisten-Bund des Ra-Omir Quintscher bis zum
Pariser Randolph-Zirkel um Marie de Naglowska. Ohnehin
dient dieser Überblick nur dem historisch interessierten
Leser, ohne wirklich in die Tiefe führen zu können. Wer
sich für diesen Aspekt der Materie interessiert, der sei auf
das umfangreiche Literaturverzeichnis im Anhang verwiesen. Vor allem die Werke Evolas, Hembergers und Fricks
geben reichen Aufschluss über die geschichtlichen Zusammenhänge der organisierten Sexualmagie vor dem
Zweiten Weltkrieg.

Dort, wo wir von diesen Vorgängern bewusst profitiert
haben, werden sie in der Regel auch gebührend erwähnt.
Doch sollte man sich, wie bereits betont, von der Illusion
frei machen, dass es so etwas wie die Geschichte der Sexualmagie gebe. Tatsächlich stellt die Sexualmagie ein ebensolches Chaos dar wie die Geschichte der Sexualität überhaupt.

Im Übrigen nützen derlei Detailuntersuchungen meistens nur dem Historiker und dem Theoretiker, für den
Praktiker sind sie nur von untergeordnetem Wert. Dies umso mehr, als die Lektüre früherer Pioniere und Vorkämpfer
auf diesem Gebiet oft eine arge Enttäuschung bietet: Nur
selten nennen diese Autoren das Kind beim Namen, meistens muss sich der Leser durch ein Gewirr und Gewusel
von Anspielungen, Verschlüsselungen und moralischen
Ermahnungen kämpfen, bis er zum praktischen Angang
findet. Dieser wird dann oft genug enttäuschend flach, ja
oberflächlich und irreführend dargestellt. Gerade diesem
Mangel aber wollen wir mit unserem Werk abhelfen.

Andererseits hilft uns die historische Einbettung dabei, unseren eigenen Entwicklungsstand genauer und schärfer zu erkennen. Auch der Sexualmagier ist stets Kind seiner Zeit, von ihr ebenso geprägt und abhängig wie von ihr profitierend. Es wäre unlauter, dies zu verschweigen. Nein, es wäre sogar höchst unklug, denn durch ebendiese Erkenntnis gewinnen wir oft eine beträchtliche magische Kraft: Wer die Stärken und Schwächen seiner Epoche kennt, ihre und seine eigenen Vorläufer und Quellen, der kann sich ihrer weitaus wirkungsvoller bedienen als der historisch unbewusste, entwurzelte Mensch, der darauf angewiesen ist, einen großen Teil seiner Energie darauf zu verwenden, seinen eigenen Standpunkt stets aufs Neue zu definieren und, um ein Bild zu gebrauchen, sein Haus immer wieder auf Sand zu bauen, weil er unzählige Male alte Fehler wiederholt. Darüber hinaus spielt dieses Wissen gerade bei der atavistischen Sexualmagie eine herausragende Rolle. Deshalb möchten wir jedem angehenden Sexualmagier empfehlen, sich auch mit der Geschichte sexualmagischen Gedanken- und Kulturguts auseinanderzusetzen. Denn das Gestern bestimmt das Heute, und nur wer Gestern und Heute kennt, kann darauf hoffen, das Morgen aus eigener Kraft zu meistern, zu formen und zu prägen. Zwar kennt die Mystik nur das Ewige Jetzt, doch ist sie keineswegs wurzellos, leugnet die Vergangenheit nicht in törichter Kurzsichtigkeit – so wenig wie die Zukunft, die ja »nur« das Jetzt von morgen ist, die Erfüllung und das Ziel zugleich. Erst wer diese Einstellung verinnerlicht hat, vermag das Jetzt auch so weit auszufüllen, dass es Gestern und Morgen miteinbezieht und umspannt, und kann auf derlei Unterscheidungen schließlich verzichten, sie überwinden. Der Orgasmus ist zeitlos.

Dennoch hat er seine Geschichte und seine Auswirkungen, ist er unendlich und zeitlich bedingt zugleich.

All dies bedeutet freilich nicht, dass man die Sexualmagie erst nach langem, intensivem Geschichtsstudium betreiben kann und darf. Letztlich zählt nur die persönliche Praxis, doch zu dieser gehört das Vergangene ebenso wie das Zukünftige. Wer glaubt, dass er aus der Geschichte nichts lernen kann und soll, der mag getrost darauf verzichten. Allerdings wird ihm dabei wahrscheinlich manch wertvoller Hinweis auch und gerade für die Praxis seiner Gegenwart entgehen, und manches muss er erst sehr mühsam aufs Neue entdecken und erfinden. Andererseits ist es nicht sinnvoll, wie gebannt auf die Geschichte zu starren, ohne den Bezug zum Heute herzustellen – das wäre das andere Extrem. Sexualmagie findet immer nur heute statt, im Hier und Jetzt und in der körperlichen wie seelischen Praxis. Zwischen diesen entgegengesetzten Einstellungen liegt der goldene Mittelweg des Lernens und Planens, des Empfangens und Erschaffens mithin des Göttlichen/Demiurgischen in der Magie des Sexus. Diesen Pfad wollen wir hier beschreiten.

Bevor es losgeht:
Gefahren und Voraussetzungen

Von allen Geheimwissenschaften galt die Sexualmagie jahrhundertelang als die gefährlichste. Wir wissen heute, wie sehr diese Einstellung die Körperfeindlichkeit des damals alles beherrschenden Christentums widerspiegelte.

Doch damit ist das Problem leider noch lange nicht vom Tisch, denn es lässt sich nicht leugnen, dass die Sexualmagie tatsächlich auch ihre problematischen, ja durchaus gefährlichen Aspekte hat. Diese liegen allerdings – wie auch bei der Magie ganz allgemein – häufig auf völlig anderen Ebenen, als es oft angenommen wurde. Es soll hier mit einem Vergleich beschrieben werden, auf den wir uns immer wieder beziehen wollen: Die Sexualmagie ist (wie die gesamte Magie auch) nicht gefährlicher und nicht ungefährlicher als etwa das Autofahren. Sie verlangt nach Schulung und Praxis, und sie kennt ihre Regeln und Gesetze. Wer sie betreiben will, muss in entsprechender Verfassung sein und aufmerksam bleiben. Man sollte die Gefahren der Sexualmagie also gewiss nicht bagatellisieren, sie aber auch nicht überbetonen, denn damit wäre niemandem gedient – dem Menschen selbst am allerwenigsten. Im Übrigen ist es eine zwar bedauerliche, aber nicht zu leugnende Tatsache, dass jene Menschen, die am lautstärksten vor den Gefahren der Sexualmagie zu warnen pflegen, in der Regel auch sexuell am verklemmtesten sind und über keinerlei praktische Erfahrungen mit der Sexualmagie verfügen.

Wenn man die Fahrschule besucht, um das Autofahren zu lernen, wird man in der Regel nicht erst stundenlang mit Schilderungen von Unfällen und Gefahren im Straßenverkehr verschreckt. Eine vernünftige Führerscheinausbildung wird im Laufe der Praxis zwar auf reale Gefahren und Risiken hinweisen, den Anfänger aber nicht vorab sinnlos verunsichern. Auf ähnliche Weise wollen wir hier auf die tatsächlichen Gefahren der Sexualmagie auch nicht verfrüht eingehen, sondern sie im Laufe der hier geschilderten und empfohlenen Praxis behandeln, wie es geboten scheint. Stattdessen werden wir uns zunächst einmal mit den Voraussetzungen für die Sexualmagie beschäftigen, wie wir sie verstehen.

Grundsätzlich ist die Sexualmagie für Mann und Frau möglich. Wir werden auf die durchaus existierenden Unterschiede zwischen männlicher und weiblicher Sexualität zwar stets eingehen, wo dies geboten erscheint, aber fürs Erste möge es genügen, dass wir hier keine wertende Unterscheidung zwischen den Geschlechtern machen werden, ja auch nicht machen dürfen, weil dies der ganzen Philosophie der Sexualmagie zuwiderliefe. Denn die Sexualmagie ist nicht in erster Linie für den Mann oder die Frau, für den Asiaten oder den Europäer, den Eingeweihten oder den Unerlösten usw. gedacht, sondern für den Menschen selbst, ohne Ansehen rassischer, konfessioneller, gesellschaftlicher oder geschlechtlicher Unterschiede.

Dennoch war die Sexualmagie noch nie etwas für die große Masse und wird es wahrscheinlich auch niemals sein. Vergessen wir nicht, dass der menschliche Umgang mit der Sexualität, auf den wir noch ausführlicher eingehen werden, von seiner emotionalen Sprengkraft her dem Gebrauch mit einer Handgranate gleichkommt! Keine Kraft, kein Trieb beherrscht uns so vollständig, so scheinbar irrational und so ausschließlich wie die Sexualität, kein Instinkt musste so sehr als Sammelbecken existenzieller Urängste und Unsicherheiten herhalten. Die Sexualmagie aber ist mehr als nur der rituelle Umgang mit Sexualität, sie will zur Überwindung jener Grenzen führen, von denen unsere Sexualität einerseits geprägt ist und die sie uns andererseits sehr oft selbst setzt. Insofern packen wir mit der Sexualmagie tatsächlich ein »heißes Eisen« an.

Wer also Sexualmagie praktizieren will, braucht zunächst einmal Mut – den Mut, auch sexuell über den eigenen Schatten des Gewohnten zu springen, seinen sexuell bedingten Ängsten ins Auge zu blicken und sie zu überwinden, ohne sie jedoch zu verdrängen oder kurzerhand auszumerzen. Diese Bereitschaft (und sie wird im Laufe der Praxis immer wieder auf die Probe gestellt werden!) ist unabdingbar, ohne sie kann die Sexualmagie tatsächlich zu einer wahren seelischen Hölle werden. Das wäre wie ein angehender Autofahrer, der sich weigert, sich im Straßenverkehr dem allgemeinen Tempo des Verkehrsflusses anzupassen, der völlig willkürlich und unberechenbar mal anhält, mal Gas gibt: Er gefährdet damit nur sich selbst und alle anderen. Doch das bedeutet nicht, um im Bild zu bleiben, dass jeder gleich Rennfahrerambitionen entwickeln muss! Die Sexualmagie hat nichts mit Hochleistungssport zu tun. Wenn ein Mensch das Gefühl hat, nun sei es genug, mehr könne er im Augenblick wirklich nicht verkraften, so wäre es der Gipfel der Torheit, seine Entwicklung mit Gewalt forcieren zu wollen.

Andererseits lernt man das Schwimmen nur durch den Sprung ins Wasser, deshalb muss jeder zu seinem eigenen Ausgleich zwischen Härte und Sanftheit gegenüber sich selbst finden. Man darf sich in der Sexualmagie ebenso wenig unter- wie überfordern. Findet man aber in diesem Punkt zum Mittelweg, also zur eigenen Mitte, so stehen einem Tür und Tor zum Erfolg offen.

Zweitens verlangt die Sexualmagie nach Zielbewusstheit. Sie wird, zumindest in der ersten Zeit, nicht allein um ihrer selbst willen ausgeübt. Der eindeutige, einspitzige Willenssatz muss ihr vorausgehen, will man nicht einfach nur einen etwas bizarren Umgang mit Sexualität pflegen, ohne die eigentliche Magie dabei jemals wirklich zu berühren. Doch warum sollte ein Mensch sich für die Sexualmagie entscheiden? Dafür kann es viele verschiedene Gründe geben, von denen einige hier stichwortartig aufgezählt werden sollen: das allgemeine Interesse an einer erweiterten, durch den magischen Umgang mit den Kräften der Seele und des Universums gesteigerten Sexualität; das Interesse an einer besonders wirkungsvollen magischen Technik; Forschergeist; das Verlangen, die eigenen Grenzen auszuweiten; Interesse am bewussten Umgang mit Ängsten und Gefühlen; der Wunsch, die eigene magische Entwicklung zu vervollkommnen und abzurunden; Vergnügen am magischen Umgang mit Sexualität; die intuitive »Baucherkenntnis«, dass dies der eigene Weg ist, usw.

Bevor Sie sich daranmachen, die Sexualmagie zu praktizieren, sollten Sie sich darüber im Klaren sein, warum Sie dies tun wollen. Das hat psychologische wie technische Gründe: Erstens werden Sie sich dadurch, sofern Sie bei der Selbstbetrachtung hinreichend tief in sich hineinblicken, über Ihr eigenes Verhältnis zur Sexualität und zur Magie klar; zweitens können Sie dann mit sicherer Hand jene Untergebiete der Sexualmagie verstärkt bearbeiten, die Ihren Anliegen am meisten entsprechen.

Bitte beachten Sie auch, dass hier keine Vorgaben gemacht werden, welches nun »edle, richtige« und welches »unedle, falsche« Motive für den Umgang mit der Sexualmagie sind! Es geht zunächst nur darum, sich ihrer überhaupt bewusst zu werden. Allerdings möchte ich auch auf

Motive hinweisen, die sich erfahrungsgemäß eher problematisch auswirken dürften: Wenn Sie in der Sexualmagie
einen Ausgleich, ja einen Ersatz für eine frustrierte Sexualität suchen sollten, dürften Sie einige Schwierigkeiten
bekommen. Die Sexualmagie verlangt zwar nicht nach
einem Magier, der bereits, jenseits von Gut und Böse, völlig frei von menschlichen Bedürfnissen und Regungen ist,
aber sie ist auch kein Ersatz für nicht ausgelebte Sexualität.
Wir hoffen, dass im Laufe dieser Ausführungen deutlich
wird, dass Sexualmagie nicht dasselbe ist wie Sexualität –
ein wichtiger Punkt, der nicht oft genug betont werden
kann!

Es soll hier nicht behauptet werden, dass Sie die Finger
von der Sexualmagie lassen müssen, wenn Sie in ihr lediglich eine Ersatzbefriedigung suchen oder gar die Möglichkeit, endlich auf »legitime« Weise all das praktizieren
zu dürfen, was Sie sich sonst nicht trauen würden (z. B.
Gruppensex, Partnertausch, Homosexualität usw.). Auch
dies kann eine hinreichende Triebkraft sein, die schließlich
zur echten Sexualmagie führt. Doch müssen Sie sich in diesem Fall vor allem und sehr eindringlich mit der vorberei-
tenden Praxis beschäftigen, der wir noch manche Seite
widmen werden. Tun Sie das nämlich nicht, so werden Sie
feststellen, dass die Sexualmagie die Sammlung Ihrer Ent-
täuschungen nur noch um einige weitere, möglicherweise besonders »hässliche« Erfahrungen erweitert, auf die Sie
besser verzichtet hätten! Die Sexualmagie arbeitet zwar mit
der Lustenergie, aber deshalb bereitet sie keineswegs immer
Vergnügen, sondern ist im Gegenteil oft sogar recht anstrengend. Wer an die Sexualmagie Erwartungen stellt,
die eigentlich an die Adresse der eigenen sexuellen Ver-

klemmtheit gerichtet werden müssten, dem wird sie den Ball unaufgefordert und gnadenlos wieder zurückspielen.

Anders als das östliche Tantra arbeitet die westliche Sexualmagie sehr betont mit dem männlichen wie weiblichen Orgasmus. Von daher ist die Orgasmusfähigkeit des Praktikanten natürlich auch eine notwendige Voraussetzung für das Ausüben dieser Kunst. Dies gilt zumindest für körperlich-sexuell gesunde, also organisch orgasmusfähige Menschen. Wer aus psychosomatischen Ursachen heraus Orgasmusschwierigkeiten hat, dem bleibt der Pfad der Sexualmagie deshalb noch lange nicht verschlossen; er oder sie muss freilich für die sogenannten »höheren« Stufen diese Fähigkeit erst (wieder) erschließen, wozu in diesem Werk auch entsprechende Hinweise gegeben werden. Orgasmusvermeidende Praktiken wie Tantra, Tao Yoga, Carezza usw. haben zwar in der Sexualmagie als Hilfsdisziplinen durchaus ihren Platz, doch verlangen viele sexualmagische Operationen eben unweigerlich nach dem Orgasmus des Magiers oder der Magierin. Allerdings ist damit nicht unbedingt der reine Genitalorgasmus (der sogenannte »Gipfelorgasmus«) gemeint, wie wir ihn gemeinhin kennen. Auch der »Tal«- oder »Ganzkörperorgasmus«, der beim Mann in der Regel ohne Ejakulation verläuft, ist dafür nicht nur voll brauchbar, sondern dem Gipfelorgasmus häufig sogar vorzuziehen. Auch hierauf soll in entsprechendem Zusammenhang noch näher eingegangen werden.

Schließlich sei noch eine weitere Anforderung erwähnt, die für alle Magie gilt: Der Magier muss über eine stabile seelische (»psychische«) Verfassung verfügen. Dieser Punkt ist vielleicht der heikelste von allen, und zwar aus mehreren Gründen: Zum einen ist der Begriff »stabil« unscharf, lässt sich aber leider nicht genauer präzisieren. Wer sich gerade mit Mühe und Not seelisch-psychisch im Leben »über Wasser« hält und ständig Gefahr läuft, von einem psychotischen oder schizoiden Schub in den anderen abzugleiten, der sollte die Finger von jeder Form der Magie lassen. Das kann gar nicht eindringlich genug betont werden!

Der zweite Grund, weshalb der Begriff »stabile seelisch-psychische Verfassung« etwas problematisch ist, scheint dieser Forderung eigentlich zu widersprechen: Oft ist es nämlich so, dass es gerade die innerseelischen Spannungen sind, die den Menschen überhaupt erst zur Magie befähigen. Gregorius hat dies einmal an einer astrologischen Symbolik verdeutlicht: Für gewöhnlich sieht kein Astrologe alter Schule Quadraturen, also 90-Grad-Aspekte im Geburtshoroskop, bei Transiten oder Direktionen besonders gern. Sie gelten als problematisch und spannungsreich, ja oft als geradezu katastrophal, auch wenn die moderne, vor allem die tiefenpsychologisch orientierte Astrologie diese Aussage inzwischen sehr stark abgeschwächt und relativiert hat. Gregorius behauptet jedoch sinngemäß, dass ein Magier sich im Prinzip gar nicht genug Quadraturen wünschen kann! Denn diese, so führt er aus, seien »kosmische Einfallswinkel«, Positionen also, die für überindividuelle oder transpersonale, mithin also für magische Kräfte empfänglich machen. In die Sprache der psychologischen Magie übersetzt bedeutet das: Erst die inneren und äußeren Spannungen erschließen uns überhaupt die uns selbst und der Welt innewohnenden magischen Kräfte und machen sie handhabbar. Mit anderen Worten: Wäre der Magier nicht von sich aus bereits ständig in Gefahr, in den sogenannten »Wahnsinn« abzugleiten, könnte er auch nicht über die Kräfte verfügen, die zur Ausübung seines Metiers nötig sind. Insofern stellt die Magie in gewissem Maße sogar eine Form der Therapie geistig-seelischer Störungen dar. Oft wird sie ja auch als eine Art »gesteuerter Schizophrenie« bezeichnet, was vor allem auf die sogenannte »theurgische« und die Besessenheitsmagie zutrifft.

Dies bringt uns endlich zu der Frage, was denn Magie überhaupt sei. Wer sich schon länger mit magischer Literatur beschäftigt hat, dem werden bereits zahlreiche Definitionen der Magie begegnet sein. Wir wollen uns hier auf die folgende beschränken, die eine Abwandlung der altbekannten Formulierung Aleister Crowleys, des Altmeisters der modernen Magie, darstellt: »Magie ist die Kunst und die Wissenschaft, mittels veränderter Bewusstseinszustände Veränderungen auf der stofflichen wie geistigen Ebene herbeizuführen.«

»Mittels veränderter Bewusstseinszustände« – diesen Grundsatz sollten Sie sich genau einprägen. Denn, so formuliert es die Chaos-Magie: »Veränderte Bewusstseinszustände sind der Schlüssel zu magischen Fähigkeiten.« Die für die Magie benötigten Bewusstseinszustände nennen wir hier, ebenfalls in Anlehnung an die Chaos-Magie, »gnostische Trancen« oder, kürzer, »Gnosis«.

Gnosis ist ein späthellenistischer Begriff, der eigentlich so viel wie »intuitives, offenbartes Wissen« bedeutet. Er wird hier in diesem, modernen, Zusammenhang verwendet, weil damit einerseits die intuitive und subjektive Seite des magischen Handelns betont wird und wir es andererseits bei der »gnostischen Trance« mit einer Art »Hyper-Luzidität«, also »Über-Wissen« zu tun haben, einer gesteigerten »Klar«-Sicht, für die es in unserem Sprachschatz keine richtige Entsprechung gibt. Am besten ließe sich dieser Zustand vielleicht noch als eine Mischung zwischen »Offenbarung« und »Hellsichtigkeit« umschreiben.

Die Sexualmagie bezieht einen großen Teil ihrer Mächtigkeit gerade aus der Tatsache, dass die Sexualität ganz allgemein und der Orgasmus im Besonderen uns eine geradezu ideale »natürliche« gnostische Trance für die magische Arbeit bieten. (Crowley nennt dies die »eroto-komatose Luzidität«, also die durch erotische Praktiken herbeigeführte, dem Koma oder der Besinnungslosigkeit ähnliche Hellsichtigkeit.) Dies bedingt, dass wir dabei also weitgehend auf eine oft sehr umständliche meditative und mystische Tranceschulung verzichten können, denn wir bedienen uns von vornherein jener natürlichen Trance, die wir den Orgasmus oder die sexuelle Erregung nennen. Dabei sollte es sich von allein verstehen, dass der Begriff »Trance« hier nicht etwa die hypnotische Volltrance meint, bei der der Klient jegliche Kontrolle über sein eigenes Tun verliert und vom Hypnotiseur beliebig zu manipulieren ist. Die gnostische Trance gleicht der hypnotischen zwar in einigen äußerlichen Merkmalen, doch bleibt die Willens- und Entscheidungsfreiheit des Magiers dabei voll erhalten, auch wenn er sich dabei in einer anderen, oft recht bizarr anmutenden Realität befinden mag.

Die drei Säulen der konventionellen westlichen Magie, wie wir sie heute verstehen, sind Wille, Imagination und gnostische Trance. Letztere haben wir hier als Erstes behandelt, und dies aus gutem Grund: Ohne sie nützen Wille und Imagination allein nämlich so viel wie überhaupt nichts! Andererseits ist diese Erkenntnis, wenngleich sie den alten Meistern z. B. des Mittelalters sicher auf nicht ausgesprochene Weise wohlbekannt war, in der magischen Literatur erst vergleichsweise spät vermittelt worden, nämlich in den 70er- und 80er-Jahren des letzten Jahrhunderts. Bis dahin galten Wille und Imagination allein für die magische Praxis als völlig ausreichend. Leider bietet uns dies dann eine Magie, die sich vom positiven Denken und anderen, ähnlichen Psychopraktiken von der Grundstruktur her kaum wirklich unterscheidet und entsprechend oft auch nur ähnlich mühsam zu erringende oder gar oberflächliche Ergebnisse erzielt. Gerade durch die recht späte Begegnung mit dem Schamanismus und durch die Entwicklung des auf der zeitgenössischen Chaos-Magie fußenden »Freistilschamanismus« ist uns als Kollektiv richtig bewusst geworden, welche Schlüsselrolle doch der gnostischen Trance bei aller Magie zukommt.

Wille und Imagination entsprechen auch Zielbewusstheit und Visualisationskraft. Diese wurden in der westlichen Tradition stark gepflegt, wohl am umfassendsten und ausgefeiltesten in den Werken Franz Bardons.

Wichtig ist noch – erneut – zu erwähnen, dass sich Sexualmagie und Sexualmystik insofern voneinander unterscheiden, als die Erstere meist zielgerichtet und erfolgsorientiert ist, während die Zweitere in der Regel auf eine Beeinflussung materieller oder psychischer Art verzichtet, um stattdessen vor allem die Erfahrung und die Ekstase (ebenfalls eine Form der gnostischen Trance) in den Vordergrund zu stellen. Wir haben am Schluss dieses Buches auch ein sexualmystisches Ritual angefügt, das zur Abrundung und Ergänzung dient. In Wirklichkeit ist die Trennung Magie/Mystik ab einer gewissen Stufe nämlich nur noch eine künstliche Unterscheidung: Denn schlussendlich werden Magier und Mystiker irgendwann wieder eins, weil sie nämlich beide zur Gottheit werden und schon insofern ihr Schöpfungsrecht wahrnehmen und ausüben, und sei es oft auch nur durch den Verzicht auf seine Ausübung!

Das Geister- und das Energiemodell: Grundlagen der Sexualmagie

Im Laufe der Geschichte hat es immer wieder Versuche gegeben, die Magie in der einen oder anderen Form zu kategorisieren und in Spezialgebiete zu unterteilen. Solche Kategorisierungen sind meist von den Interessen und Absichten geprägt, aus denen heraus sie unternommen werden. So gelangt der Historiker in der Regel zu anderen Einteilungen, als dies der Kulturanthropologe, der Theologe oder der Völkerkundler tut. Dies ist in vielen Wissensbereichen der Fall und somit nichts Ungewöhnliches. Es liegt aber auch in der Natur der Sache, dass der Magier seine Kunst unter anderen Gesichtspunkten betrachten und einordnen wird, als dies die Vertreter anderer Disziplinen tun.

Zum Zwecke eines genaueren Verständnisses der hier vorgestellten Praktiken scheint es sinnvoll, die Magie in folgende teils historische, teils funktionale Abschnitte zu unterteilen.

Da haben wir zunächst einmal das *Geistermodell*. Es dürfte die historisch älteste Stufe der Magie sein. Wir finden es noch heute in den animistischen Kulten Afrikas sowie zahlreicher »naturnaher« Völker, von der Anthropologie meist mit dem Sammelbegriff »Animismus« bezeichnet. In diesem Verständnismodell wird die Welt im Allgemeinen als gänzlich beseelt begriffen. Es gibt eine diesseitige Seinsebene der sichtbaren und greifbaren Dinge, wie wir sie durch Gebrauch unserer physischen Sinnesorgane kennen. Man bezeichnet sie auch als »Diesseits« oder, schamanisch, als »Mittelwelt«.

Darüber hinaus gibt es jedoch noch weitere Reiche, Ebenen oder »Welten«, die sich der Alltagswahrnehmung meist entziehen. Sie sind ebenfalls bevölkert von Lebewesen, meist »Geister« genannt, die durchaus auch denselben Raum einnehmen können, wie es die physische Welt tut, nur eben unsichtbar, weil eben feinstofflich. Im Geistermodell der Magie werden alle magischen Kräfte, Fähigkeiten und Wirkungen diesem »Jenseits« oder, wiederum schamanisch, der »Unterwelt« (gegebenenfalls auch einer »Oberwelt«) zugeschrieben.

Magier, Zauberer, Schamane usw. (gleich welchen Geschlechts) ist nur jener Mensch, der mit dieser Anderswelt in Kontakt zu treten imstande ist. Dies geschieht durch Trance, Ritual, kultische Handlung jedweder Art, möglicherweise aber auch mithilfe »magischer Orte« (auch: »Orte der Kraft«) und Gegenstände. Aus der Schamanismusforschung kennen wir seit Mircea Eliade den Oberbegriff »archaische Ekstasetechniken«, die zur Herstellung des Kontakts und der Wechselwirkung mit der Geisterwelt dienen.

Der althochdeutsche Begriff *hagazussa*, von dem sich das neudeutsche »Hexe« ableitet, wird gemeinhin als »Zaunreiterin« übersetzt. Mit diesem »Zaun« (eigentlich »Hag, Gehege«) ist die Grenze der physisch erfassbaren Normalwelt gemeint. Die Hexe ist somit ein Zwischenwesen, das, wiewohl ursprünglich menschlicher Natur, zwischen den beiden Welten hin- und herzuwechseln versteht, also eine Grenzgängerin. Dieses Grenzgängertum bezeichnet noch heute Stellung und Funktion des Magiers, weshalb auch hier im Zusammenhang mit der Sexualmagie immer wieder auf das Überwinden von Grenzen hingewiesen wird.

Spezifisch für das Geistermodell ist freilich die Notwendigkeit, magische Wirkungen unter Zuhilfenahme der Geister und Dämonen zu bewerkstelligen. Wer sich darauf versteht, gilt zwar als Hexe oder Magier, ist aber dennoch nicht selbst Wirkungsgeber, sondern lediglich Herrscher oder Verbündeter der Geister, denen die eigentliche Ausführung magischer Operationen obliegt. Verkürzt gesagt: Im Geistermodell verfügt der Mensch nicht selbst über magische Kräfte, er kann sich lediglich mit jenen Wesen ins Benehmen setzen, denen diese eignen. Nur die Geister vermögen also magische Effekte herbeizuführen, nicht jedoch der Mensch aus eigener Kraft allein.

Im weltweiten Maßstab lässt es sich historisch zwar nicht exakt bestimmen, in der abendländischen Magie jedenfalls beginnt das *Energiemodell* seinen Siegeszug mit Anton Mesmer im Vorfeld der Französischen Revolution. Tatsächlich ist es jedoch sehr viel älter, wie wir aus den asiatischen Lehren vom *Prana* und vom *Chi* sowie vom polynesischen *Manas* kennen. In seiner reinsten Form verzichtet das Energiemodell gänzlich auf eine Aussage zur Existenz oder Nichtexistenz von Geistern. Die Welt wird als ein Gefüge von Kräften verstanden, die miteinander in Beziehung stehen, sich gegenseitig bestärken, behindern oder auch vernichten können, jedenfalls aber das gesamte Sein ausmachen. Ähnlich wie beim Geistermodell gibt es auch hier unmittelbar wahrzunehmende Kräfte wie etwa Wärme, Kälte, Feuchtigkeit, Trockenheit und andere. (Es versteht sich, dass der Begriff »Kraft« – wie auch die synonyme Bezeichnung »Energie« – hier nicht im rein physikalischen Sinn gebraucht werden.) Andererseits wird aber auch von der Existenz nicht unmittelbar wahrzunehmender, meist als »feinstofflich« bezeichneter Kräfte ausgegangen, die zwar überall vorhanden sind und Wirkung zeitigen, aber nur von einigen wenigen Individuen registriert oder gar manipuliert werden können. Der Umgang mit solchen Kräften kann, wo die Naturbegabung oder Sensitivität fehlt, in der Regel erlernt werden, wofür im Energiemodell der Magie dann auch die entsprechenden Übungen und Praktiken entwickelt wurden. Magier ist hier, wer Zugang zu den feinstofflichen Energien herstellt und diese zu handhaben versteht. Diese Handhabung kann aus Ladung, Lenkung, Steuerung oder Neutralisation bestehen.

Die obige Einteilung soll nicht den Eindruck erwecken, als seien diese Modelle immer scharf und eindeutig voneinander abzugrenzen. Tatsächlich sind Mischformen eher die Regel. So kann ein magisches System beispielsweise durchaus von der Existenz jenseitiger Wesenheiten oder Geister ausgehen, zugleich aber großen Wert auf den Umgang mit magischen Kräften legen, wobei es keine bedeutende Rolle spielt, ob die Geister nun dabei als Quelle ebendieser Energien definiert werden oder ob man sie selbst nur als Ausdrucksformen derselben versteht. Von Nutzen ist diese Modellstruktur freilich für die Praxis, denn sie ermöglicht es dem Magier, seiner Disziplin eine handhabbare Schrittfolge zu verleihen, mithin also eine Ordnung, wie sie der menschlichen Welterfahrung seit Jahrtausenden entspricht.

Der Vollständigkeit halber soll hier noch ein weiteres Modell der Magie erwähnt werden, das – wiederum in seiner reinsten Form – erst Anfang des zwanzigsten Jahrhunderts in Erscheinung trat. Die Rede ist vom *psychologischen Modell*, das vor allem die westliche Magie bis in unsere Tage maßgeblich geprägt hat. Genau genommen handelt es sich hierbei eigentlich nur um eine Art »Zwischenmodell«, da es in der Regel keine Versuche unternimmt, den Mechanismus magischer Effekte stringent zu erklären. Vielmehr wird hier die *Praxis der Herbeiführung* in den Vordergrund gestellt. Magische Phänomene gelten als Produkt – wenn nicht gar als Projektion – innerseelischer Prozesse. Wir haben dies bereits in der weiter oben behandelten Definition der Magie kennengelernt, als wir die Begriffe »Bewusstsein«, »Trance« und »Gnosis« erörterten. Im psychologischen Modell ist der Magier also ein Mensch, der es versteht, seinen Bewusstseinszustand so gezielt zu beeinflussen oder zu verändern, dass ihm dies die Herbeiführung magischer Wirkungen ermöglicht. Dabei wird wie gesagt nicht weiter erklärt, auf welche Weise genau dieses veränderte Bewusstsein solche Effekte herbeiführt, nur eben *dass* es dies tut.

Auch das psychologische Modell kommt nur selten in seiner reinen Form vor (so etwa in der noch näher zu behandelnden Sigillenmagie), geht dafür aber meist eine Verbindung mit den beiden anderen Modellen ein. So etwa im Schamanismus: Wenn die Schamanin sich beispielsweise durch entsprechende Techniken oder Substanzen (Trommeln, Rasseln, Rauschdrogen usw.) in einen veränderten Bewusstseinszustand versetzt, um in diesem eine »Reise in die Unterwelt« zu vollziehen, wo sie dann wiederum in

Kontakt mit deren Bewohnern (Geister, Krafttiere usw.) tritt, haben wir es mit einer typischen Mischform zu tun.

Die meisten noch heute gängigen Praktiken der konventionellen Magie wurden bereits lange vor dem griechisch-aristotelischen Denken und dem analytischen Rationalismus entwickelt. Das, was uns heute als wissenschaftliche Absolutheiten vermittelt wird, so etwa das Primat der Widerspruchsfreiheit in der Logik, der scharfen Unterscheidung und Definition von Wirkungsfaktoren usw. wurde vor dem Erreichen dieser Kulturstufe eher intuitiv und durch das »Ungefähre« ausgedrückt. Dem ganzheitlichen oder holistischen Denken ist das Zerlegen in Einzelbestandteile, wie es für die heute vorherrschende analytische Vorgehensweise typisch ist, weitgehend fremd.

Das muss nun nicht bedeuten, dass wir als Menschen unserer Zeit völlig unfähig dazu wären, uns dem Reich der archetypischen, vielleicht sogar vorgeschichtlichen Lebens- und Handlungsweisen zu nähern. Wir sollten diesen fundamentalen Unterschied allerdings stets im Auge behalten, wenn wir es mit Annahmen und Verfahrensweisen zu tun bekommen, die eben stärker mit dieser vorrationalen Welt verwandt sind als mit der uns heute vertrauten rational-analytischen Denkweise.

Wir wollen in diesem Buch möglichst allen diesen Aspekten gerecht werden, wo uns dies zur Entwicklung einer wirksamen, erfolgreichen Sexualmagie geboten scheint.

Tabu Sexualität – die stressfreie Erschließung und Nutzung der eigenen Sexualkraft

Es wurde schon darauf hingewiesen: Die Einstellung zur Sexualität des Menschen bewegte sich im Laufe der Geschichte stets innerhalb zweier Extreme. Entweder man verteufelte das Geschlechtliche als »Satanslust« und als gefährlichen Trieb, der gesellschaftliche Ordnung und Seelenheil bedrohte, oder man »übersakralisierte« es, machte es zu etwas außerordentlich Heiligem und Sakrosanktem. In beiden Fällen war der Effekt in etwa der gleiche: Die Sexualität galt als »unantastbar«, sei es, weil sie den Menschen befleckte, sei es, weil der Mensch in seiner eigenen Unreinheit Gefahr lief, dieses »Himmelsgeschenk« seinerseits zu beschmutzen. Die Folge waren Neurosen und Verdrängungen, Tabus und Verklemmtheiten, die auch heute noch weitgehend unsere Sexualität im Allgemeinen prägen, wenngleich inzwischen oft vielleicht eher unbewusst. Denn obwohl zumindest im Abendland die allgemeine Einstellung zur Sexualität inzwischen nach außen hin liberaler geworden sein mag, wenngleich die Zügel gewiss etwas gelockert wurden, hat sich der Mensch innerlich noch lange nicht zu jener äußeren Freiheit hin entwickelt, sind Eifersuchtsdramen und Entfremdung, Leeregefühl und Impotenz nach wie vor an der Tagesordnung, steigt die Zahl der Triebverbrechen unverändert, findet die Sexualität immer mehr auf der Bildebene der Pornografie statt, also im »Kopf«, anstatt den ganzen Körper des Menschen einzubeziehen. Das Ergebnis ist eine sexuelle Frustration, die den Glauben an die befreiende Wirkung der Sexualität, an ihre Möglichkeiten zur Selbstverwirklichung des Einzelnen infrage stellt und schließlich in Ekel und Skepsis umschlagen lässt. Das gilt übrigens nicht nur im Westen, diese Misere ist vielmehr weltweit zu beobachten. Gerade die von schwärmerischen Naturen so hoch gepriesenen klassischen Länder »orientalischer Liebeskunst«, etwa Indien, China, der arabisch-islamische Kulturraum usw., kennen heute die größten Tabus und die schärfsten Strafen für jene, die sie übertreten oder brechen. Die Prüderie ist international und keinesfalls nur auf die katholische Kirche und ihre puritanischen Ableger beschränkt.

Auf der Strecke bleibt dabei natürlich der Mensch: Da verfügt er, diese »Krone der Schöpfung«, über eine Energiequelle allererster Güte, über eine Kraft, die das ganze Leben, wie wir es kennen, prägt, durchzieht und überhaupt erst möglich macht, und was tut er damit? Er fürchtet sich vor ihr, er verdrängt sie, lässt ihr allenfalls im verschämten ehelichen oder außerehelichen Kämmerlein oder in der geistlosen Un-Erotik der Peepshows Raum, sich – mit stark gestutzten Flügeln – zu entfalten. Daran ändern auch die gängige Promiskuität und das Gedeihen von Sexclubs und Bordellen nicht viel, im Gegenteil: Derlei Erscheinungen sind ja nun nicht gerade neu, doch dürfte unsere Epoche wahrscheinlich den Vogel in Sachen »lustlose Lust« abschießen. Die Hetzjagd nach der sexuellen Erfüllung geht, trotz Kinsey-Report und Liebeshandbüchern, trotz Sexualtherapien und sexueller Emanzipation, unvermindert weiter, gelegentlich unterbrochen (oder gar noch angestachelt?) von Faktoren wie der jüngsten Herpes– und AIDS–Hysterie und ähnlichen, oft als »Geißeln Gottes« gedeuteten Selbstbestrafungsmechanismen.

Als Charles Darwin seine Evolutionstheorie entwickelte und, etwas verkürzt formuliert, nachzuweisen versuchte, dass der Mensch im Prinzip vom Affen abstammt, ging ein Aufschrei der Empörung durch die europäische Zivilisation. Als Sigmund Freud, ein knappes halbes Jahrhundert später, den Sexualtrieb zum Seelenfaktor Nummer eins erklärte und sich anschickte, den Menschen vor allem als triebgeprägt zu deuten, ja einen Großteil seiner seelischen Störungen auf den falschen Umgang mit diesem Trieb zurückzuführen, war erneut buchstäblich »die Hölle los«. Wieder waren es Kirche und Reaktion, die sich (zum Teil noch bis heute) gegen ein solches Menschenbild stemmten und dagegen Sturm liefen. In beiden Fällen war das Grundmotiv das gleiche: Man weigerte sich, die »Tiernatur« des Menschen anzuerkennen, einmal genetisch (Darwin), einmal sexualistisch (Freud). Gerade im Falle Freuds werden die Unterdrückungsmechanismen besonders deutlich, hatten doch schon die (heidnischen!) altgriechischen Philosophen die Sexualität als »tierischen« Trieb abgestempelt, den es um jeden Preis zu überwinden galt.

Man sollte sich freilich nicht allzu überheblich über derlei Reaktionen mokieren. Dahinter stand immerhin einmal mehr eine Urangst, die Panik nämlich, der ganze mühsame Evolutionsprozess (der ja interessanterweise, zumindest was die kulturell-sittliche Entwicklung und die Heilsgeschichte anbelangt, auch von Darwins Kritikern weitgehend anerkannt wurde) könne gefährdet sein. Sollte denn wirklich nach zigtausendjähriger Entwicklung als Fazit nichts anderes übrig geblieben sein als, dass der Mensch im Grunde doch nur ein Tier sei und gar nicht einmal unbedingt ein viel besseres als die anderen? Wir werden auf diesen Tieraspekt noch zurückkommen, wenn wir uns mit der atavistischen Magie befassen. Hier möge fürs Erste die Feststellung genügen, dass diese entwicklungsgeschichtlichen Ausführungen nötig sind, um uns Klarheit über unsere heutige Position zu verschaffen, um zu erkennen, dass wir auch das weltanschauliche Erbe unserer Vorfahren in uns tragen, nicht nur das genetische.

Denn eines hat sich trotz aller Veränderungen bis in unsere Zeit erhalten: die Angst vor der Sexualität. Nur hat die moderne Psychologie auf mannigfache Weise ihre Schlüsse und Konsequenzen aus dieser »Angstnatur« des Menschen gezogen. Hört man heutige Psychologen über ihre Disziplin sprechen, so fällt auf, dass sie sehr oft ein neues Menschenbild vertreten, das jeder von uns in größerem oder geringerem Ausmaß bereits verinnerlicht hat: die Utopie vom angstfreien Menschen. Schon Freud und Adler wollten den Menschen von seinen Komplexen und Neurosen befreien, Groddek strebte mit seiner Psychosomatik das Gleiche an, und heute sind die Zeitschriften voll von Begriffen wie »angst- und repressionsfreie Pädagogik«, »Befreiung von Sexualängsten«, »zwangsfreie Partnerschaft« usw. Prüfen Sie sich doch einmal selbst: Meinen nicht auch Sie, dass es das Ziel des Menschen sein sollte, möglichst »frei« zu sein, nämlich frei von Ängsten und Zwängen, von Verdrängungen und Hemmungen, von Komplexen und Neurosen, kurz von Zwangsverhalten aller Art?

Diese Einstellung hat zu mancherlei Exzessen geführt, von denen einige inzwischen bereits wieder fast in Vergessenheit geraten sind (man denke etwa an die Kommunen der Apo-Zeit oder an die »antiautoritäre Erziehung« nach dem Prinzip Summerhill o. Ä.). Hängen geblieben ist nach den stürmischen Spätsechzigerjahren, etwas überspitzt formuliert, eine Art »Saubermannideal« der Psychologie: Die meisten Psychologen und Psychotherapeuten scheinen die ganze Seele des Menschen nur noch als Herausforderung zum »Saubermachen« anzusehen. Da soll möglichst alles mit Stumpf und Stiel ausgerottet werden, was nicht ganz »keimfrei« ist, also nach Ängsten und Komplexen riecht. Dies gilt insbesondere für die Sexualität, die ebenfalls möglichst »repressionsfrei« ausgelebt werden soll. Angst gilt als »böse«, als ebensolches »Satanswerk« wie früher die Ausschweifung und Zügellosigkeit.

Nun soll hier gewiss nicht kritisiert werden, dass die Psychologie danach strebt, den Menschen zu befreien. Das will die Magie, und gerade die Sexualmagie, schließlich auch. Doch geht Letztere dabei etwas andere und, wie wir meinen, vernünftigere, wirkungsvollere und realistischere Wege. Denn den völlig angstfreien Menschen gibt es nicht und kann es gar nicht geben. Wir dürfen nämlich nicht vergessen, dass die Angst eine wesentliche Grundbedingung für das biologische Überleben darstellt. Überlebenstrieb und Angst vor dem Tod sind nur zwei Seiten ein und derselben Medaille. Wäre nicht die Angst vor dem Erfrieren, der Hungersnot und dem Verdursten, gäbe es weder Kleidung noch Architektur, weder Ackerbau noch Irrigation, weder Nahrungsmittelsilos noch Trinkwasserbecken – kurzum, überhaupt keine Zivilisation und Kultur.

Doch damit nicht genug. In der Magie spielt die Angst oft eine entscheidende Rolle, verleiht sie doch gewaltige Kraft, wenn man nur richtig mit ihr umgeht. Aus diesem Grund galt in der Magie des Mittelalters auch das Prinzip der »Einweihung durch Schrecken«: Der Aspirant musste nach manchen seelischen Torturen beispielsweise zu Neumond bzw. Mitternacht (also zur ominösen, unheilvollen »Geisterstunde«) in einer Gruft oder auf dem Friedhof schaurige Beschwörungen durchführen, womöglich ein Blutopfer darbringen, sich den »Mächten der Hölle« stellen usw. Schamanismus und Kaula-Tantra kennen ganz ähnliche Praktiken. Angst ist sogar eine Grundenergie der Dämonenevokation. Ohne Angst und Schrecken sind Dämonen in der Regel nicht sichtbar zu evozieren, sie »ernähren« sich gewissermaßen von dieser Kraft des Magiers.

Wir können hier nicht auf das hoch komplizierte Thema der Dämonenmagie näher eingehen, zumal ich mich bereits an anderer Stelle ausführlicher dazu geäußert habe. Ein Aspekt soll jedoch erwähnt werden, weil er auch für unseren Umgang mit der Sexualität und der Sexualmagie von Bedeutung ist: Anstatt seine Ängste und Neurosen zu verbannen, sie zu unterdrücken oder gar auszumerzen, arrangiert sich der Magier mit ihnen, indem er sie in Form von Dämonen projiziert und mit ihnen den berüchtigten »Teufelspakt« abschließt. Dieser stellt eine Art »Kuhhandel« mit den Ängsten dar: Man lässt sie (in personifizierter Form, eben als Dämonen) am Leben, wofür sie einem im Gegenzug dadurch dienen, dass sie die erforderliche magische Kraft (Magis) zur Verfügung stellen, die man für bestimmte magische Operationen benötigt.

Dieser Punkt ist sehr wichtig. Wenn wir in der Angst eine gewaltige Antriebskraft sehen, die wir uns zunutze machen können, brauchen wir nicht erst eine ebenso gewaltige Energie darauf zu verwenden, sie zu beseitigen. Mit anderen Worten: Man muss nicht erst zum »geläuterten«, völlig angstfreien Menschen geworden sein, um Sexualmagie praktizieren zu können. Wichtig ist nur, dass man sich, wie in der Magie überhaupt, die eigenen Ängste und Hemmungen mit schonungsloser Offenheit bewusst macht. Wenn die Magie wirklich zur Freiheit führen soll, dann muss dies eine überindividuelle Freiheit sein, die Freiheit des Einzelnen als »Optimum an Wahl- und Entscheidungsmöglichkeiten«, nicht aber irgendeine vorgegebene Norm, die den Menschen einmal mehr zur bloßen Psychonummer degradieren, ihm ein neues Zwangskorsett anlegen will. (Man denke beispielsweise an den »Zwang zur Spontaneität« in manchen Formen der Gruppentherapie, der im Endeffekt oft nur eine neue, etwas anders geartete und vielleicht psychologisch verklärtere Form der Verklemmtheit schafft. Derlei »Beglückungsideologien« sind Legion, und wir müssen uns gerade als Magier davor hüten, uns selbst solche Fallen zu stellen.)

Haben wir unsere Ängste und Zwänge erkannt, können wir entscheiden, ob wir sie abschaffen oder sie uns zunutze machen wollen. Dass ein derartiger Umgang mit den eigenen »Dämonen« freilich nach gehöriger Reife und Willenskraft verlangt, bedarf wohl keiner eingehenderen Erklärung. Andererseits führt gerade eine solche Praktik auch dazu, dass die Ängste ihre dominante Rolle innerhalb der eigenen Psyche und des eigenen Lebens verlieren und zu

einem Seelenbestandteil von zahlreichen anderen, gleich-
wertigen werden.

Dies gilt ebenso für den Umgang mit der Sexualität.
Wenn Sie der Meinung wären, dass diese Urkraft »böse«,
schlecht und verwerflich wäre, würden Sie dieses Buch
wahrscheinlich gar nicht erst lesen. Doch wie steht es mit
Ihrer Einstellung zur »Vergottung«, eben zur Übersakrali-
sierung der Sexualität? Gerade diese ist nämlich in der herkömmlichen Esoterik sehr oft zu beobachten, und nicht
selten ist sie Ausdruck eines – häufig unbewussten –
schlechten Gewissens: Weil man sich nicht getraut, die Sexualität wirklich als etwas völlig Normales, Natürliches
und Alltägliches zu bejahen, sie andererseits aber auch
nicht missen mag, verfällt man ins andere Extrem und
macht aus ihr etwas absolut Heiliges, Übernatürliches –
eben wiederum Abnormales! Wir tun uns damit aber keinen Gefallen, weil uns dies nur einmal mehr in Unter-
drückungsmuster zwängt, die aus der Sexualität eben doch
wieder etwas durch und durch Unnatürliches machen. Nur
zu oft tritt dann wieder die scheinbare Vergeistigung an
die Stelle der Körperlichkeit, wird großzügig über die sogenannten »Niederungen« des Sexus hinweggesehen, als
stellten diese nur eine Art Betriebsunfall der Schöpfung
dar.

Eine solche Einstellung ist wenig hilfreich, wenn wir mit
der Sexualmagie Ernst machen wollen. Wie gesagt: Auch
die Sexualmagie hat ihre sakralen Aspekte, ihren Weg zur
Mystik des Fleisches, der schlussendlich in der Überwindung (weil »Unnötigwerdung«) aller fleischlichen Bedingtheiten mündet, doch ist ebendies auch nur Teil eines
übergeordneten Ganzen.

Wir wollen hier einen anderen, pragmatischen Umgang mit der Sexualität vertreten. Betrachten wir sie etwas nüchterner und vorurteilsfreier, als dies gewöhnlich der Fall ist. Bagatellisieren wir sie nicht – dazu ist sie wahrlich zu wichtig; aber sprechen wir ihr auch nicht eine Bedeutung zu, die sie nicht verdient hat und der sie nie gerecht werden kann. Erst wenn wir das geleistet haben, können wir wirklich der vollen Vorteile der Sexualmagie teilhaftig werden

Ein weiteres Problem beim Umgang mit der Sexualität sind die Tabus. Doch auch diese haben ihren eigenen Wert. Im Tantra wird systematisch damit gearbeitet, etwa beim *Panchu makara*, bei dem der bewusste Tabubruch auf dem Gebiet der Ernährung und der Sexualität (z. B. Inzesttabus) als Energiequelle für die weiterführende Meditation und Bewusstseinserweiterung dient. Wie bei der in schamanischen Kulturen (und auch heute bei uns noch unter Kindern und jugendlichen Banden und Heranwachsenden) üblichen Mutprobe stellt das Springen über den eigenen Schatten einen wichtigen Entwicklungsschritt auf dem Weg zur Selbstbestimmtheit dar. Nicht jeder wird so weit gehen wollen wie der Chaos-Magier, der konsequenterweise gelegentlich auch im Sexuellen die Ekeltrance sucht, um mit dieser magisch zu arbeiten. Doch sollte die dahinterstehende Grundstruktur für jeden Sexualmagier verbindlich sein: Durch den Einsatz bizarrer, ungewohnter und dem Verstand oft abstrus erscheinender Praktiken erhalten wir Zugang zu jenen veränderten Bewusstseinszuständen, welche, wie schon erwähnt, den Schlüssel zur magischen Kraft darstellen. Flüchten Sie sich dabei jedoch im eigenen Interesse nicht in Ausreden wie »Das brauche ich nicht, ich komme auch so in gnostische Trance« oder

»Derart drastische Methoden sind doch unnatürlich und gefährlich« usw. Zum einen zeigen solche Ausflüchte in der Regel genau jene Hebelpunkte auf, an denen man ansetzen muss, will man mit der magischen Entwicklung (und der Entwicklung zum Magier!) Ernst machen. Zum anderen ist Trance nicht gleich Trance. Das gilt auch für die gnostische. Mit etwas Erfahrung werden Sie feststellen, dass die Magis (übrigens ähnlich wie Chi oder Prana) durchaus unterschiedliche Qualitäten haben kann, je nachdem, mit welchen Mitteln wir sie freisetzen. Der Laie und Anfänger unterscheidet meistens nur zwischen »schwächerer« und »stärkerer« magischer Energie; von daher rühren auch die Vorurteile, die man manchen Magieformen entgegenbringt (»Schwarze Magie ist mächtiger als Weiße Magie«, »Voodoo ist stärker als westliche Magie« usw.). Der erfahrene Magier hingegen weiß genauer zu differenzieren. Er unterscheidet, sofern er Pragmatiker ist, stets situativ: Jede magische Operation bedarf nämlich im Grunde einer eigenen Form der Magis. Diese freizusetzen gelingt nur durch die Kombination bestimmter Techniken, Reize und Trancen. Das ist ein sehr individueller Vorgang, daher lassen sich keine starren Regeln für ein »korrektes« Verfahren aufstellen. So wird der eine Magier beispielsweise für die Geldmagie ausschließlich planetenmagische Operationen mit dem Jupiter- und Merkur-Prinzip wählen, während sein Kollege sich ebenso ausschließlich der Sigillenmagie bedient; ein anderer schwört dafür auf die Sexualmagie usw. Magie ist nicht zuletzt auch die Kunst, diese Kombinatorik der Energien zu beherrschen und stets das Angemessenste und Erfolgversprechendste zu tun. Das lässt sich aber nur durch Intuition und viel Erfahrung erreichen. Aus diesem Grund bleibt es keinem Magier erspart, mit möglichst vielen Techniken und Methoden zu experimentieren, um sie aus eigener Anschauung heraus beurteilen zu können. Auch in der Magie gibt es, wie in jeder anderen Disziplin, Buchhalter-, Künstler- und Forschernaturen, wird mal fantasielos, mal fantasievoll gearbeitet. Das ist eine Sache des Talents und des Temperaments, doch strebt der Magier auch, anders als der Durchschnittsmensch, in der Regel nicht danach, sich möglichst schnell eine möglichst wasserdichte und katastrophenarme Realität zusammenzuzimmern. Er sucht vielmehr (auch das unterscheidet ihn zunächst vom Mystiker) die Vielfalt, eben das bunte Leben. Es versteht sich von selbst, dass dazu auch der Mut gehört, *nicht nur die Tabus anderer zu brechen, sondern vor allem auch die eigenen.*

Sind Ihnen bestimmte sexuelle Praktiken sehr stark zuwider, können Sie sicher sein, dass an diesen Punkten auch sehr starke innere Energien gebunden sind. Überwinden Sie sich bewusst zur Auseinandersetzung mit diesen Praktiken, so werden Sie unweigerlich feststellen, dass dies in Ihnen eine ganz andere Kraft und Magis freisetzt, als dies bei weniger verfänglichen Techniken der Fall gewesen wäre. Das bedeutet freilich nicht, dass Sie dabei auch eine besonders angenehme Erfahrung machen werden, oft ist das genaue Gegenteil der Fall. Aber die »Einweihung durch Schrecken« war und ist ja auch nie eine angenehme oder gar »gemütliche« Erfahrung. Dennoch führt sie oft sehr viel gründlicher, schneller und effektiver zum nächsten Teilziel, als dies die rückversicherte Zimperlichkeit vermag. Dies sollten Sie stets bedenken, bevor Sie sich dazu entschließen, eine bestimmte sexualmagische Erfahrung zu verweigern (was allerdings unter Umständen auch durchaus sinnvoll sein kann).

Andererseits ist ein erzwungener Tabubruch nur eine sinnlose Quälerei, wenn nicht die richtige Einstellung und Zielsetzung dahintersteht. Nackte Angst allein macht noch keine Einweihung, auch nicht die Tatsache, dass man sie vielleicht überlebt oder überwunden hat. Aus diesem Grund ist es auch so wichtig, was übrigens alle guten Magiebücher betonen, dass der Magier zu seinem eigenen Willen findet, dass er ein Ziel vor Augen hat und weiß, weshalb er den Tabubruch begehen muss und will. Dies im Alleingang zu tun, ist oft sehr schwierig, weshalb sich auch manch angehender Adept nach einem Meister oder Lehrer sehnt. Doch hat das Meister-Schüler-Prinzip auch seine Tücken: Zwingt der Meister den Schüler wider dessen Willen zu bestimmten Dingen, richtet sich die Energie des derart Gepeinigten nur zu oft in Form von Wut, Hass und Auflehnung gegen den Lehrer, anstatt sich auf die ihm gestellte eigentliche Aufgabe zu konzentrieren. Der Meister wiederum muss einen Großteil seiner Arbeit darauf verwenden, den Schüler zur richtigen Rebellion gegen ihn selbst anzustacheln – zu einer Rebellion, die zu einer echten Abnabelung und Selbstständigwerdung führt.

Aleister Crowley, zu dessen Hauptverdiensten um die Magie es nicht zuletzt auch gehörte, das Prinzip der Selbsteinweihung auf feste Beine gestellt zu haben, weist in seinen Abhandlungen zur Magie darauf hin, dass vor allem der Anfänger dazu neigt, Praktiken und Gebiete zu bevorzugen, die ihm am meisten liegen und am leichtesten fallen. Dadurch werde, führt Crowley aus, ein bereits bestehendes Ungleichgewicht nur noch verstärkt. Insofern hat der gezielte Tabubruch zugleich eine pädagogische und eine ausgleichende Funktion, weil er zu einer ausgewogeneren magischen Persönlichkeit führen will. In kaum einem Bereich wird dies so deutlich wie in der Sexualität. Ich wage an dieser Stelle die Behauptung, dass die Sexualmagie aus dieser Tatsache auch den Großteil ihrer Kraft schöpft: Dadurch, dass sie auch mit Sexualängsten und -tabus arbeitet, setzt sie vor allem am Anfang eine ungeheure Erfolgsenergie frei, weshalb auch gerade Anfänger von ihrer Wirkung so überrascht sind. Doch ist ein Tabu einmal oder gar mehrfach gebrochen worden, verliert es natürlich an »Sprengkraft«. Es ist, als würde man den Deckel des kochenden Wassertopfs ständig öffnen, um so den Dampfdruck zu vermindern. Allerdings führt die Sexualmagie über den reinen Tabubruch weit hinaus. Um ein Beispiel zu geben: Ist der Dampf erst einmal (meist explosionsartig) abgelassen worden, kann man sich gezielt der Energie des kochenden Wassers selbst bedienen. Mit diesem Bild soll auch deutlich gemacht werden, dass es bei der Sexualmagie nicht um den Tabubruch allein oder um seiner selbst willen geht. Er stellt vielmehr eine wertvolle Hilfe dar und sollte auch als solche respektiert und angewandt werden, aber er ist keineswegs das einzige Kraftprinzip dieser Praktik und schon gar nicht ihr alleiniges Hauptziel.

Ein schwerwiegendes Problem, welches in der Praxis der Sexualmagie eine große Rolle spielt, ist das der Liebe. Hier wollen wir uns allerdings nicht allzu ausführlich damit befassen, und zwar aus mehreren Gründen, die hier kurz beleuchtet werden sollen. Dass Liebe und Sexualität eng zusammengehören, galt keineswegs immer als so unumstritten, wie wir es heute oft sehen. Gerade in Zeiten unterdrückter Sexualität wurde vornehmlich die reine, durch Sexualität »unbefleckte« Liebe propagiert. Das hat sich jedoch inzwischen weitgehend geändert. Heute sind sich, von wenigen religiösen Fanatikern abgesehen, die meisten Menschen darin einig, dass die Sexualität zumindest im Idealfall zur Liebe gehört. Egal ob dies nun unbedingt im Rahmen einer institutionalisierten Ehe sein muss oder ob man auch die sogenannte »freie Liebe« (oder »wilde Ehe«) toleriert – die Grundeinstellung ist weitgehend dieselbe.

Gilt diese Gleichung aber auch in umgekehrter Richtung? Gehört zur Sexualität ebenso unverzichtbar die Liebe? Wenn dem tatsächlich so wäre, hätten Prostitution und Pornoindustrie wohl schon längst ausgedient, ja sie wären nicht einmal entstanden oder erforderlich geworden. Oft wird eingewendet, dass diese Spielarten der kommerzialisierten Sexualität (der Volksmund spricht ja auch von »käuflicher Liebe«, dabei werden Liebe und Sex vollends gleichgesetzt) typische Erscheinungsformen männlich-patriarchalischer Gesellschaften seien und vor allem die männliche, nicht aber die weibliche Sexualität widerspiegeln. Es gibt freilich auch gegenteilige Meinungen. Wir können diese Frage hier nicht entscheiden, da dies von unserem eigentlichen Thema fortführen würde. Festhalten lässt sich nur die vergleichsweise banale Feststellung, dass diese Angelegenheit recht umstritten ist.

Ob allerdings zur Sexualmagie die Liebe gehört, ist ein gänzlich anderes Problem. Viel hängt davon ab, wie man den Begriff der »Liebe« genau definiert; dies zu tun ist hier ebenfalls nicht unsere Aufgabe. Ich kann Ihnen nur meine persönliche Meinung dazu wiedergeben, ohne Ihnen jedoch die eigene Entscheidung für oder wider abnehmen zu können.

Wenn Sie unter Liebe die auf einen Partner allein fixierte und projizierte Bindung an Ihren eigenen Besitztrieb, Ihre Verlustängste und Ersatzbefriedigungen verstehen, einen Hort der Eifersucht, des Neids und der »wohlmeinenden Missgunst«, dann hat die Liebe sicher in der Sexualmagie keinen Platz. Ebenso wenn Ihr Liebespartner alles Magische oder gar Sexualmagische, aus welchen Gründen auch immer, ablehnen sollte. Auch eine ausschließliche Fixierung auf die Monogamie verschließt Ihnen zahlreiche Wege, die tief ins Reich der praktischen Sexualmagie führen; ebenso natürlich viele sexuelle Tabus, die ja oft nur mit Liebe verwechselt werden. Generell will die Magie befreien, nicht versklaven – und die Sexualmagie will dies verstärkt eben auch auf sexuellem Gebiet leisten.

Wenn Sie dagegen Liebe als Achtung und Gutheißung des anderen in seiner Andersartigkeit und in seinem Recht auf persönliche Weiterentwicklung verstehen (»Jeder Mann und jede Frau ist ein Stern«, heißt es in Crowleys *Buch des Gesetzes*); wenn Ihr Liebesbegriff mit einschließt, dass Sie Vertrauen und Zutrauen haben, dass Sie dem anderen zubilligen, auch sexuelle Entscheidungen zu treffen, mit denen Sie selbst vielleicht nicht immer einverstanden sind, dann ist Ihre Liebe meiner Meinung nach durchaus reif für die Sexualmagie und kann dieser nur nützen.

Immerhin beginnt die Praxis der Sexualmagie in der Regel nicht mit der Partnerarbeit, sondern mit autoerotischen Techniken. Das hat verschiedene Gründe, auf die wir noch eingehen werden, unter anderem den, dass der mögliche Konflikt mit einem vielleicht widerstrebenden

Partner dabei weitgehend ausgeschaltet ist. Viele Sexualmagier arbeiten sogar ausschließlich auf der autoerotischen Ebene oder pflegen allenfalls noch Verkehr mit Sukkubi und Inkubi. Dagegen ist auch nichts einzuwenden,
solange es nicht lediglich eine bereits bestehende Einseitigkeit oder Unfähigkeit festschreibt und andere Praktiken
unmöglich macht. Um wieder unser Beispiel vom Autofahren zu bemühen: Das wäre wie ein Autofahrer, der ausschließlich 80 Stundenkilometer zu fahren bereit ist und
ebenso ausschließlich nur Rechtskurven beherrscht: Er hat
nur ein sehr beschränktes Ausübungsfeld und wird sich
selbst und andere in Gefahr bringen, weil er nur starr und
unflexibel reagieren kann. Dennoch muss gesagt werden,
dass die autoerotische Sexualmagie nicht etwa nur für den
Anfang der Praxis von großer Bedeutung ist. Es geht dabei,
wie gesagt, vor allem um die Vermeidung von Einseitigkeit.
Wie bei den Bemerkungen zu den Tabus schon erwähnt,
sollte der wirkliche Sexualmagier sich mit möglichst vielen Aspekten der Sexualmagie vertraut machen und entsprechende Erfahrung sammeln, bevor er sein persönliches, individuell maßgeschneidertes System entwickelt
und auf der Klaviatur magischer Energien virtuos zu spielen lernt.

Die Trainingsstufen der Sexualmagie

Das Magische Tagebuch

Bevor wir damit anfangen können, benötigen wir das vielleicht wichtigste Arbeitsutensil eines jeden Magiers: das Magische Tagebuch. Weil die Erfolge und Wirkungen der Magie oft so aussehen wie Zufälle und Magie oft zu Erfahrungen führt, die fast ebenso flüchtig zu sein scheinen wie beispielsweise unsere Träume, ist eine genaue und ausführliche Dokumentation der eigenen magischen Arbeit unverzichtbar. Darüber hinaus bietet sie uns nach einigen Jahren der Praxis interessante Einblicke in Trends, Entwicklungen und Erkenntnisse, die dem doch meist recht fehlerhaften Gedächtnis ohne eine solche Stütze leider weitgehend verloren gehen würden.

Wer bereits regelmäßig ein Magisches Tagebuch führt, der braucht sich für die Sexualmagie kein neues, getrenntes Werk anzulegen. Wer dies noch nicht tut, der beachte bitte folgende Ratschläge:

∞   Das Magische Tagebuch sollte groß genug sein, um darin bequem schreiben zu können, andererseits sollte es aber auch nicht übergroß sein, um auf etwaigen Reisen nicht als sperriges und auffälliges Gepäckstück lästig zu werden. Zudem legt man das Magische Tagebuch häufig auf den eigenen Altar, und dessen Oberfläche ist meist sehr begrenzt.

∞   Einzutragen sind stets Datum, Uhrzeit, Ort und Art der
jeweiligen magischen Arbeit. Auch wenn nicht gearbeitet wurde, sollte dies entsprechend vermerkt werden.

∞   Lassen Sie genügend Platz für Nachträge frei, das ist besonders wichtig für die Erfolgskontrolle und die spätere Beurteilung der eigenen Arbeit. Auch etwaige Fehler können hier vermerkt werden.

∞   Was Sie sonst noch alles eintragen, bleibt Ihnen selbst
überlassen. Am Anfang wird man beispielsweise Eindrücke beim Ritual aufführen, Beobachtungen von Koinzidenzen, plötzliche Eingebungen usw., aber auch den
präzisen Ablauf einer magischen Operation schildern
und kommentieren. Später genügt es oft, in knappen
Stichworten aufzulisten, was getan wurde. Es leuchtet
wohl ein, dass man z. B. nach dem fünfzehnten Merkur-Ritual mit dem schlichten Vermerk »Merkur-Ritual von 19.30 bis 20.45 Uhr« auskommt und nicht mehr
jede Kerze einzeln beschreiben muss. Auch hier hilft
Routine gelegentlich, viel Zeit und Arbeit zu sparen.

∞   Halten Sie das Magische Tagebuch stets gut unter Verschluss und zeigen Sie es keinem Menschen (mit der
möglichen Ausnahme Ihres magischen Lehrers).
Wenn nötig können Sie die Eintragungen auch kodieren oder eine Geheimschrift benutzen.

∞   Gehen Sie bei der Bewertung früherer Arbeiten sehr
selbstkritisch vor, lügen Sie sich also nicht in die eigene Tasche! Das Magische Tagebuch dient ja gerade der
Vermeidung des Selbstbetrugs. Nutzen Sie es also entsprechend!

Körperliche Praxis

Entspannung

Eine Grundvoraussetzung für jede bewusste Körperarbeit ist die Fähigkeit zur Entspannung. Natürlich ist wirkliche körperliche Entspannung nur mithilfe geistiger Entspannung möglich. Dennoch gibt es eher korperbetonte und eher geistige Aspekte dieses Themas. Deshalb wollen wir zunächst unser Augenmerk auf das Physische legen. Viele der hier gegebenen Ratschläge gelten aber auch für den Bereich »psychische Entspannung« und werden dort nur noch kurz angedeutet.

Wenn Sie noch keine Erfahrung mit Hatha-Yoga oder Autogenem Training haben sollten, rate ich Ihnen dringend, sich mit diesen Disziplinen etwas näher zu befassen. Sie brauchen nicht gerade Meisteryogi oder gar Fakir werden, doch bieten Ihnen beide Richtungen wertvolle Hinweise und Techniken, mit denen Sie Ihre Entspannungsfähigkeit fördern und stärken können. Das gilt ebenso für den Bereich »Psychische Praxis«, was die Gebiete »Gedankenkontrolle«, »Konzentrationsschulung« und Meditation« angeht.

Sie werden in diesem Abschnitt eine Variante der Tiefentspannung kennenlernen, die Sie vielleicht in ähnlicher Form schon öfter in der Literatur erwähnt gefunden haben. Freilich zielt unsere spezielle Technik eher auf unsere spezifischen Bedürfnisse als Sexualmagier ab und verwendet auch Techniken, wie sie im Tao-Yoga und Tantra üblich sind. Ich empfehle daher, auch dann mit unserer Tiefentspannung zu experimentieren, wenn Sie bereits über viel Erfahrung mit anderen Entspannungstechniken verfügen oder ganz allgemein sehr entspannungsfähig sein sollten.

Zuvor müssen wir uns allerdings die Frage stellen, weshalb wir ausgerechnet auf die Entspannung solchen Wert legen. Schließlich arbeitet die Sexualmagie ja mit der sexuellen Erregung, also eher mit der Bewegung als mit der Ruhe. Wozu dann also mit der Ruheförderung beginnen?

Nun, darauf gibt es mehrere Antworten. Zunächst einmal ist die überwiegende Zahl sexueller Probleme auf mangelnde Entspannungsfähigkeit zurückzuführen. Angst macht verkrampft, und umgekehrt können Verkrampfungen die Angst im Unbewussten und im Körpergedächtnis selbst verankern und zementieren. Körperbetonte Therapieformen wie Bioenergetik, Rebirthing, Rolfing und Posturale Integration beweisen immer wieder, dass sich Ängste und Traumata gerade im Körperlichen »festfressen« und durch den bewussten und gekonnten Einsatz körperlicher Übungen entschärft und verarbeitet werden können.

Zum anderen verhält es sich beim Umgang mit der Sexualmagis ähnlich wie mit der Behandlung von Chi oder Prana in den Budo- (Kampfsport-)Künsten Asiens, in der Akupunktur, beim Tai Chi usw.: Die jeweilige Energie wird zunächst im Zustand der Ruhe und Entspannung gebündelt und konzentriert, bevor sie (meist explosionsartig) auf ihr Ziel gelenkt wird.

Ferner ist die Entspannung Voraussetzung echter Körperbeherrschung. Zu Letzterer gehören speziell in der Sexualmagie ein gestärktes Becken, die Fähigkeit zur Verzögerung und Beschleunigung von Orgasmen, Atemtechnik und manches andere mehr. Wir dürfen nicht außer Acht lassen, dass wir bei sexualmagischen Operationen in der Regel mit einer recht heftigen Orgasmustrance arbeiten, die uns nur zu leicht überwältigen kann. Das wird gerade am Anfang gehäuft geschehen und ist an sich beim Anfänger noch kein Grund zur Panik; doch sollte das Ziel stets darin bestehen, zu einer möglichst vollkommenen Kontrolle über die Sexualmagis zu gelangen. Diese wollen wir mit den folgenden Übungen vorbereiten helfen.

Die sexualmagische Tiefentspannung

1. Stufe

Die Übung ist vorzugsweise in unbekleidetem Zustand durchzuführen, doch sollte in diesem Fall für eine angenehme Raumtemperatur Sorge getragen werden. Nötigenfalls genügt auch eine dünne, leichte Decke, um eine etwaige Verkühlung zu verhindern. Sorgen Sie außerdem dafür, dass Sie beim Durchführen dieser Übung mindestens eine halbe bis Dreiviertelstunde lang ungestört bleiben.

Ausgangsposition ist die sogenannte »Totenlage«: Auf dem Rücken liegend strecken Sie die Arme leicht vom Körper ab (ca. 15 cm), die Handflächen sind dabei nach oben gerichtet, die Finger locker und gelöst. Die Füße liegen ebenfalls ein Stück weit auseinander. Die Augen sind geschlossen, die Zimmerbeleuchtung sollte matt und gedämpft sein, vom Gebrauch von Musik (auch sogenannter »Meditationsmusik«) ist vorerst abzusehen.

Entspannen Sie sich nun, so gut Sie eben können. Vielleicht stellen Sie sich vor, Sie seien eine Katze, die sich woh-

lig ausruht, die ersten Minuten können Sie sich auch getrost etwas umherwälzen, bis Sie sich richtig wohlfühlen,
bevor Sie die endgültige Totenlage einnehmen. Ab nun
sollten Sie sich allerdings nicht mehr bewegen, bis dies
ausdrücklich gefordert ist.

Die Atmung ist zunächst ruhig und tief, mit zuneh-
mender Entspannung wird sie jedoch flacher und noch
gelassener. Konzentrieren Sie sich auf dieser Stufe noch
nicht allzu sehr auf die Atmung, das kommt erst später.
Achten Sie lediglich darauf, dass Sie nicht zu hektisch und
fahrig atmen. Der Mund ist beim Atmen geschlossen, Ein-
und Ausatmung erfolgen also nur durch die Nase. Die Zäh-
ne können leicht aufeinanderliegen, aber auch ein kleines
Stück auseinander sein; wichtig ist vor allem, dass die Zun-
genspitze leicht am Vordergaumen anliegt (nicht pressen!)
und sich nicht bewegt, um keinen störenden Speichelfluss
zu provozieren.

Nun beginnt die eigentliche Tiefentspannung: Zuerst
begeben Sie sich im Geiste in Ihren rechten oder linken
Fuß. (Die Seitenwahl ist beliebig, doch sollten Sie stets mit
derselben Seite beginnen. Wenn Sie also zunächst den linken Fuß entspannen und danach den rechten, müssen Sie
mit dem linken Unterschenkel fortfahren, bevor Sie den
rechten entspannen. Später verfahren Sie genauso mit dem
linken Arm usw.) Richten Sie Ihre Aufmerksamkeit auf die
kleine Zehe und sagen Sie im Geiste (nicht laut!): »Meine
linke (bzw. rechte) kleine Zehe ist entspannt und gelöst
und warm.« Wiederholen Sie diese Suggestion so lange,
bis sie Wirkung zeigt: Eine angenehme Wärme im ange-
sprochenen Körperteil, verbunden mit einem gewissen Gefühl der entspannten Schwere, ist das Ergebnis. Dann ge-

hen Sie die Zehen des Fußes einzeln auf die gleiche Weise durch. Sind Sie damit fertig, wiederholen Sie zweimal: »Alle Zehen meines linken (bzw. rechten) Fußes sind entspannt und gelöst und warm.«

Nun tun Sie das Gleiche mit dem anderen Fuß. Sind auch dessen Zehen völlig entspannt, kehren Sie zum ersten Fuß zurück und entspannen den Spann und die Fußsohle (dann wieder das Gleiche mit dem anderen Fuß), Ferse und Fußknöchel, bis Sie schließlich sagen können: »Mein ganzer linker (bzw. rechter) Fuß ist entspannt und gelöst und warm.« Dann folgt der andere Fuß. Zum Schluss heißt es dann: »Meine beiden Füße sind entspannt und gelöst und warm.«

Auf ähnliche Weise verfahren Sie mit dem restlichen Körper, und zwar in folgender Reihenfolge:

∞   Unterschenkel
∞   Knie
∞   Oberschenkel
∞   ganzes Bein
∞   Finger
∞   Handfläche und -ballen
∞   Handgelenk
∞   ganze Hand
∞   Unterarm
∞   Ellenbogen
∞   Oberarm
∞   ganzer Arm
∞   Geschlechtsorgane
∞   Unterleib
∞   Bauchdecke

∞   Brustkorb
∞   Schulter
∞   Halsmuskeln
∞   ganzer Rumpf
∞   Unterkiefer
∞   Mund
∞   Nase
∞   Augenlider
∞   Stirnhaut
∞   Hinterkopf
∞   ganzer Kopf
∞   ganzer Körper

Die Liste mag Ihnen vielleicht etwas pedantisch vorkommen, doch ist es eine bedauerliche Erfahrung, dass gerade Anfänger (aber auch viele Fortgeschrittene) dazu neigen, einzelne Körperteile bei der Tiefentspannung zu vernachlässigen, die es eigentlich ganz besonders »nötig« hätten: Vor allem Knie, Geschlechtsorgane, Unterleib, Unterkiefer, Stirnhaut und Hinterkopf kommen oft zu kurz. Später sollten Sie sich auch den inneren Organen (Herz, Lungen, Magen, Leber, Nieren, Milz, Galle) und einigen Meridianen widmen, die uns bei der Sexualmagie besonders interessieren.

Manche Menschen brauchen für die allererste Tiefentspannung fast eine Stunde, andere schaffen es sofort, wiederum andere benötigen Wochen, bis sie das Gefühl haben, es wirklich richtig zu machen. Die Übung ist täglich mindestens einmal (am besten entweder vor dem Aufstehen oder vor dem Einschlafen) durchzuführen, die beiden ersten Male sollten Sie jedoch separat üben. Selbstverständlich können Sie die Tiefentspannung auch mehrmals täglich durchführen, wenn Sie wollen. Wichtig ist vor allem das regelmäßige Üben. Ich empfehle, etwa vier Wochen die Stufe 1 zu bearbeiten, bevor Sie sich an die Stufe 2 begeben. Vermeiden Sie möglichst, während der Übung einzuschlafen, aber zwingen Sie sich andererseits nicht mit Gewalt wieder aus dem Schlaf. Mit etwas Praxis werden Sie sich an den leichten Dämmerzustand gewöhnen, der einer magischen Trance schon sehr nahe ist, weil Sie ja bei vollem Bewusstsein bleiben.

Der magische Schutz

Ergänzend zur Tiefentspannung sollten Sie einen magischen Schutz um sich legen. Wer damit bereits vertraut ist, kann ihn vor der eigentlichen Tiefentspannung projizieren. Wer damit noch keine Übung hat, sollte spätestens bei der dritten Tiefentspannung diese fortsetzen wie unten beschrieben. Sind Sie mit der Energiequalität zufrieden, so üben Sie das Herstellen eines magischen Schutzes tagsüber ohne vorherige Tiefentspannung, etwa in der Straßenbahn, im Büro, beim Warten an einer Verkehrsampel, beim Einkaufen usw. Haben Sie ein Gefühl dafür entwickelt (dass es so weit ist, spüren Sie durch Ihre zunehmende Sensitivität schon sehr bald von allein), dass Sie diese Praktik ausreichend beherrschen, legen Sie den Schutz vor der Tiefentspannung um sich. Doch bevor wir die Technik beschreiben, noch einige grundsätzliche Worte zur Klarstellung.

Wozu überhaupt magischer Schutz? Hier gilt es, ein Missverständnis aus dem Weg zu räumen, das sich leider nicht nur unter Laien häufig findet. Kritiker fragen bei diesem Thema oft: »Wozu müsst ihr Magier euch eigentlich ständig schützen? Sind etwa alle hinter euch her? Oder habt ihr einfach nur immer panische Angst?« Nun, diese Fragen sind berechtigt, denn nicht selten hat es tatsächlich den Anschein, als wäre dem so. Daran sind sicher nicht zuletzt die zahllosen »wohlmeinenden« Autoren in der gesamten Esoterik schuld, die sich – nur zu oft von keinerlei Sachkenntnis getrübt – bemüßigt fühlen, alle Welt vor den vermeintlichen Gefahren der Magie zu warnen. Dabei sind oft nur die Angst und das Unwissen die Eltern solcher Ermahnungen. Dieselben Autoren reagieren freilich recht entsetzt, wenn man ihnen daraufhin nachweist, dass der überwiegende Teil der von ihnen selbst vertretenen Praktiken in der Magie durchaus ihren Platz hat, ja dass die meisten ihrer Techniken und Grundprinzipien sogar aus der Magie stammen.

In Wirklichkeit werden Sie höchst selten im Leben mit dem magischen Angriff eines Gegners zu tun bekommen. Erstens ist nicht jeder dazu fähig, gezielt und effektiv Kampfmagie zu betreiben, ohne entsprechend geschult zu sein. Vielen Menschen fehlt es auch schlichtweg völlig an magischem Talent. Zweitens ist ein magischer Angriff immer eine sehr aufwendige, zeitraubende Angelegenheit. Kaum ein ernst zu nehmender Magier wird sich darauf einlassen, ohne wirklich provoziert worden zu sein. Mit anderen Worten: Es muss schon ein sehr triftiger Grund vorliegen, bis ein echter Magier sich darauf einlässt, Sie anzugreifen und einen langwierigen, zähen Krieg heraufzubeschwören. Allerdings schmeichelt es der Eitelkeit, in dem Wahn zu leben, magisch angegriffen zu sein (immerhin ist man dann ja sehr wichtig!), weshalb meiner Erfahrung nach etwa 90 Prozent aller vermeintlichen magischen

Angriffe in Wirklichkeit nur Einbildung und Projektionen labiler Psychen sind.

Der magische Schutz dient jedenfalls vor allem dazu, *unerwünschte Energien fernzuhalten!* Gewiss, das können auch Angriffe sein, aber vor allem geht es um die Konzentration. Das Wort »Konzentration« bedeutet, etwas auf seinen Mittelpunkt zu führen (wörtlich: »in einen Mittelkreis ziehen«); es bedeutet aber auch, dass man Überflüssiges aussondert und beiseitelässt. Genau dies ist die Grundlage des magischen Schutzes. Meist hat dieser die Gestalt eines Kreises, womit der Magier symbolisch »in seiner Mitte« ist und sich nichts mehr einmischen kann, was unerwünscht ist und nicht ausdrücklich gerufen wurde. Der Kreis hält also äußere Störeinflüsse ab, gleichzeitig bündelt er aber auch die in ihm geweckten und schlummernden Energien, führt sie durch die Person des Magiers auf einen gemeinsamen Brennpunkt und macht sie dadurch wirkungsvoll.

Wie jeder Laborchemiker, der bei empfindlichen Experimenten äußere Einflüsse wie Strahlen, Staub, Luftfeuchtigkeit, Temperaturschwankungen usw. abhält, aber auch konzentrationshemmenden Lärm und Lichtreflexe, so sorgt auch der Magier für optimale Arbeitsbedingungen. Diese sind Konzentration, Körper- und Bewusstseinsbeherrschung, sensibilisierte feinstoffliche Wahrnehmung, präzises Gespür für Energiequalitäten. All dies lässt sich eben nur durch innere Mittigkeit erlangen. Es wäre also falsch, hinter dem magischen Kreis ständig Heerscharen böser Dämonen und Astrallarven zu wittern, die nur auf einen Ausrutscher warten, um dem unvorsichtigen Magier den Garaus zu machen. Wie der magische Krieg sind auch diese Energien zwar zum Teil äußerst real und verlangen nach entsprechender Handhabung, doch sind Gefahren aus dieser Richtung ebenfalls eher die Ausnahme. Allerdings sind sie oft auch sehr unberechenbar, sodass eine gewisse vernünftige Vorsicht stets angezeigt scheint. Selbst ein Weltmeister im Bergsteigen (oder vielleicht gerade dieser!) wird niemals sämtliche Vorsichtsmaßnahmen vernachlässigen, nur weil er sich vielleicht gerade im Vollbesitz seiner Kräfte oder auf dem Höhepunkt seiner Leistungsfähigkeit wähnt. Denn er weiß genau: ein einziger unnötiger, weil vermeidbarer, Fehltritt und schon war alles nur ein Traum mit jähem, tödlichem Ende. Das ist nicht dasselbe wie Panik und Verfolgungswahn, es ist lediglich die Sorgfalt des Experten, die diesen nicht zuletzt auch zum Könner macht. Auf die realen Gefahren, die durch sogenannte »Dämonen-Energien« und »Astral-Vampire« drohen können, wird im entsprechenden Zusammenhang noch eingegangen werden (s. S. 219 f.).

Begreifen Sie den magischen Schutz also im hier erläuterten Sinne, dann ist er gleichzeitig auch wirkungsvoller, als wenn Ihr Antrieb, sich zu schützen, auf Angst beruht. Dies vor allem deshalb, weil jede Furcht vor etwaigen Gefahren jeden Mentalschutz schon durch ihre bloße Existenz aufweicht und unter Umständen bei der leisesten Herausforderung zusammenbrechen lässt. Mit anderen Worten: Man muss seine (magische) Festung für sich selbst, für sich persönlich erbauen, damit man in der eigenen Mitte leben kann, sich aber nicht ausschließlich am Feind orientieren, denn damit zieht man diesen nicht nur an, sondern man wird über kurz oder lang sogar zu seiner Marionette, weil man nämlich immer stärker darauf fixiert ist, ihm und seinen Winkelzügen ständig zuvorzukommen. Damit würde man seine Energie nur an den Gegner binden und schließlich die wirkliche Initiative verlieren. Da ist es sinnvoller und strategisch effektiver, die eigenen Fähigkeiten optimal auszunutzen, Fehler und Mängel zu beheben und dafür zu sorgen, dass man sich zu Recht sicher und geborgen fühlen kann. Das ist allerdings eher eine Frage der Einstellung als der Technik. Nirgendwo gilt dies so sehr wie auf dem gesamten Gebiet der Magie.

Der magische Schutz dient also zunächst einmal der Konzentration und der gesteigerten Sorgfalt, erst in zweiter Linie als Schild gegen Feinde und Gefahren im herkömmlichen Sinn. Man könnte ihn korrekter auch als »Energie-Filter« und »Polarisator« bezeichnen, der gleichzeitig als »Kraft-Akkumulator« funktioniert, aber um der Kürze willen bleiben wir hier beim üblichen Ausdruck »magischer Schutz«. Damit ist auch der oft geäußerte Einwand widerlegt, dass es doch töricht sei, mittels des magischen Schutzes alles abzublocken, was von außen auf einen zukommen könnte, weil dies Erfahrungsreichtum und Lernfähigkeit reduzieren und zu einer wahnhaften Ichbezogenheit führen würde. Denn der magische Schutz hält eben nicht alles ab, sondern nur das im jeweiligen Augenblick Unförderliche.

So leuchtet es auch ein, dass beispielsweise ein allgemeiner magischer Dauerschutz, den man ständig aufrechterhält, eine andere Energiequalität besitzt als etwa der Schutz, den man eigens für ein sexualmagisches Ritual aufbaut. Der allgemeine Schutz ist vielleicht etwas »grobmaschiger«, dafür aber etwas stabiler und robuster, während der spezielle Schutz zwar durch seine Feinjustierung anfälliger für Störungen und Gegenkräfte ist, dafür aber präziseren Zielbeschuss ermöglicht und eine höhere Treffgenauigkeit aufweist. All diese Beschreibungen sind natürlich nur sprachliche Annäherungen an ein Gefühl, das nicht wirklich vermittelt, sondern nur erfahren werden kann. Sie werden jedoch in diesem Buch Übungen finden, die Ihnen beim Umgang mit diesem »Feingespür« zu einer größeren Sicherheit und zu zuverlässigeren Ergebnissen verhelfen können.

Diese ausführlichen Bemerkungen zum Nebenthema »magischer Schutz« waren erforderlich, weil darauf unsere gesamte Sexualmagie fußt. Deshalb gilt es, sie zu beherzigen, um Missverständnisse und etwaige Fehler zu vermeiden. Die eigentliche Übung dazu finden Sie am Ende dieses Kapitels (s. S. 168 ff.).

Übung: Beckenstärkung 1
(für männliche und weibliche Sexualmagier)

Es bedarf wohl keiner weiteren Erläuterung, weshalb dem Beckenbereich in der Sexualmagie (wie auch in der Sexualität überhaupt) eine besondere Bedeutung zukommt. Wie der Tao-Yoga, das Tantra und der Kundalini-Yoga gehen auch wir davon aus, dass die Sexualmagis im Steißbereich (Wurzelchakra) schlummert. Was das Gebiet der Körperübungen angeht, sind uns die östlichen Kulturen, das muss neidlos anerkannt werden, um ganze Jahrtausende voraus. Deshalb wollen wir uns auch ihr Wissen zunutze machen.

Beginnen Sie die Übung in sitzender Stellung, der Rücken soll dabei gerade, aber nicht verspannt sein. Wie jede Asana sollte auch diese nach Patanjalis Forderung »fest und bequem« sein. Später, wenn Sie diese Übung gemeistert haben, können und sollten Sie sie in jeder beliebigen Körperhaltung durchführen, auch wenn Sie in Bewegung sind, also etwa beim Gehen oder Treppensteigen usw.

Atmen Sie tief und ruhig ein. Achten Sie dabei vor allem auf eine gründliche Bauchatmung. Generell wird die Bauchatmung besonders von Frauen stark vernachlässigt. Eine gründlichere Beschreibung der korrekten Atemtechnik finden Sie weiter unten (s. S. 67 ff.). Für den Anfang genügt es, wenn Sie tief und langsam atmen, ohne sich dabei anzustrengen und ohne auf einen bestimmten Rhythmus zu achten.

Nach etwa zehn Atemzügen ziehen Sie nun jedes Mal beim Einatmen den Damm (Perineum) ein. Das ist der Punkt, der zwischen Ihren Ausscheidungsorganen liegt. Sie können den Vorgang dadurch unterstützen, dass Sie sich vorstellen, wie die Haut des Damms gegen die Mündung der Wirbelsäule drückt. Beim Ausatmen lösen Sie den Damm wieder. Dies vollführen Sie ca. sechsmal, danach gehen Sie wieder zur gewöhnlichen Tiefatmung ohne Dammeinzug über. Nach ca. zehn Atemzügen wiederholen Sie die ganze Übung aufs Neue. Zehn Atemzüge ohne Dammeinzug – sechs Atemzüge mit Dammeinzug – zehn Atemzüge ohne Dammeinzug sind ein Zyklus. Wiederholen Sie diesen Zyklus insgesamt dreimal.

Die Anzahl der Atemzüge und der Muskelkontraktionen im Dammbereich sind nur Richtwerte. Achten Sie darauf, sich vor allem am Anfang nicht zu überanstrengen. Sollten Sie beispielsweise feststellen, dass Ihre Dammmuskulatur schon nach viermaliger Kontraktion erschlafft oder gar schmerzt, dann entspannen Sie sich durch die reine Atmung ohne Dammeinzug und brechen Sie die Übung ab. Das kann vor allem bei älteren Menschen häufig vorkommen. In diesem Fall ist zu empfehlen, die Übung in verkürzter Form möglichst sechs- bis achtmal täglich durchzuführen und die Leistung im Laufe der Wochen und Monate graduell zu steigern. Ansonsten genügt es in der Regel, die Übung etwa dreimal täglich zu praktizieren.

Warnung: Wenden Sie bei allen unseren Übungen keine Gewalt an! Überfordern Sie sich nicht, es geht schließlich nicht um Leistungssport! Es ist besser und wirkungsvoller, die Dauer einzelner Übungen zu halbieren und sie dafür doppelt so häufig durchzuführen wie angegeben, als sich durch einen Trainingsplan zu quälen, der durch Übertreibung womöglich noch zu körperlichen Schäden führt.

Wenn Sie die Übungen hinreichend beherrschen, können Sie sie auch im Alltag ganz unauffällig anwenden. Dazu brauchen Sie dann nicht unbedingt eine längere Phase des Ruhigatmens einzubauen, Sie können den Damm auch ohne Vorbereitung beim Einatmen langsam möglichst hoch einziehen und beim Ausatmen wieder lösen. Allerdings eignet sich die Übung Beckenstärkung 2, die weiter unten folgt (s. S. 73), weitaus besser für eine unauffällige Anwendung im Alltag.

Sie werden möglicherweise feststellen, dass diese Übung, wenn sie regelmäßig praktiziert wird, Ihre ganze Körperhaltung verbessert: Plötzlich bekommen Sie einen viel aufrechteren Gang, Haltungsschäden werden ausgeglichen oder zumindest gelindert, Becken- und Unterleibsmuskulatur werden gekräftigt, bei Männern werden Prostatabeschwerden gemildert, Frauen erfahren eine Kräftigung der Gebärmutter und die feinstofflichen Energien strömen freier im Körper. Auch Ihre sexuelle Spannkraft wird dadurch erheblich gesteigert, dabei sind wir mit unserem Übungsprogramm erst am Anfang!

Übung: Atmung 1

Der Atmung kommt bei der Sexualmagie ganz besonderes Gewicht zu. Sollten Sie bereits den korrekten Yoga-Atem beherrschen, können Sie diese Übung übergehen. Wir können hier leider nicht das gesamte komplizierte Gebiet des Pranayama abhandeln, es genüge deshalb die Feststellung, dass unsere Atmung einerseits unseren Gemütszustand verrät, dass dieser Gemütszustand aber seinerseits auch durch die Atmung beeinflusst werden kann. Mithilfe der Atmung – das ist das Wichtigste – kanalisieren und lenken wir die feinstofflichen Energien im Körper. Das Atmen ist unser Kontakt Nummer eins zur Außenwelt. Es ist noch wichtiger als die Nahrungs- und Flüssigkeitsaufnahme. Am Funktionieren der Atmung (die ja mit dem Herzschlag ursächlich zusammenhängt) stellen wir auch fest, ob ein Mensch lebendig oder tot ist.

Im Allgemeinen atmet der durchschnittliche westliche Mensch viel zu flach und zu kurz. Dadurch werden die Lungen nicht richtig entlüftet, die Sauerstoffzufuhr ist behindert – nicht selten sind Angst und Depression die Folge. Das griechische Wort »Psyche«, das wir auch mit Seele übersetzen, bedeutet so viel wie »Wind« oder »Atem« (Odem). So wird schon etymologisch klar, dass Atmung und seelisches Wohlbefinden eng zusammenhängen.

Es ist am Anfang sinnvoller, sich auf die Tiefatmung zu konzentrieren als auf irgendwelche exotischen und die Organe belastenden Rhythmen. Diese haben zwar durchaus ihren Wert – die Yogalehre kennt zahllose verschiedene entsprechende Atemtechniken –, doch ist dies eher etwas für Fortgeschrittene. Unsere erste Übung zielt daher zunächst darauf ab, den vollständigen sogenannten »Yoga-Atem« zu trainieren, bevor wir später auf die Feinheiten der Atemlehre eingehen.

Erste Phase
Üben Sie die ersten Male aufrecht stehend. Die Füße stehen etwa schulterbreit auseinander, die Arme hängen entspannt an der Seite. Wenn Sie die Übung unbekleidet vor einem großen Spiegel durchführen können, umso besser, dann können Sie die einzelnen Phasen auch optisch verfolgen und etwaige Fehler leichter korrigieren.

Atmen Sie eine Weile völlig normal, ohne die Atmung irgendwie zu beeinflussen. Der Mund ist dabei geschlossen, es wird also nur durch die Nase geatmet (auch bei Schnupfen).

Zweite Phase
Nun legen Sie beide Hände übereinander auf den Unterleib unmittelbar unter dem Bauchnabel. Versuchen Sie jetzt, beim Einatmen gegen Ihre Hände zu pressen, aber ohne Gewalt! Achten Sie nur darauf, dass die eingeatmete Luft den Unterbauch so weit bläht, dass die Hände leicht gepresst werden. Blähen Sie den Bauch dabei aber nicht durch bewusste Muskelbewegung auf, die Bewegung muss vielmehr durch den Atem zustande kommen und nur

durch den Atem allein! Beim Ausatmen pressen Sie leicht mit den Händen gegen den Unterleib und versuchen, möglichst die ganze Atemluft entweichen zu lassen. Ein Zyklus dauert fünf vollständige Atemzüge. Führen Sie mindestens vier Zyklen hintereinander durch, wobei Sie zwischen zwei Zyklen eine kurze Pause von drei bis vier Atemzügen einlegen können.

In der Regel haben Frauen mit dieser Atmung größere Schwierigkeiten, weil sie zu einer verstärkten Brustatmung neigen. Deshalb sei weiblichen Lesern geraten, bei Bedarf die zweite Phase dieser Übung zu verlängern.

Dritte Phase
Nun legen Sie beide Hände übereinander auf die Brust. Sie verfahren genau wie bei der zweiten Phase, nur dass Sie diesmal hauptsächlich Brustatmung betreiben. Vermeiden Sie dabei nach Möglichkeit jede Bewegung der Unterleibsmuskulatur!

In der Regel haben Männer mit dieser Art der Atmung größere Schwierigkeiten als Frauen, weil sie zu einer verstärkten Bauchatmung neigen. Deshalb sei männlichen Lesern geraten, bei Bedarf die dritte Phase dieser Übung zu verlängern.

Vierte Phase
Jetzt folgt die vorletzte Stufe der eigentlichen Tiefatmung, die ja das Endziel dieser Übung ist. Immer noch aufrecht stehend atmen Sie zunächst in den Unterleib. Ist dieser prall (aber nicht schmerzhaft) gefüllt, leiten Sie die weitere Luft nach oben in den Brustbereich. Nun werden Sie feststellen, dass unten im Unterleib doch noch (bzw. wie-

der) »Platz frei« ist; auch diesen füllen Sie noch mit frischer Atemluft, um schließlich den allerletzten Luftrest in den Brustbereich zu führen. All dies geschieht mit einem einzigen Einatmen. Beim Ausatmen verfahren Sie ganz ähnlich, doch in umgekehrter Reihenfolge: Zuerst pressen Sie etwas Luft aus dem Brustbereich, dann aus dem Unterleib, schließlich wieder aus dem Brustbereich und zum Schluss den letzten Rest verbrauchter Luft wieder aus dem Unterleib, den Sie dabei so weit einziehen, wie es geht, ohne dass es schmerzt. (Stellen Sie sich vor, Sie wollten den Bereich von der Gürtellinie bis zum Rippenbogen nach hinten an die Wirbelsäule drücken.)

Zur Veranschaulichung sind hier beide Phasen noch einmal in Stichworten zusammengefasst:
  Einatmen: Unterleib – Brust – Unterleib – Brust
  Ausatmen: Brust – Unterleib – Brust – Unterleib

Ein Zyklus besteht aus sechs vollen Atemzügen. Üben Sie mit mindestens vier Zyklen, wobei Sie zwischen jedem Zyklus eine kurze Pause von drei bis vier Atemzügen machen können. Auf diese Pausen können Sie jedoch verzichten, sobald diese Art der Atmung Sie nicht mehr anstrengt. Das wird relativ bald der Fall sein, sofern Sie über gesunde Atmungsorgane verfügen. Das Schwierige an dieser Übung besteht lediglich darin, dass sie am Anfang etwas ungewohnt ist.

Es handelt sich bei dieser Atmung also um eine raupenartige Wellenbewegung, die eine gründliche Beatmung des Organismus gewährleistet. Optimiert wird diese freilich erst durch die fünfte Phase, die letzte Stufe dieser Übung.

Fünfte Phase
Diese Phase ist mit der vierten Phase identisch, bis auf einen einzigen Unterschied: Beim Einatmen wird nun wieder, wie schon bei der vorangegangenen Übung Beckenstärkung 1 (s. S. 64), der Damm eingezogen und beim Ausatmen wieder gelockert. Hier gilt auch dieselbe Zyklenangabe wie für die vierte Phase.

Es gibt eine Variante des Yoga-Atems, die Sie allerdings in der Fachliteratur meistens vergeblich suchen werden. Mir selbst wurde sie von einem meiner indischen Yogalehrer vermittelt. Dabei wird in der Einatmungsphase nicht die Dammmuskulatur kontrahiert, vielmehr werden die Unterleibsmuskeln leicht angespannt. Das erscheint zunächst paradox, weil doch in den Unterleib hineingeatmet werden soll. Sie werden aber bei einem Versuch schnell feststellen, dass dies automatisch ein leichtes Zusammenziehen des Damms zur Folge hat und die Atemkapazität steigert. Meiner Erfahrung nach ist die erste Variante der zweiten vorzuziehen, doch kann Letztere für Menschen sinnvoller sein, die unter Prostatabeschwerden, an einer Erschlaffung der Scheiden- oder Unterleibsmuskulatur oder an einem Leistenbruch leiden. Auf die Dauer führt diese Übung nicht nur zu einer besseren Beatmung und Vitalisierung des Organismus, sie tonisiert auch bei Männern wie Frauen eine schlaff gewordene Unterleibsmuskulatur und wirkt sich heilsam auf eventuelle Potenz- oder Orgasmusschwierigkeiten aus.

Voraussetzung ist allerdings, dass es nicht bei einem einmaligen täglichen Üben bleibt. Vielmehr muss die hier geschilderte Atemweise zum Normalfall werden, zu einem

Reflex. Haben Sie vorher vielleicht kurz, flach und stakkatoartig geatmet, müssen Sie nun dazu übergehen, diese Tiefatmung als Regel zu entwickeln. Das geschieht nur durch ständige Praxis und Aufmerksamkeit. Dies mag zunächst wie eine kaum erfüllbare Forderung erscheinen, doch zeigt die Erfahrung, dass das genaue Gegenteil der Fall ist: Gerade weil die Tiefatmung eigentlich die natürliche Atmungsweise ist und dem Gesamtorganismus (also auch der Psyche) so gut bekommt, gewöhnt sich der Körper sehr schnell daran und macht sie sich gern zu eigen. Das kann wenige Tage dauern, im Höchstfall einige Wochen, doch wenn Sie es einmal erreicht haben, werden Sie sich wundern, dass Sie überhaupt jemals anders atmen konnten!

Erstaunlich sind auch die seelischen Auswirkungen dieser Tiefatmung: Ruhe, Gelassenheit, gesteigertes Konzentrationsvermögen und größere Vitalität, die auch auf andere Menschen abfärbt und sie anzieht, sind häufig die Folge. Wie ein ruhender Pol werden Sie sich auch im Trubel des Alltags, ja selbst in Katastrophen durch Ihre Tiefenatmung über die Ereignisse stellen und sie dadurch mit der nötigen Distanz sachlich und effektiv meistern. Natürlich ist es mit einer reinen Atemtechnik allein nicht getan, um alle Probleme des Lebens zu meistern, aber es ist dennoch verblüffend, wie wenig es oft bedarf, um die ganze Wirklichkeit in einem völlig anderen Licht erscheinen zu lassen.

Übung: Beckenstärkung 2

Streng genommen dient diese Übung nicht allein zur Kräftigung des Beckens, sie weckt auch die Sexualmagis und macht sie für den Magier handhabbar. Sie hat darüber hinaus den Vorteil, dass sie jederzeit und überall völlig unbemerkt durchgeführt werden kann und keinerlei Zeitopfer verlangt.

Ziehen Sie mehrmals am Tag in rascher Reihenfolge fünf- oder sechsmal den Damm ein. Sie sollten die Kontraktionen so schnell wie möglich hintereinander durchführen, um sich danach völlig zu lockern und die Übung frühestens nach einer Viertelstunde zu wiederholen. Dies können Sie im Stehen, Sitzen oder Liegen, ja selbst im Gehen oder Laufen tun. Ob Sie im Bus sitzen oder sich auf einem hochoffiziellen Empfang befinden: Niemand wird bemerken, dass Sie üben, selbst wenn Sie sich dabei mit anderen Menschen unterhalten sollten.

Dies sollten Sie mindestens ein Jahr lang täglich mehrmals (je öfter, desto wirkungsvoller) tun. Nach einigen Tagen wird es Ihnen schon völlig in Fleisch und Blut übergegangen sein, und Sie werden ganz instinktiv diese Dammkontraktionen durchführen, ohne sich selbst noch daran erinnern zu müssen. Oft ziehen Menschen in Augenblicken großer Gefahr oder entsetzlicher Angst die Dammmuskeln ein. Das ist ein natürlicher Schutzmechanismus, der sehr sinnvoll ist: Abgesehen von der biochemischen Drüsenaktivierung und anderen neurophysiologischen Effekten hat diese Stellung des Damms den großen Vorteil, den Menschen in seine Mitte zurückzubringen, sofern er nur entsprechend achtsam ist. Wenn

Sie sich in Gefahr befinden oder unter Furcht leiden sollten, können Sie ganz bewusst den Damm einziehen und
selbst beobachten, wie beruhigend oder, besser, »klärend«
sich dies auf Ihren Bewusstseinszustand auswirkt. In Verbindung mit unseren anderen Techniken praktiziert, wird
dies häufig genügen, um die Probleme sofort zu lösen oder
sie zumindest auf eine handlichere Größe herunterzu-
brechen.

Übung: Atmung 2

Diese Übung ist ein Beispiel dafür, dass wir möglichst viele Techniken miteinander zu verbinden versuchen, um
den Übungsaufwand so weit zu minimieren, wie es nur
geht. Deshalb wird diese Übung später weiter ergänzt und
durch zusätzliche Elemente bereichert. In der hier vorgestellten Form kennt man sie auch im Hatha-Yoga unter der
Bezeichnung »Blasebalg«. Sie verbindet ihre Becken und
Unterleib stärkende Funktion mit einer gründlichen Beatmung des Organismus und, bei längerer und kräftigerer
Anwendung, einer sehr trancefördernden Hyperventilation des Gehirns. Auch lenkt sie die Magis stoß- und
schubweise, was speziell für die Kampfmagie von großer
Wichtigkeit ist, aber auch in der Sexualmagie eine Rolle
spielt, und verschafft eine große geistige Klarsicht. Im
Grunde verbinden Sie lediglich die beiden Übungen
Beckenstärkung 2 und Atmung 2 miteinander: Während
Sie schnell und heftig einatmen, spannen Sie den Damm
an wie oben beschrieben (s. S. 73), um ihn bei jedem
ebenso schnellen und heftigen Ausatmen wieder zu lösen.
Stellen Sie sich vor, in Ihrem Damm befände sich eine dem

Herzen ähnliche Energiepumpe (tatsächlich nennt der
Tao-Yoga diesen Punkt dicht oberhalb des Damms die
»Steißbeinpumpe«). Überanstrengen Sie sich dabei nicht,
gerade am Anfang kostet diese Übung einige Kraft. Später
kehrt sich das Ganze jedoch um, und die Übung wird als
belebend und kräftigend erfahren. Gehen Sie sorgfältig
vor, damit Ein-/Ausatmen und Anspannen/Lockern auch
wirklich synchron stattfinden. Führen Sie diese Übung am
Anfang nicht öfter als höchstens dreimal am Tag durch,
und lassen Sie zwischen jedem Zyklus von ca. 5–10 Minuten ausreichende Pausen, die mindestens doppelt so lang
sein müssen wie der Zyklus selbst.

Warnung: Menschen mit Herzproblemen oder geschä-
digten Atemorganen sollten diese Übung entweder nur
mit äußerster Vorsicht (am besten unter ärztlicher oder
naturheilkundlicher Aufsicht) angehen oder im Zweifels-
fall ganz darauf verzichten, wie generell auf alle Übungen, welche Kreislauf und Atemzyklus zu sehr belasten.
Überhaupt muss noch einmal eindringlich darauf hingewiesen werden, dass Sie die Übungen niemals übertrei-
ben sollen! Achten und beachten Sie vor allem etwaige
Schmerzen, die bei einer übereifrigen oder allzu ausge-
dehnten Durchführung der Übungen auftreten sollten,
als Signal, die Übung abzubrechen und erst nach einer
gründlichen Pause wieder anzugehen, diesmal freilich
noch vorsichtiger und sorgfältiger. Leider kann ein Buch
keine mündliche Unterweisung ersetzen, aber diese Hinweise genügen für die Praxis vollauf. Ohnehin sollten Sie
sich langsam an den Gedanken gewöhnen, dass Sie schlussendlich Ihre eigenen Übungen entwickeln müssen, die
speziell auf Ihre individuellen Stärken und Schwächen ab-

zielen und entsprechend an diese angepasst sind. Die hier gegebenen Beispiele stellen nur einen Weg von vielen möglichen dar.

Sollten Sie sich irgendwann dazu berufen fühlen, Ihr erworbenes Wissen an andere weiterzugeben, werden Sie dies, wenn Sie ein guter Lehrer oder Meister sind, auf Ihre ganz persönliche, durch Ihre Erfahrung geprägte Weise tun – und so wird es Ihrem Schüler oder Ihrer Schülerin auch ergehen. Am Ende bleiben die gleichen Grundtechniken, eingebettet in eine Vielfalt von Anwendungsmöglichkeiten und Varianten, wie sie ein Mensch allein unmöglich hervorbringen kann.

Mit unserem Buch kommen Sie im Idealfall so weit, dass Sie keinen eigenen Lehrer mehr benötigen – weil der einzige Lehrer, den es wirklich gibt, ohnehin nur Sie selbst sind. Doch bis aus dieser scheinbaren Floskel oder Plattitüde vitale Wirklichkeit wird, bedarf es vieler Erfahrungen, Fehlschläge und Erfolge! Seien Sie also experimentierfreudig. Man mag gegen Sexualmagier sagen, was man will, es sind auf jeden Fall keine langweiligen Menschen! Lassen Sie Ihrem Einfallsreichtum freien Lauf, erst dann beginnt die Magie in Ihnen und Ihrer Umwelt wirklich zu leben, und beginnen Sie, Ihrerseits wirklich aus der Magie heraus zu leben, anstatt immer noch das Gefühl zu haben, sich erst in die Magie hineinfinden zu müssen.

Stärkung der Sexualmagis für männliche Sexualmagier

Die folgenden Praktiken dienen teils der Stärkung des Beckens, teils einer generellen Festigung und Durchblutung der Unterleibsmuskulatur; außerdem wirken sie sich wohltuend auf die Prostata aus und fördern ganz allgemein die sexuelle Potenz.

1. Die Hodendusche

Nach dem Duschen oder Baden sollten Sie sich die Unterleibsorgane möglichst kalt abduschen, bis eine deutliche Kälteschrumpfung der Haut einsetzt. Achten Sie auch besonders darauf, dass der Wasserstrahl den Damm trifft. Falls Sie Potenzprobleme haben sollten, wirkt sich diese Übung oft schon nach kurzer Zeit sehr heilsam aus, sofern Sie sie mehrmals täglich (am besten: vier- bis sechsmal) durchführen.

Wenn Sie ganz gründlich sein wollen, nehmen Sie vor jeder Mahlzeit sowie vor dem Schlafengehen ein sogenanntes »Halbbad«, wie es in Indien viel praktiziert wird: Dabei werden die Beine knieabwärts, die Arme ellenbogenabwärts und das Geschlechtsorgan sowie der Damm kalt abgeduscht. Ferner lassen Sie zunächst ein Rinnsal, später schon eher einen kleinen »Bach« kalten Wassers die Wirbelsäule hinunterfließen, geben etwas kaltes Wasser auf Ihren Scheitelpunkt und in den Nacken, füllen den Mund ebenfalls mit kaltem Wasser und spritzen sich etwa ein Dutzend Mal Wasser in die geöffneten Augen. Das mag sich recht umständlich anhören, ist aber tatsächlich ganz einfach auszuführen und schnell erledigt: Mit etwas Übung haben Sie die ganze Prozedur in drei Minuten hinter sich gebracht. Sicher lässt sich dergleichen nicht immer leicht bewerkstelligen (z. B. am Arbeitsplatz), doch sollten Sie es so oft wie möglich durchführen, wann immer es geht. Die rein körperlichen Segnungen dieser Übung werden Sie schon sehr bald bemerken: größere Körperabkühlung auf ein gesundes und die Lebensdauer förderndes Niveau, gesteigerte Vitalität und Potenz, ausgewogenere Verdauung, stabilisierter Kreislauf, Verminderung der Gefahr eines Herzinfarkts usw. Seelisch macht das Halbbad Sie ausgeglichener, konzentrierter und gelassener und fördert besonders die Meditation, weshalb Sie es auch vor jeder Meditationssitzung ausführen sollten. Darüber hinaus weckt es aber auch spürbar, zusammen mit unseren übrigen Übungen, die Sexualmagis, sodass sie leichter aktiviert und eingesetzt werden kann.

Nun ist dieses Halbbad, wie schon erwähnt, möglicherweise etwas umständlich, wenn Sie sich auch im normalen Arbeitsleben an die hier gegebenen Empfehlungen halten wollen. Doch an freien Tagen und im Urlaub sollten Sie es dafür umso sorgfältiger und öfter praktizieren, auf jeden Fall aber auch während eines (möglichst mehrtägigen) sexualmagischen Exerzitiums.

2. Gliedwaschung

Sie sollten wann immer möglich nach dem Urinieren das Glied möglichst kalt waschen. Damit reinigen Sie sich von schädlicher Harnsäure, die unter anderem zu vorzeitigem Altern und Vitalitätsverlust führen kann, und fördern überhaupt Ihre Körperhygiene. Die Muskelkontraktion bewirkt nämlich ein Ausstoßen verbliebener Harnreste. Ferner wird dadurch auch die Sexualmagis aktiviert und leichter steuerbar.

Leider verfügen die wenigsten öffentlichen Toiletten und Aborte an Arbeitsplätzen über separate Waschkabinen, wo die Gliedwaschung unauffällig durchgeführt werden kann. Für solche Fälle können Sie auch unbemerkt ein kleines Plastikfläschchen mit Wasser mitführen. Gerade Yogis und Tantrika führen diese Übung regelmäßig durch, weil sie um ihren großen Wert wissen.

3. Die Langota

Wenn Sie nach all diesen Waschvorschriften nun erfahren, dass wir Ihnen auch noch das Tragen eines Lendenschurzes empfehlen, werden Sie womöglich entsetzt sein und fragen, ob wir Sie eigentlich zu einem indischen Fakir machen wollen. Doch keine Sorge: Wir versuchen lediglich, aus dem Osten zu übernehmen, was uns als Abendländer nützen kann, ohne dass wir dabei unsere eigene kulturelle Integrität aufgeben müssten. Im Übrigen liegt es ja bei Ihnen, unsere Ratschläge umzusetzen oder nicht!

Die Langota (in indischem Englisch auch Lungota geschrieben), wie diese indische Variante des Lendenschurzes heißt, ist ein überaus praktisches und hygienisches Kleidungsstück. Normalerweise besteht es aus leichter Baumwolle, sodass Sie zur Not auch eine Unterhose darüber tragen können, wenn Sie auf möglichst große Unauffälligkeit Wert legen sollten. Bei voller Bekleidung ist die Langota ohnehin nicht wahrzunehmen. Aussehen und Maße der Langota finden Sie, ebenso wie eine Trageanleitung, auf Seite 80.

Abb. 1
Aussehen und Maße der
Langota

Abb. 1a
Das Gurtteil wird mehrfach
um den Bauch gewickelt
und vorne mit einer Schleife
verschlossen.

Abb. 1b
Das Schurzteil wird von
hinten zwischen den Beinen
nach vorn geführt und
hinter dem Gurt durch-
gezogen; das Glied liegt
nach oben am Körper an,
die Hoden werden leicht
nach unten gepresst.

Abb. 1c
Das Schurzteil wird zwischen
den Beinen wieder nach
hinten geführt.

Abb. 1d   **Abb. 1e**

Das Schurzteil wird hinten mehrfach durch den Gurt gezogen und eingesteckt, bis die Langota fest sitzt (nicht knoten!).

Abb. 1f

Die fertig angelegte Langota

Dieser Lendenschurz hat den Vorteil, dass das Glied nach oben getragen wird, während die Hoden fest ansitzen, ohne dabei gepresst zu werden. Eine automatisch verbesserte Körperhaltung ist die sofortige Folge. Darüber hinaus ist ein derartiges Tragen des Glieds geradezu unglaublich wirkungsvoll, was die Beherrschung der Sexualität angeht: Wer asketisch leben will, dem hilft die Langota, die Libido besser zu kontrollieren und zu sublimieren. Wer dagegen sexuell aktiv lebt, wird an ihr schätzen, dass sie seine sexuelle Ausdauer fördert, da das Glied bei dieser Stellung auf Dauer etwas desensibilisiert wird, sodass der Adept zwar immer noch auf sexuelle Reize reagiert, ihnen aber nicht mehr so hilflos ausgeliefert ist. Speziell Männern mit Leistenbruch, Prostataschwäche und Potenzstörungen sei das Tragen der Langota wegen seiner heilsamen Wirkungen eindringlich empfohlen.

Da die Langota bei uns in Geschäften nicht angeboten wird, müssen Sie sie entweder selbst anfertigen, oder Sie lassen sich einige Exemplare nähen. Maße und Trageanleitung entnehmen Sie den Abbildungen auf Seite 80/81.

4. Beschneidung

Bei der Beschneidung scheiden sich nicht nur in östlichen Ländern die Geister: Auch im Westen sind sich die Wissenschaftler über den Wert und den Unwert dieser Praktik nicht einig. Immerhin haben Untersuchungen in Indien ergeben, dass unbeschnittene Hindus eine signifikant höhere Peniskrebsrate aufwiesen als beschnittene Moslems. Auch der Gebärmutterkrebs kommt bei Frauen mit beschnittenen Partnern signifikant weniger häufiger vor als bei ihren Geschlechtsgenossinnen, die mit unbeschnittenen Partnern verkehren. Unter hygienischen Gesichtspunkten spricht also alles für die Beschneidung, da sich unter der Vorhaut schnell Bakterien, Talg, Sekrete usw. festsetzen, die zumindest bei ungenügender Hygiene schlimme Folgen haben können.

Auch vom Sexuellen her ist die Beschneidung unserer Meinung nach zu empfehlen. Sie wirkt der Übersensibilität entgegen, durch welche zahllose Männer zum vorzeitigen Ejakulieren gezwungen werden, und fördert die sexuelle Leistungsdauer und Körperbeherrschung enorm. Schon aus diesem Grund wird sie in den Ländern des Ostens und der islamisch-semitischen Welt hoch geschätzt. Der Eingriff selbst ist unter Narkose normalerweise schmerzlos und völlig unproblematisch.

Die gesteigerte Leistungsdauer ist für die Sexualmagis weniger aus irgendwelchen athletischen Gründen interessant als vielmehr deshalb, weil eine verlängerte sexuelle Erregung ein sorgfältigeres magisches Handeln ermöglicht, schon allein deshalb, weil mehr Zeit zur Verfügung steht. Zudem wird die Sexualmagis durch verlängerte Erregung und Aktivierung erfahrungsgemäß erheblich gesteigert und mobilisiert so die gesamten Energiereserven des Organismus und seines Höhepunkts. Falls Sie Zweifel hegen, so sollten Sie sich vielleicht einmal mit beschnittenen Männern unterhalten oder darüber lesen, um sich die Entscheidung zu erleichtern.

Stärkung der Sexualmagis für weibliche Sexualmagier

Die folgenden Übungen sind empfohlen, um Becken und Scheidenmuskulatur zu stärken, das seelische Wohlbefinden zu fördern, zu einem bewussteren Umgang mit der Sexualmagis zu gelangen und die Sexualmagis selbst zu stärken.

1. Die Dammdusche

Sie erfolgt ähnlich wie die Hodendusche (s. S. 77 f.). Auch für weibliche Magier gilt hinsichtlich des Halbbads das oben für männliche Adepten Gesagte. Dammdusche und

Halbbad haben bei ihnen (anatomisch sinngemäß) die gleiche positive Wirkung, fördern also die Durchblutung des Unterleibsbereichs, kräftigen die Scheidenmuskulatur und die Geschlechtsorgane usw.

2. Waschung nach dem Urinieren

Sie erfolgt ähnlich wie die Gliedwaschung beim Mann (s. S. 78 f.). Das kalte Wasser muss bei Frauen etwas präziser appliziert werden, damit eine optimale Kontraktion der Muskeln und somit ein Ausstoßen der schädlichen Harnsäure gewährleistet ist, die unter anderem das vorzeitige Altern beschleunigt.

3. Unterleibsgymnastik

Hier sind vor allem Übungen zu nennen, welche die Unterleibsorgane und -muskulatur belasten und fit halten, z. B. das Anheben der ausgestreckten Beine in der Rückenlage, Yogaübungen wie der »Pflug« und der »Drehsitz« usw. Genauere Auskunft darüber finden Sie bei Bedarf in jedem guten Buch über Frauengymnastik oder Hatha-Yoga.

Vor allem Frauen, die bereits mehrere Kinder geboren haben, sollten diese Partie ihres Körpers besonders pflegen, da der Geburtsvorgang die Gebärmuttermuskulatur häufig erschlaffen lässt, was nach der chinesischen Meridianlehre zu einem »Aussickern« an Ching Chi oder Sexualmagis führen kann. Dies gilt auch verstärkt in der Menstruationsphase.

Anmerkungen zu Sexualmagie und Menstruation

Fast alle Völker kennen spezielle Tabus die Menstruationsphase der Frauen betreffend. So werden menstruierende
Frauen oft von religiösen Gemeinschaftszeremonien ausgeschlossen, verbringen die Zeit der Blutung in separaten
Hütten usw. Allgemein gelten sie als »unrein«, doch darin
offenbart sich ein Missverständnis, das wir hier endlich
einmal ausräumen wollen: *Tatsächlich sind die meisten
Frauen während ihrer Menstruationsphase auf dem Höhepunkt ihrer magischen (und speziell sexualmagischen) Kraft!*
Da diese Kräfte auch bei Naturvölkern nur selten wirklich
kontrolliert gehandhabt werden, weil stets nur einige
wenige Schamaninnen und Schamanen über das entsprechende Wissen verfügen und verfügen dürfen, sehen
sich die meist männlichen Stammeszauberer außerstande,
mit derartigen magischen »Kraftpaketen« richtig umzugehen.

Die Erfahrung der westlichen Sexualmagie zeigt, dass
menstruierende Frauen einen immensen Kraftpol im Ritual darstellen, sofern es sich um geschulte Magierinnen
handelt. Grundsätzlich sollte jeder männliche westliche
Sexualmagier darüber froh sein, bei der Partnerarbeit Gelegenheit zu haben, mit einer menstruierenden Magierin
zusammenarbeiten zu können, da dies die ohnehin schon
sehr große Effektivität der sexualmagischen Operationen
noch um ein Mehrfaches zu steigern vermag.

Umgekehrt müssen viele Magierinnen sich erst mühsam von anerzogenen Scham- und Minderwertigkeitsgefühlen hinsichtlich der Menstruation befreien, um mit
ihren Energien optimal arbeiten zu können. Zum Glück

hat die moderne Frauenbewegung in diesem Punkt wertvolle Aufklärungs- und Pionierarbeit geleistet. Wehe dem unvorsichtigen Magier, der sich den Zorn einer »blutenden Göttin« zuzieht! Für weibliche Sexualmagier gilt daher, dass sie sich, abgesehen von den hier beschriebenen und empfohlenen Übungen, verstärkt mit ihrer Menstruation auseinandersetzen sollten, wenn sie ihre sexualmagischen Kräfte optimal einsetzen wollen.

Sexuelle Verzögerungs- und Beschleunigungstechniken

Als Sexualmagier legen wir Wert darauf, nicht vom Orgasmus, gleich welcher Art, überrumpelt zu werden. Die folgenden Techniken sind vor allem bei Bedarf anzuwenden, doch sollten Sie eine Weile damit experimentieren, um bei eventueller Notwendigkeit auf Ihre bereits vorhandenen Erfahrungen zurückgreifen zu können.

Orgasmusverzögerung

Zum Leidwesen vieler Frauen haben ihre männlichen Partner oft Probleme mit der vorzeitigen Ejakulation. Generell neigt der Mann dazu, schneller zum Orgasmus zu kommen als die Frau, doch ist dies keineswegs immer der Fall. Es gibt nämlich auch eine beachtliche Anzahl von Frauen, die »zu früh kommen«, nur dass daraus nicht gleich ein Problem wird, weil sie schon von ihrer anatomischen Beschaffenheit her dem Partner dennoch zur Befriedigung verhelfen können. Das ist beim Mann nicht unbedingt der Fall, solange man sich allein auf die phallusbetonte Sexualität beschränkt, was freilich unklug ist.

Die Sexualmagie hilft schon von ihrem Grundprinzip her, dieses Problem zu lindern, weil durch die Konzentration auf den magischen Akt der Orgasmus fast automatisch verzögert ist. Sollten Sie (als Mann oder als Frau) Schwierigkeiten damit haben, dass Sie den Orgasmus zu früh erleben, so bieten sich vor allem zwei Techniken an, um dieses Problem in den Griff zu bekommen.

1. Konzentrationsübungen
Konzentrieren Sie sich jedes Mal, wenn der Orgasmus Sie zu überwältigen droht, auf etwas anderes. Im Volksmund wird viel darüber gewitzelt, dass Pornodarsteller (vor allem männliche) immer, wenn es »kritisch« wird, an ihre Steuererklärung denken, im Geiste komplizierte Berechnungen durchführen oder sich sonstwie ablenken, um die Überreizung abzubauen. Natürlich können Sie ähnlich verfahren, doch wollen wir hier im Rahmen der Magie bleiben und unsere Konzentrationen entsprechend auf magische Ziele richten. Zum eigentlichen Vorgehen ist nicht viel mehr zu sagen als bereits geschehen. Anmerken möchte ich allerdings noch, dass die magische Konzentration beim Sexualakt kein reines Ablenkungsmanöver darstellt, also keine bloße »Notlösung« ist, sondern durchaus ihren Eigenwert hat. Ja, oftmals hat man den Eindruck, dass die magische Konzentration das eigentliche Anliegen darstellt, sodass es oft schwierig ist, die sexuelle Erregung dabei aufrechtzuhalten. Doch das ist, wie so vieles, nur eine Frage der Praxis.

Die einfachste Methode ist die Konzentration auf die im Hara (Unterbauchbereich) gesammelte Sexualmagis, wie oben bei der 2. Stufe der Tiefentspannung geübt (s. S. 55 ff.), selbstverständlich ohne die vorhergehende Entspannung selbst. Diese Konzentration hat den Vorteil, die Sexualmagis besser in den Griff zu bekommen und die gewünschte magische Aktion vorzubereiten, sofern der Geschlechtsakt auch sexualmagischer Natur ist.

Dem Tantra nahe ist der invokatorische Umgang mit der Sexualität, auf den wir später noch näher eingehen werden. So konzentrieren sich viele Sexualmagier auf eine Anrufung ihrer Schutzgottheit oder anderer gewünschter Kräfte. Das mag zunächst etwas merkwürdig anmuten, macht aber tatsächlich aus der Not auf wirkungsvolle Weise eine Tugend. Wenn man zudem bedenkt, dass Magie eigentlich ohnehin am besten funktioniert, wenn sie wirklich in den Alltag integriert wurde, also zu einem selbstverständlichen, unangefochtenen Bestandteil des Lebens geworden ist, so leuchtet es ein, dass man zumindest als Anfänger magische Praktiken anwenden sollte, wann immer möglich. Sexualmagier wie Aleister Crowley stehen sogar auf dem Standpunkt, dass *jeder* Akt (nicht nur der sexuelle!) eine magische Handlung sein muss, und tatsächlich belegen Crowleys sexualmagische Tagebücher vor allem aus seiner New Yorker Zeit, dass der Meister Therion jede sexuelle Betätigung ritualisierte und zu einer sexualmagischen Operation machte. Auf den präzisen Umgang mit invokatorischen Techniken wird noch einzugehen sein.

Recht nützlich ist die Konzentration auf feinstoffliche Energien; dazu gehört natürlich auch die bereits erwähnte Wahrnehmung der Sexualmagis, aber der Sexualmagier oder die Sexualmagierin kann sich ebenso gut auf die magische Schwingung im Raum konzentrieren. Das gilt auch für Schutzsymbole, magische Glyphen und Sigillen usw.

2. Mantras

Getrennt von den oben erwähnten Konzentrationen kann der Sexualmagier seine Aufmerksamkeit zur Orgasmusverzögerung vorübergehend auch auf Mantras richten. Dabei ist es zunächst unerheblich, ob die Mantras sinnfrei oder sinntragend sind. Das Repertoire möglicher Mantras ist riesengroß, sodass die folgende Auswahl nur zur Anregung dienen möge. Zu bemerken ist dazu noch, dass Mantras ganz allgemein wegen ihrer trancefördernden Eigenschaften von Magiern geschätzt werden. Es ist zunächst weitgehend Geschmacksfrage, ob Sie sich eher für ein Mantra aus der Sanskrittradition oder beispielsweise für eine hebräische Lautfolge entscheiden. Experimentieren Sie getrost damit, dann werden Sie selbst die Unterschiede und Energiequalitäten ausmachen.

Hier nun unsere kleine Auswahl:

OM, HRAM, HRIM, HRUM, OM MANI PADME HUM, LAM, VAM, HAM, RAM, SOHAM, OM NAMO SHIVAYA
(indisch/tibetisch)

IALDABAOTH, IAO, ABRASAX, ZASA S ZASAS SATANATA ZASAS, IO PAN IO PAN IO PAN PAN PAN
(hellenistisch/gnostisch)

YOD-HE-VAU-HE, ADONAI, EHIEIH, AGLA, AL, ELOHIM, ELOHIM TZABAOTH
(hebräisch)

HAGAL, TYR TYR, MAN, FA, UR, SIG, IS, LAF
(Runentradition)

**SHIKI FU I KU KU FU SHIKI SHIKI S OKU ZE KU KU
SUKU ZE SHIKI**
(japanisch)

**LAH ILLA LAHU, ALAM, ALAMAS, ALAR, ALAMAR,
TA HA, TASAM, JAS, KAHA JA AS, CHAM, CHAM
ASAK**
(islamisch/Sufitradition)

Darüber hinaus wird sich jeder versierte Magier und Schamane seine eigenen »Worte der Kraft« erstellen, etwa nach
der mantrischen Methode der Sigillenmagie.

Anmerkungen zu künstlichen Potenzmitteln

Die Geschichte der Pharmakologie ist reich an Substanzen, denen potenzfördernde oder aphrodisische Wirkungen zugeschrieben wurden. Der Pharmaforschung gelang
es jedoch erst in unserer Zeit, eine Droge zu entwickeln,
welche die männliche Potenz unter fast allen erdenklichen
Umständen förmlich garantiert. Die Rede ist hier natürlich von dem sehr bekannten Medikament Viagra der Firma Pfizer sowie seinen späteren Varianten (z. B. Cialis).
Nach anfänglichen Vorbehalten genießt diese Droge mittlerweile eine hohe Akzeptanz, vor allem im professionellen Bereich der männlichen Pornodarsteller und Prostituierten.

Was freilich in den Medien nur noch selten Erwähnung
erfährt, ist die hohe Zahl der Opfer, die das Medikament
Jahr für Jahr fordert. Tatsächlich sind es mittlerweile jährlich Hunderte von Todesfällen, die durch den falschen oder

unangebrachten Gebrauch dieser Mittel zu verzeichnen sind.

Männliche Sexualmagier, die sich ihrer bedienen wollen, sollten dabei auf jeden Fall beachten, dass diese Medikamente nicht nur rezeptpflichtig sind, sondern vielmehr einer gründlichen ärztlichen Untersuchung und Beobachtung bedürfen! Insbesondere Männer mit (oft bis dahin unerkannten) Herzproblemen sind hochgradig gefährdet. Daher ist vor dem Einsatz auf jeden Fall ein Arzt zurate zu ziehen.

Zunehmend wird auch vor gefälschten Medikamenten gewarnt, wie sie auf dem Schwarzmarkt und nicht selten auch im Internet angeboten werden. Informieren Sie sich also möglichst gründlich, und wägen Sie die Entscheidung für diese Medikamente sehr sorgfältig ab, bevor Sie womöglich Ihr Leben aufs Spiel setzen!

Unter sexualmagischen Gesichtspunkten ist nach heutiger Sicht wenig gegen die Verwendung solcher Hilfsmittel einzuwenden, sofern gewährleistet ist, dass dies sachgemäß geschieht und keine unnötigen Risiken für die körperliche Unversehrtheit eingegangen werden.

Weiter unten finden sie noch ausführliche Hinweise auf weniger riskante Aphrodisiaka (s. S. 102 ff.).

Safer Sex

Das Zeitalter der AIDS-Epidemie ist auch an der Sexualmagie nicht spurlos vorübergegangen. Deshalb sollte es eigentlich eine Selbstverständlichkeit sein, dass die Prinzipien des Safer Sex beachtet werden, also entweder der durch Kondome geschützte Verkehr zwischen Sexualpartnern, die in keiner festen monogamen Beziehung stehen, oder die Durchführung entsprechender zuverlässiger Labortests, bevor zur praktischen Arbeit geschritten wird.

Daher sei hier ausdrücklich auf diesen durchaus lebenswichtigen Punkt hingewiesen. Gehen Sie also bitte keine unnötigen Risiken ein!

Bei Bedarf finden Sie ein reiches Angebot an ausgezeichneter Aufklärungsliteratur sowohl im Buchhandel als auch bei den entsprechenden amtlichen Stellen.

Die weiter oben beschriebenen Techniken und Praktiken (Hodendusche, Halbbad, Beschneidung, Langota-Tragen, Tanz usw., s. S. 77 ff.) sind der Orgasmusverzögerung ebenfalls sehr förderlich. Weitere Hinweise folgen noch unter der Rubrik »Impotenz/Frigidität«.

Was aber tun, wenn die überlange Erregung ohne Orgasmus das Hauptproblem bei der eigenen Sexualität ist? Diesem Thema widmet sich der nächste Abschnitt.

Orgasmusbeschleunigung

Das Problem, trotz starker sexueller Erregung nicht zum Orgasmus kommen zu können, findet sich zwar hauptsächlich bei Frauen, ist aber auch zahlreichen Männern nicht unbekannt. Meistens lässt es sich, sofern es sich nicht um Frigidität oder eine sonstige prinzipielle, organisch bedingte Orgasmusunfähigkeit handelt, mit regulierter Atmung, geschickter Muskeltätigkeit und schnelleren Bewegungen beim Geschlechtsakt beheben.

Noch einfacher ist freilich die Entspannung und Entkrampfung des Körpers. (Auf die seelische Entspannung und »Ent-Kopfung« wird an späterer Stelle eingegangen.)

Oft wirkt eine kleine Pause von etwa einer halben Stunde wahre Wunder. Wichtig ist eine ruhige, gelassene Atmung, sofern dies bei starker sexueller Erregung überhaupt möglich oder wünschenswert ist. Manchmal genügt es auch, *keinen* Orgasmus herbeiführen zu wollen, um ihn auszulösen!

Konzentrieren Sie Ihre Atmung zunächst auf den Genitalbereich, und versuchen Sie dann, die Sexualmagis in die Beine und Füße zu verlagern. Achten Sie nun weniger auf die genitale Reizung, geben Sie sich vielmehr dem Gefühl von Wärme und Wohligsein hin, das Ihren Körper schon bald durchfluten wird.

Sollte Ihre vorübergehende oder gelegentliche Orgasmusunfähigkeit auf einer sexuellen Übersättigung beruhen, so enthalten Sie sich eine Weile gänzlich der Sexualität oder pflegen Sie ausschließlich orgasmusfreien Verkehr. Das kann schon nach wenigen Tagen oder Wochen das Problem beseitigen.

Den umgekehrten Weg gehen Sie natürlich, wenn Ihre Erregung nicht stark genug ist. Das kann verschiedene Gründe haben, auf die wir hier nicht alle eingehen können. Oft hängt dies mit dem Verhältnis zum Partner/zur Partnerin zusammen, aber das ist keineswegs immer so! Sorgen Sie ganz einfach für eine verstärkte Reizung, sei es körperlich (zum Beispiel durch masturbatorisches »Nachhelfen«), sei es geistig (durch gezielte Fantasien). Schnellere, kraftvollere und ekstatischere Bewegungen, die allerdings nicht verkrampft auf das alleinige Ziel Orgasmus ausgerichtet sein dürfen, können die Erregung ebenfalls schneller dem Höhepunkt zutreiben. Von größter Wichtigkeit ist es stets, dass Sie sich nicht krampfhaft darauf versteifen, um jeden Preis einen Orgasmus herbeizuführen! Lassen Sie vielmehr den Körper in aller Gelassenheit selbst entscheiden.

Hilfreich ist die Muskelanspannung im Becken- und Genitalbereich, auf welche eine entsprechende Muskellockerung folgt. Geschieht dies auf pumpende Weise (ähnlich wie beim Einziehen des Damms, das sich hierfür ebenfalls gut eignet), sollten Sie aber auch für längere Ruhepausen sorgen. Natürlich kann auch ein Stellungswechsel viel bewirken wie überhaupt das Experimentieren mit neuen, unbekannten Praktiken.

Wir können hier nicht sämtliche Möglichkeiten aufführen, mit diesen beiden Problemen umzugehen, da dies ein ganzes Buch für sich füllen würde. Sie werden in späteren Abschnitten noch weitere Hinweise finden, die diesen Themenkreis ebenfalls berühren, doch wenn Sie sich intensiver mit dem rein sexuellen (also weniger: sexualmagischen) Aspekt der Sache beschäftigen wollen, sollten Sie auf die einschlägige Fachliteratur zurückgreifen, die in großer Auswahl vorliegt.

Was tun bei Impotenz und Frigidität?

Wiewohl dem Orgasmus in der Sexualmagie eine große Rolle zukommt, ist die Orgasmusfähigkeit doch andererseits keineswegs eine unverzichtbare Vorbedingung für ihre Ausübung. Allerdings sollte jeder Sexualmagier und jede Sexualmagierin an sich arbeiten, um die eigene Orgasmusfähigkeit wiederherzustellen, sofern eine vorliegende Orgasmusunfähigkeit, was so gut wie immer der Fall ist, seelische Ursachen hat. Mit diesem Abschnitt wollen wir auch den Übergang zur Praxis der Psyche herstellen, der wir die nächsten Seiten widmen werden.

Grundsätzlich ist die Orgasmusunfähigkeit ein Ausdruck von Ängsten und Traumata, wenngleich sie manchmal auch mit rein physischen Mitteln (Diät, Körperbewegung usw.) zu beheben ist. Beim Mann ist die Impotenz eine Reaktion auf die (bewusste oder, meist, unbewusste) Angst vor Frauen, vor sexuellem Leistungsdruck und vor dem Versagen überhaupt. Die Gründe der weiblichen Frigidität sind noch immer nicht gänzlich erforscht. Sicher gilt im Prinzip das Gleiche wie beim Mann, natürlich mit umgekehrten Vorzeichen, aber in beiden Fällen liegt mit Sicherheit auch eine Orgasmusangst vor, die mit Ausdrücken wie »Angst vorm Fliegen« oder »Angst vorm Sichfallenlassen« recht plastisch beschrieben werden kann.

Der Orgasmus ist, wie schon erwähnt, für viele Menschen der einzige Augenblick im Leben, in dem sie sich wirklich innerlich wie äußerlich öffnen und fallen lassen können. Selbstverständlich ist dies auch ein Moment einer gewissen Schutzlosigkeit, des Ausgeliefertseins. So mag gelegentlich eine Furcht vorherrschen, in dieser Situation den Halt zu verlieren und zum hilflosen Opfer des anderen zu werden. Das Tragische an dieser Angst ist allerdings, dass sie dem Betroffenen fast immer völlig unbewusst ist, ja dass er/sie energisch ihre bloße Existenz abstreiten wird, wenn man darauf hinweist. Ein Mensch, der alles Mögliche versucht hat, um seine Impotenz oder Frigidität zu überwinden, der womöglich von Psychiater zu Psychiater gelaufen ist, mit Psychopharmaka und verschiedensten Sexualpraktiken experimentiert hat, wird natürlich nicht einsehen, dass er den Orgasmus in Wirklichkeit, nämlich unbewusst, gar nicht herstellen will, dass er sich davor fürchtet, die geliebte Kontrolle zu verlieren, denn nach außen hin, in seinem Bewusstsein, sieht es ja auch ganz anders aus.

Wir können nicht hoffen, auf wenigen Seiten das Problem der Impotenz und Frigidität aus der Welt zu schaffen, und Patentrezepte gibt es hierfür ohnehin nicht. Doch sind solche Fälle deshalb noch lange nicht völlig hoffnungslos. Gerade das Arbeiten mit dem magischen Schutz kann einen Großteil auch unbewusster Ängste abbauen helfen, und die hier geschilderten Techniken dienen fast ausnahmslos einer allgemeinen Harmonisierung des Geschlechtlichen und Erotischen.

Man muss ferner unterscheiden zwischen einer rein autoerotischen, einer heteroerotischen und einer auto- und heteroerotischen Impotenz bzw. Frigidität. Oft sind Männer oder Frauen nämlich nur in einem sexuellen Bereich orgasmusunfähig und können beispielsweise bei der Masturbation oder beim Geschlechtsakt mit einem gegengeschlechtlichen (oder auch gleichgeschlechtlichen) Partner zu keinem Orgasmus gelangen, während sie bei anderen Praktiken keine derartigen Probleme haben. Dies weist meistens auf eine gestörte Körperlichkeit hin: Gerade die Masturbation ist oft durch Erziehung und Religion stark schuldbeladen (noch vor fünfzig Jahren wurde sie vielfach, wie die Homosexualität noch heute oft, mit der Sodomie gleichgesetzt und entsprechend geächtet). Aber auch andere Bereiche der Sexualität können entsprechend »geimpft« sein und folglich zu Abscheu, Ekel und Orgasmusunfähigkeit führen.

Grundsätzlich gilt für alle Formen der Impotenz und Frigidität, dass die Ursachen sehr tief liegen und die Betroffenen sie nur selten ohne fremde Hilfe ausmachen und beheben können. Allerdings gibt es zwei Methoden, mit denen man ihnen oft beikommt.

Die erste Methode ist sehr einfach: Sie besteht nämlich aus schlichter *Enthaltsamkeit*! Wo Impotenz und Frigidität auf einem Übermaß an Zwang und sexuellem Erfolgsdruck beruhen, ist die sexuelle Enthaltsamkeit oft ein Wundermittel, sofern man sie nur lange genug ausübt. Dies gilt insbesondere für Männer. Bei frigiden Frauen lässt sich dagegen oft beobachten, dass sie ohnehin Phasen langer sexueller Enthaltsamkeit pflegen, meistens weil ihnen die Sexualität kein Vergnügen bereitet. Dennoch können auch sie von einer solchen bewussten Phase ohne Leistungsdruck stark profitieren, zumal sie allgemein die Entkrampfung fördert.

Die zweite Methode besteht aus *reger sexueller Aktivität*, bei der der Orgasmus aber *auf jeden Fall vermieden* werden muss. Dies kann autoerotisch, hetero- oder homoerotisch geschehen. Bei der selektiven Impotenz oder Frigidität sollte zwar das Hauptaugenmerk auf dem jeweils betroffenen Bereich liegen, doch sollte diese Methode keineswegs darauf beschränkt bleiben, im Gegenteil: Generell sollte eine lange Phase (je nach Schwere des Falls mindestens drei bis sechs Monate) der Orgasmusvermeidung auf allen Gebieten eingeplant werden. Begleitend dazu sollte die Tiefentspannung (besonders die zweite Stufe) verstärkt praktiziert werden, ebenso die Kontraktion des Damms.

Der Begriff »Impotenz« wird oft sehr missverständlich gebraucht. So versteht man im Allgemeinen darunter sowohl die Orgasmusunfähigkeit als auch die Unfähigkeit zur Erektion. Streng genommen wird vonseiten der Medizin getrennt in:

1. *Impotentia coeundi*: Unfähigkeit zur Erektion und/oder Ejakulation. Diese kann genital-organische Ursachen haben, etwa Tumoren, abnorme Kleinheit der Geschlechtsorgane, Vorhautanomalien usw. Auch allgemeine organische Erkrankungen können eine Impotentia coeundi bewirken, z.B. Diabetes, Lähmung, Fettsucht u.a. Eine weitere Ursache kann die ständige Vergiftung des Organismus durch Alkohol, Nikotin, Rauschdrogen wie Morphium und Kokain, durch Blei und Kohlenwasserstoffe sein. Auch Drüsenerkrankungen (z.B. Morbus Basedow, Morbus Addison, Morbus Cushing, Fettsucht) können eine solche Form der Impotenz auslösen. Zu den medizinisch relevanten psychischen Ursachen gehören neben den schon beschriebenen auch die sexuelle Neurasthenie und – man höre und staune! – die Hypochondrie, also das, was der Volksmund die »eingebildete Krankheit« nennt. Vergleichsweise harmloser Natur sind die relative und die paralytische Impotenz: Bei Ersterer handelt es sich um eine Abneigung gegen einen bestimmten Partner oder (sehr wichtig!) ein bestimmtes Milieu, bei Zweiterer um eine Erschöpfung des Erektionszentrums durch übermäßige sexuelle Betätigung. Die Medizin kennt sogar die sogenannte *berufliche Impotenz*, eine Mannesschwäche, die auf geistiger Ablenkung und Überanstrengung beruht, wie man sie sowohl bei Künstlern und Wissenschaftlern als auch

bei Managern und Geistesarbeitern wie Professoren, Politikern u. a. häufig findet. Schon die Ursachenschilderung gibt wohl hinreichend Hinweise auf die Behebung dieses Leidens, was im Übrigen natürlich auch eine Domäne des Mediziners und des Psychologen ist; aber auch die Naturmedizin kennt wirksame Therapien. Scheuen Sie sich also nicht, fachkundigen Rat einzuholen und sich gegebenenfalls einer entsprechenden Behandlung zu unterziehen.

2. *Impotentia concupiscentiae*: Hierbei handelt es sich um einen grundsätzlich fehlenden Drang zu sexueller Betätigung. Sie geht vor allem bei Frauen oft mit der Frigidität einher.

3. *Impotentia generandi*: die Zeugungsunfähigkeit oder Sterilität des Mannes. Sie braucht uns hier nicht weiter zu beschäftigen, ebenso wenig wie die Impotentia generandi der Frau, unter der man (im Gegensatz zur Sterilität, bei der jegliche Befruchtung unmöglich ist) die Unfähigkeit versteht, eine Schwangerschaft bis zur Geburt eines lebensfähigen Kindes auszutragen.

4. *Impotentia satisfactionis*: die »Unbefriedigungsimpotenz« des Mannes, bei der zwar Ejakulationen stattfinden, doch ohne Orgasmus. Sie beruht fast ausschließlich auf emotionellen Störungen.

Es fällt auf, dass der *Pschyrembel*, das klinische Wörterbuch der Medizin (251. Aufl.), aus dem wir diese Informationen zum Teil zitieren, zum Thema »Frigidität« nur lapidar »Geschlechtl. Kälte d. Frau, Unfähigkeit, den Orgasmus zu erreichen« anmerkt. Das liegt zum einen sicher an der mangelnden Erforschung der Frigidität der Frau, die wiederum häufig auch dadurch bedingt war und ist, dass Frauen noch mehr als Männer dazu neigen, über entsprechende Probleme nicht offen zu reden. Zum anderen gelten aber auch, wie Sie schon bemerkt haben werden, einige der aufgelisteten Formen der Impotenz für Männer ebenso wie für Frauen.

Zur männlichen Impotenz sei noch bemerkt, dass sie oft als Problem unnötig hochgespielt wird. Selbst bei mangelnder Erektionsfähigkeit ist dennoch ein für beide Partner befriedigender Verkehr möglich, schließlich ist die Sexualität ja nicht auf die Penetration allein beschränkt. Eine übertrieben phallisch geprägte Sexualität ist ohnehin einseitig und unklug. Experimentieren Sie lieber auch mit oralen Techniken, mit Streicheln und Massieren, mit gegenseitigem Masturbieren usw. Wenn man der Sexualität den Orgasmusdruck und (beim Mann) den Ejakulationszwang nimmt, renkt sich vieles wie von allein wieder ein. Wenn Sie sich an diesen Rat halten und ihn praktizieren, zusammen mit den oben geschilderten Techniken, werden Sie oft schon bald eine deutliche Verbesserung Ihrer Beschwerden bemerken.

Ernährung

Speziell wenn Sie Probleme mit Orgasmusunfähigkeit, Impotenz usw. haben sollten, ist bei sexualmagischen Operationen auf eine verdauungsfreundliche und vitalitätsfördernde Diät zu achten. Auch hier gibt es, was zwar oft geleugnet wird, keine Patenrezepte für jedermann. Grundsätzlich sind jedoch stark gewürzte und salzreiche Speisen zu meiden. Sorgen Sie für die reichliche Aufnahme von Vitaminen und Eiweiß und meiden Sie in vernünftigem Ausmaß Kohlenhydrate. Viele Sexualmagier berichten, dass vor allem Fleisch (möglichst frisch, bei Steaks auch blutig, empfohlen wird auch Tartar, jedoch kein Schweinefleisch!) ihre Libido und sexualmagische Leistungskraft erhöht, doch gibt es andererseits auch Vegetarier, welche genau entgegengesetzte Erfahrungen gemacht haben. Letzten Endes sollten Sie durch Probe und Gegenprobe selbst zu der für Sie optimalen Diät finden, die zudem durch eventuelle körperliche Anforderungen (z. B. bei Diabetes) mitbestimmt werden könnte.

Generell gilt Völlerei als der sexuellen Leistungskraft abträglich, ebenso natürlich Alkohol- und Drogenmissbrauch sowie ein Übermaß an Nikotin, ferner alle schweren, allzu fetten Speisen. Natürlich sind Begriffe wie »Missbrauch« und »Übermaß« sehr relativ: Ein, zwei Gläser Champagner können sehr anregend wirken, während eine ganze Flasche vielleicht das genaue Gegenteil bewirkt. Vieles hängt auch von der jeweiligen Stimmung und vom allgemeinen Ambiente ab, sodass sich keine verbindlichen Regeln festlegen lassen. Dem Hindu ist beispielsweise der Alkoholgenuss generell untersagt, sodass er beim Ritual des *pancha mukara* auch schon bei geringen Mengen verzehrten Weins entsprechend erotisiert wird und schnelleren Zugang zur gnostischen Trance erlangt. Einem Europäer mit starken Trinkgewohnheiten dagegen wird die Enthaltsamkeit vom Alkohol, vielleicht in Verbindung mit milden Halluzinogenen, wohl mehr nützen.

Noch einmal zum Thema »Aphrodisiaka«

In seinem sehr komischen Roman *Das Restaurant am Ende des Universums* witzelt Ron Adams, dass die Menschheit seit ihrem Bestehen nur zwei Grundfragen kannte, die sie nun schon seit Jahrtausenden beschäftigte: 1. Was ist Sinn und Ziel des Lebens – und 2. Wo bekomme ich ein brauchbares Aphrodisiakum her?

Man mag über diese parodistische Sicht der Dinge schmunzeln, aber es bleibt eine unbestreitbare Tatsache, dass die Suche nach einem »brauchbaren« Aphrodisiakum schon zahllose Menschen in die Irre geführt hat. Die Medizin anerkennt, von den weiter oben bereits behandelten synthetischen Mitteln abgesehen, lediglich die Spanische Fliege als wirksames Aphrodisiakum, doch ist diese zugleich derartig hochgiftig, dass ihre korrekte Dosierung zu einem lebensgefährlichen Abenteuer werden kann.

Der Verzehr von Austern, von vielen Lebemännern gern empfohlen, soll bei jungen Leuten zumindest bei der paralytischen oder Erschöpfungsimpotenz wegen des großen Zinkgehalts von Austernfleisch gelegentlich gute Wirkungen erzielen, doch sind derlei Rezepte im Allgemeinen notorisch unzuverlässig. Wenn Sie auf ein Dutzend Eigelb in Rotwein als Potenzmittel oder auf bestimmte Likörsorten schwören sollten, so sei Ihnen dies natürlich unbenommen, doch weist die überwiegende Mehrheit der bekannt gewordenen Fälle eher auf einen Placeboeffekt als auf eine echte, objektive Wirkung dieser Mittel hin. Suggestion und Glaube feiern hier fröhliche Urständ. Dagegen ist natürlich nichts einzuwenden, solange die verwendeten Mittel nicht gesundheitsschädlich sind und tatsächlich die gewünschte Wirkung erzielen. Doch muss davor gewarnt werden, das Problem einer etwaigen Impotenz oder Frigidität oder, noch schlimmer, Unwilligkeit des Partners zu veräußerlichen und das Heil in irgendwelchen obskuren Hausmittelchen (z. B. Hirsch- oder Nashornsalz, tierische Hodenextrakte usw.) und Absuden zu suchen. Gewiss, auch Hormonspritzen können bei tatsächlichem Hormonmangel manchem abhelfen, doch ist dies kein Fall für die Selbsttherapie, sondern für den heilkundlichen Fachmann.

Letzten Endes ist die seelische Einstellung zur Sexualität und zur Sexualmagie viel wichtiger als jede aphrodisische Hausapotheke. Unbestritten ist allerdings die aphrodisische Wirkung bestimmter Duftstoffe. So nimmt es nicht wunder, dass man gerade unter Parfümeuren oft sehr gewiefte Geruchsmagier findet, die sich auf die Manipulation durch Aromastoffe verstehen. Das Rezept eines »Unwiderstehlichkeitsparfüms« (Ruthvah) hat uns Aleister Crowley vermacht: Moschus, Ambra und Zibetessenz zu gleichen Teilen vermischt und in minimaler Dosis so in die Kopfhaut gerieben, dass der Duft bewusst nicht mehr wahrzunehmen ist, soll wahre Wunder wirken. Einige Magier in meiner Bekanntschaft können die Wirkung dieses Rezepts bestätigen, allerdings gibt es auch hier Gegenstimmen. Wenngleich Crowley diese Mischung speziell für Männer empfiehlt, ist eigentlich nicht einzusehen, weshalb sie für Frauen nicht ebenso geeignet sein sollte. Immerhin sind Moschus, Ambra und Zibet traditionelle Bestandteile aller guten und bekannten weiblichen Parfüme und gelten unter Parfümeuren als stark aphrodisisch. Da sie in reiner Form relativ streng duften, sollten sie wirklich nur in sehr geringen Mengen verwendet werden, um eher

auf der unbewussten Ebene zu wirken, was erfahrungsgemäß weitaus effektiver ist, als in einer Duftwolke durch
die Gegend zu wandeln!

Wichtig: Wenngleich aphrodisische Parfüme möglichst
aus Naturstoffen hergestellt werden sollten, ist dies bei
Crowleys Rezeptur im Falle des Moschus so gut wie unmöglich. Zibet und Ambra sind immerhin noch, wenn
auch zu horrenden Preisen, zu bekommen, Moschus dagegen so gut wie nicht, weil der Moschusochse fast ausgestorben ist. So muss man sich entweder mit synthetischer
Essenz behelfen oder auf das Rezept in dieser Form verzichten. Die von mir erwähnten erfolgreichen Magier ar-
beiteten übrigens ausnahmslos mit synthetischem Mo-
schusparfüm.

Schließlich sei noch auf eine legale Droge verwiesen,
der man ebenfalls, speziell in Likörform, aphrodisische
Wirkungen zuschreibt. Es handelt sich um die mexikanische Pflanze Damiana (Turnera diffusa), die Sie in jeder
Apotheke kaufen oder bestellen können und die, wenn
man sie in größeren Mengen raucht, eine ähnliche Wirkung wie sehr mildes Marihuana hat. Ich persönlich kann
die behauptete aphrodisische Wirkung zwar nicht bestätigen, doch gibt es viele Sexualmagier, die darauf schwören, sodass ich Ihnen die Rezeptur nicht vorenthalten
will.

Damianalikör

∞   Weichen Sie 30 Gramm getrocknete Damianablätter in
ca. 1½ Liter guten Wodka ein und lassen Sie die Mix-
tur mindestens fünf Tage lang ziehen.

∞ Nach Ablauf dieser Zeit filtern Sie die Flüssigkeit durch einen papiernen Kaffeefilter und füllen sie ab. Die verbliebenen alkoholgetränkten Blätter weichen Sie weitere fünf Tage in ca. 1$\frac{1}{2}$ Liter destilliertem oder Quellwasser ein.

∞ Danach geben Sie die Flüssigkeit durch einen Filter und erwärmen den Wasserextrakt auf ca. 70 Grad C und lösen etwa 16 Esslöffel Honig darin auf.

∞ Vermengen Sie den alkoholischen mit dem wässrigen Extrakt und lassen Sie die Mischung einen Monat stehen. Die Flüssigkeit wird mit der Zeit klarer und nimmt eine goldgelbe Farbe an, während sich ein Bodensatz bildet. Dieser ist unschädlich, Sie können den fertigen Likör aber, wenn Sie wollen, abgießen und den Bodensatz entsorgen.

∞ Es wird empfohlen, abends ein bis zwei volle Likörgläser einzunehmen, doch ist natürlich von einem regelmäßigen Alkoholkonsum über längere Zeit abzuraten. Der Likör kann auch bei sexualmagischen Ritualen als Sakrament gespendet werden.

Mexikanische Frauen benutzen Damianatee als Aphrodisiakum, weil er die Sexualorgane tonisiert und eine Steigerung der sexuellen Empfindungsfähigkeit bewirkt. Der Tee wird ein bis zwei Stunden vor dem Verkehr eingenommen und gilt als besonders wirkungsvoll, wenn die Damianablätter im Verhältnis 1:1 mit Palmkohl (Serercoa repens) verwendet werden.

Der amerikanische Sexualmagier Louis Culling, der Aleister Crowley noch persönlich kannte, empfiehlt ebenfalls einen Tee: Lassen Sie zwei gehäufte Teelöffel Damiana in einer Tasse Wasser fünf Minuten ziehen. Danach lassen Sie die Flüssigkeit abkühlen, geben sie durch ein Sieb oder einen Filter und trinken sie am Abend. Er rät dazu, dies über einen Zeitraum von mindestens zwei Wochen zu tun, um signifikante Ergebnisse zu erzielen.

Damiana–Rauchmischung

Abschließend zum Thema »Damiana« sei noch eine in den Vereinigten Staaten beliebte legale Rauchmischung erwähnt, die ebenfalls mild aphrodisische Wirkungen hat, welche Marihuana nicht unähnlich sind. Man nennt diese Mischung auch Yuba-Gold. Sie wird vornehmlich in einer Wasserpfeife geraucht. Hier das Rezept (nach Richard Alan Miller, *The Magical and Ritual Use of Herbs*, S. 15 ff.):

4 Teile Damianablätter (Turnera diffusa)
4 Teile Helmkraut (Scutellaria)
$\frac{1}{2}$ Teil Lobelie (Lobelia)
4 Teile Passionsblume (Passiflora coerulea)
1 Teil grüne Minze (Mentha spicata)

Damiana lässt sich auch pur rauchen, kratzt dann aber leicht im Hals. Um eine dem Marihuana ähnliche Wirkung zu erzielen, bedarf es freilich großer Mengen. Immerhin hat dieses Kraut den Vorteil, völlig legal zu sein und besitzt nach gegenwärtigem Stand der Erkenntnis keine schädlichen Nebenwirkungen.

Psychische Praxis

Der dynamische Tanz

Tanzen ist beileibe nicht etwas rein Weibliches, auch Männer können natürlich vom Tanz profitieren, doch hat die Erfahrung gezeigt, dass er in der Regel bei Frauen beliebter ist als bei Männern. Das mag auch mit Erziehung und Konventionen zu tun haben, doch scheint die reine körperliche Bewegung bei uns im Westen eher dem weiblichen Geschlecht zuzusagen. Das zeigt sich unter anderem auch daran, dass viele Ballettensembles und Theater große Schwierigkeiten haben, gute Tänzer zu bekommen, während qualifizierte Tänzerinnen weitaus leichter zu finden sind.

Allerdings meinen wir hier weder das klassische Ballett noch den Gesellschaftstanz, wenn wir vom Tanzen sprechen. Gewiss, manche Tanzformen wie etwa der brasilianische Samba oder der spanische Flamenco sind für unsere Zwecke sehr gut geeignet, obwohl auch sie mittlerweile allgemein zu den Gesellschaftstänzen zählen. Wenn Sie daran Gefallen finden, sollten Sie sich auf jeden Fall praktisch damit beschäftigen, was freilich nur unter kundiger Anleitung wirklich Erfolg versprechend ist. Ebenso zu empfehlen sind der Jazzdance, alle afrikanischen Tänze und der in den letzten Jahren zu großer Beliebtheit gelangte orientalische Bauchtanz. Gerade der Bauchtanz ist eine ausgezeichnete Disziplin, mit deren Hilfe eine gewaltige Becken- und Unterleibsstärkung erzielt werden kann. Darüber hinaus fördert er die allgemeine Libido.

Andererseits sollten Sie sich beim Tanz als Vorbereitung (oder als begleitende Maßnahme) der Magie nicht allzu sehr von formalen Kriterien leiten lassen: Es geht uns hier weniger darum, bestimmte Schrittfolgen, Formen und festgelegte Rhythmen bis zur Perfektion einzuüben oder gar Turnierreife zu erlangen. Im Gegenteil: Das, was jeden guten Tänzer ausmacht, ist das Gefühl und die nicht reflektierte, also nicht verkopfte Körperbeherrschung. Schon immer galt der Tanz als heilige Kunst, wurde in Tempeln und auf Ritualplätzen getanzt, vom schlichten Reigen und Kreistanz bis zu den hoch komplizierten Tempeltänzen Indiens oder Thailands mit ihrer überreichen gestischen Symbolik. Die indische Mythologie stellt die Schöpfung als Tanz dar, man denke etwa an den *Rasa Lila* Shivas, aber auch Kali-Durga und andere Gottheiten halten den Kreislauf von Schöpfung, Tod und Wiedergeburt tanzend aufrecht. Wo wir auch hinschauen: Überall auf der Welt gab und gibt es rituelle, kultische Tänze, in Sibirien ebenso wie in Afrika, unter den Indianern Nordamerikas und natürlich in den afroamerikanischen Mischkulten Lateinamerikas und der Karibik. Auch Europa kennt eine reiche Tanzkultur, die von Nord bis Süd, von West bis Ost reicht.

Sicher nicht der unwichtigste Grund dafür ist die immens trancefördernde Eigenschaft des Tanzes. Doch um diese soll es uns hier zunächst weniger gehen als vielmehr um die Förderung des Körperbewusstseins.

Am besten tanzen Sie allein und unbeobachtet vor einem großen Spiegel, obwohl das nicht unverzichtbar ist: Sie sollen Ihre eigenen Bewegungen nicht etwa »begutachten«, sondern vielmehr ein Gespür dafür entwickeln, wie Sie sich überhaupt bewegen. Dabei achten Sie vor allem auf Ihre Bewegungen im Becken- und Beinbereich: Hüftschwenken, Kniedrehungen, Gesäßbewegungen usw.

Sie können eine stark rhythmische Musik für den Anfang verwenden, um sich warmzutanzen, sollten aber auch ruhigere Stücke ausprobieren, die sich für meditativere und geschmeidigere Bewegungen eignen.

Wenn man Frauen in Afrika tanzen sieht, ist man als Europäer oft verwundert über die geradezu obszönen Bewegungen, die dabei genussvoll vorgeführt werden. Das fällt übrigens umso mehr auf, wenn es, wie ich es einmal im Senegal beobachtete, mitten in einer Großstadt vor einem Luxushotel stattfindet, in dem gerade ein Staatsfeiertag begangen wird – insbesondere wenn die Tänzerinnen, wie in diesem Fall, ausschließlich aus vornehm gekleideten reichen Damen der obersten Zehntausend bestehen! Fast ausschließlich in ihre traditionellen Gewänder gekleidet, tanzten sie vor ihren ebenso ausschließlich europäisch gewandeten Männern Tänze, die an sexueller Eindeutigkeit nichts zu wünschen übrig ließen. Diese Unbefangenheit gegenüber der eigenen Körperlichkeit und Sinnlichkeit müssen wir oft erst wieder mühsam lernen, so gründlich wurde sie uns durch Religion, Erziehung und Umwelt verleidet. Aus diesem Grund sollten Sie Ihre rituellen Tänze am Anfang auch nur allein oder in einem kleinen Kreis von Gleichgesinnten und Mittänzern durchführen. Probieren Sie es erst zu Hause, bis Sie etwaige Hemmungen verloren haben: Machen Sie aus dem Tanz eine symbolische Balz, einen Begattungsakt, lassen Sie Ihren Unterleib, Ihre Klitoris, Ihre Scheide »sprechen« und sich aus eigenem Antrieb heraus bewegen, also ohne bewusste Steuerung durch den Kopf. Sie werden feststellen, dass Sie das auch ohne Partner oder Partnerin oft gehörig erotisieren wird (ein Effekt, der den meisten westlichen Männern beim Alleintanz fremd ist und daher kaum jemals erreicht wird). Spannen und lösen Sie während des Tanzes den Damm, und tanzen Sie möglichst nackt, auf jeden Fall aber in weiter, bequemer Kleidung. Benutzen Sie auch dann keinen Büstenhalter, wenn Sie aufgrund eines stark entwickelten Busens Unannehmlichkeiten oder Schmerzen befürchten: Sie werden feststellen, dass diese, sollten sie tatsächlich auftreten, schon nach kurzer Übung weichen, sobald Ihr Körper »von allein« tanzt. Spüren Sie beim Tanzen möglichst jede Faser Ihres Körpers, verfolgen Sie die strömende Energie, und leiten Sie diese mit geistiger Kraft durch Imagination und Visualisation in den Unterleibbereich. Tanzen Sie so lange, wie Sie wollen, hören Sie aber nicht auf, bevor Sie nicht mindestens ein wenig ins Schwitzen gekommen sind. Meiden Sie jede Volltrance, geben Sie sich jedoch der gnostischen oder magischen Trance hin, wenn Sie es für richtig halten.

Sollten Sie nach dem Tanz erotisiert sein, was sehr häufig vorkommt, so versuchen Sie zumindest in den ersten Wochen nicht, diese sexuelle Spannung sofort danach durch Masturbation oder Sexualverkehr zu »lindern«. Im Gegenteil: Verstärken Sie diesen inneren Druck noch, indem Sie sich ohne solche Ventile bewusst mit Ihrer sexuellen Energie auseinandersetzen, ihr nachspüren, ja ihre Qualität zu »schmecken« versuchen.

Damit keine Missverständnisse auftreten: Das soll nicht bedeuten, dass Sie während dieser Zeit sexuell völlig enthaltsam leben müssen! Doch lassen Sie zwischen der Erotisierung durch den Tanz und einer physischen sexuellen Betätigung stets einige Stunden verstreichen. Sie werden möglicherweise feststellen, dass Ihre Sexualität darunter

keineswegs leidet, sondern vielmehr sogar an Kraft und
Ekstase gewinnt. Dies ist übrigens auch sehr hilfreich bei
psychisch bedingter Frigidität und bei Orgasmusschwierigkeiten.

Wenn Sie wollen und bereits über die entsprechenden
Kenntnisse verfügen, können Sie den Tanz nach einer Weile auch rituell und magisch anwenden, etwa indem Sie mit
Krafttieren arbeiten, dabei Gottesformen annehmen (allerdings nicht nur die statischen, wie wir sie aus der Zere-
monialmagie kennen, sondern gerade die Gottesformen
in der Bewegung; diese sind in ihrer Motorik nicht auf
bestimmte Schritte, Gangarten und Rhythmen festgelegt),
die eventuelle Erotisierung zur Sigillenladung verwenden
usw. Doch sollten Sie zuvor einige Wochen lang »einfach
nur so« tanzen, um einen ungefilterten Zugang zur Körperlichkeit zu schulen.

Der statische Tanz

Führen Sie diese »Übung«, also den statischen Tanz, so oft
durch, wie Sie nur können. Wenn Sie damit Erfahrung haben, können Sie auch zu einer äußerlich völlig unbeweg-
lich erscheinenden Form übergehen, die allerdings nur Er-
satzcharakter hat. Dafür ist sie unauffällig und kann selbst
am Arbeitsplatz (z. B. auch auf der Toilette) angewandt werden. Voraussetzung ist allerdings, wie erwähnt, dass Sie bereits über ein entwickeltes Gefühl für die Energie des Tanzes verfügen, sonst ist die Übung völlig wirkungslos.

Im Prinzip tanzen Sie dabei wie gehabt, nur dass Sie Ihre Außenbewegungen auf ein Minimum beschränken und
stattdessen so viel von der Tanzbewegung einwärts richten,

wie Sie nur können. Von außen betrachtet sieht dies eher wie ein Zittern oder Beben aus, wie es übrigens auch beim dynamischen Tanz häufig vorkommt, wenn eine gewisse Trancetiefe erreicht wird. Am Anfang werden Sie vielleicht etwas spasmisch nur am ganzen Leib beben, ohne dass Sie das Gefühl hätten, die Bewegung ginge in die Tiefe. Doch nach und nach werden Sie diese Technik meistern und spüren, wie Sie manchmal sogar inwendig tanzen, während Sie nach außen hin völlig ruhig und reglos wirken. Es ist dies zugleich ein inneres Spiel der Muskeln und ein bestimmter Geisteszustand, wie man ihn nur erfahren, nicht aber wirklich beschreiben kann. Wesentlich dabei ist allerdings, dass es sich tatsächlich um einen körperlichen, realen Tanz handelt und nicht um reine Imagination. Alle Bewegungen sind physisch auszuführen, nur eben innerhalb eines extrem kleinen Radius.

Magie und die Wahrnehmung von Omen

Magie ist immer auch eine Frage der Wahrnehmung. Da wir als Magier auf der sogenannten »feinstofflichen« Ebene arbeiten, sind auch die Wirkungen der Magie oft eher feinstofflicher, zumindest aber flüchtiger Art. Um die Erfolge (und die Misserfolge) der Magie beurteilen zu können, müssen wir sie natürlich überhaupt erst wahrnehmen können. Das ist weniger selbstverständlich, als es vielleicht den Anschein hat. Denn gerade gegen diesen Grundsatz wird vor allem von Anfängern immer wieder verstoßen. Deshalb widmen auch viele moderne Magier in ihren Schriften der Schulung der Sinnesorgane breiten Raum. Diese ist von großer Bedeutung und spielt auch in unserem Handbuch eine wichtige Rolle, doch soll es hier zunächst um einen anderen Aspekt der Angelegenheit gehen, auf den in der Literatur leider so gut wie nie eingegangen wird.

Gemeint ist die Kunst der Omen-Wahrnehmung und Deutung. Die Erfolge der Magie sind selten wirklich spektakulär, ja dem unaufmerksamen Beobachter können sie sogar oft entgehen. Wenn Sie beispielsweise ein Geldritual durchführen, so wird sich der Erfolg nur in den wenigsten Fällen in Form eines plötzlichen Lotteriegewinns oder Geldfunds auf der Straße einstellen. Gewiss, manchmal stirbt dann ein reicher Verwandter (was natürlich die entsprechenden moral-ethischen Problemen aufwirft), aber weitaus häufiger kommt es danach vor, dass sich ein besonders lukratives Geschäft auftut, ein potenter Geldgeber in Erscheinung tritt oder die Aufträge und Bestellungen nur so strömen.

Schwieriger wird es schon, wenn wir mit subtileren Wirkungen arbeiten. Scheinbare Zufälle, die oft sehr flüchtig sind, wollen als Wirkungen unserer Magie erkannt und genutzt werden, sonst schwinden sie wieder dahin. Häufig kommt es vor, dass z. B. bei einer Fernbeeinflussung das gewünschte Resultat schon wenige Tage nach der magischen Operation eintritt, der Magier oder sein Klient jedoch nicht geistesgegenwärtig genug ist, die Gelegenheit sofort beim Schopf zu packen, den hergestellten Trend zu verstärken und ihn zu erden, um ihm einen dauerhaften, manifesten Charakter zu verleihen. Wenn Sie beispielsweise wollen, dass Ihr Arbeitgeber Ihnen eine bessere Stelle anbietet, kann es nach einem entsprechenden Ritual geschehen, dass er Ihnen schon am Tag oder in der Woche darauf eine solche in Aussicht stellt. Es ist schwierig, dann trotz der Freude über die gelungene Aktion darauf zu drängen, dass diese Entscheidung sofort dingfest gemacht und festgeschrieben wird (was meistens auch noch einiges diplomatisches, organisatorisches und argumentatorisches Geschick erfordert). Und so kann es geschehen, dass Sie sich auf vage Versprechungen einlassen, die sich vielleicht schon eine Woche später als Schall und Rauch herausstellen. Diesem Problem der Konkretisierung lässt sich nur durch erhöhte Aufmerksamkeit und Wachheit begegnen, durch geistesgegenwärtiges Handeln und umsichtige seelische Vorbereitung. Dazu gehört auch ein genaues, instinktsicheres Verständnis für die Symbolsprache des Unbewussten oder der Magis.

Achten Sie also stets auf sinnvolle »Zufälle«, bleiben Sie wach, aber unverkrampft und begehen Sie nicht den Fehler, nach einer magischen Aktion mit der Stoppuhr auf den Erfolg zu lauern und ungeduldig zu werden. Die magische Erfolgskontrolle ist eine der schwierigsten Disziplinen der Magie überhaupt. Gerade aus diesem Grund ist ein sorgfältig geführtes magisches Tagebuch, in dem man oft nachschlägt und Nachträge macht, unverzichtbar.

Gedankenkontrolle und Konzentration

Wir haben bereits zu Anfang dieses Buches angedeutet, dass die Trennung in rein körperliche, rein psychische und rein magische Übungen in Wirklichkeit eine Fiktion ist, die in der Praxis natürlich nicht in derselben Schärfe zu finden ist wie in unserer Anleitung. Der Vorteil einer solchen Trennung ist vor allem der, dass wir auf diese Weise auf die einzelnen Aspekte der Materie konzentrierter eingehen können. Miteinander verbinden müssen Sie die einzelnen Praktiken und Techniken schon selbst, doch sollten Sie dies erst dann tun, wenn Sie sicher sind, ihre einzelnen Bestandteile wirklich zu beherrschen.

Es bedarf wohl keiner ausführlichen Erläuterung, weshalb wir in der Magie großen Wert auf Gedankenkontrolle und Konzentration legen: Wer unkonzentriert arbeitet, macht auch Fehler, geht ohne die gebotene Sorgfalt mit den erweckten und polarisierten Energien um, was einerseits den Erfolg behindert und andererseits oft schädliche Folgen haben kann.

Schon in der Bhagavadgita findet sich die Feststellung, dass es leichter ist, ein Gespann wilder Pferde zu zügeln als die eigenen Gedanken. Entsprechend intensiv haben sich auch gerade die Kulturen des Ostens mit diesem Problem befasst und eine Vielzahl an Techniken und Übungen entwickelt, mit denen eine Gedankenbeherrschung möglich wird. Jedes gute Buch über Raja- oder Astanga-Yoga, über Meditation und Entspannungstechniken gibt ausführlich Auskunft darüber. Deshalb wollen wir uns hier auf die wesentlichsten, für unsere sexualmagische Praxis besonders relevanten Techniken beschränken. Diese reichen für unsere Zwecke voll aus; wenn Sie sich aber, was Sie ohnehin tun sollten, auch intensiver in den Yoga einarbeiten, können Sie natürlich nach Belieben auch weitere, eigene erprobte Techniken hinzufügen oder diese statt der unseren benutzen.

Das Herstellen von Gedankenleere/Gemütsruhe

Für den Alltagsmenschen (und auch für zahlreiche uninformierte Wissenschaftler!) scheint es unmöglich, eine »Gedankenleere« herzustellen, doch die Erfahrung lehrt das Gegenteil. Allerdings ist dies nicht sehr einfach, und je nach persönlicher Konstitution können Sie dafür wenige Stunden oder viele Jahre benötigen. Doch trösten Sie sich, wenn es nicht so schnell gehen sollte, wie Sie möchten: Allein die regelmäßige Praxis ist ein Gewinn und führt schon bald zu fruchtbaren Veränderungen auf der magischen und feinstofflichen Ebene, auch wenn die eigentliche Gedankenleere noch lange auf sich warten lassen sollte.

Grundsätzlich gilt für alle der zu diesem Themenkomplex gehörenden Übungen, dass sie möglichst in fester und bequemer Körperhaltung mit aufrechter Wirbelsäule durchgeführt werden, also in der Regel im Sitzen oder Knien, jedoch nicht im Liegen. Nur so ist gewährleistet, dass die feinstofflichen Energien ungehindert strömen können. Sie brauchen sich nicht unbedingt in den für die meisten Ungeübten schmerzhaften Lotussitz zu quälen; wenn Sie ihn allerdings beherrschen sollten, umso besser.

Nehmen Sie also eine feste, bequeme Körperhaltung ein, von der Sie sicher sind, sie einige Zeit reglos beibehalten zu können. Wenn Sie noch keine Übung mit Konzentrationsschulung und Meditation haben sollten, wird Ihnen das zwar am Anfang sowieso nicht völlig gelingen, doch sollten Sie es dennoch immer wieder versuchen. Jede Bewegung lenkt den Körper ebenso sehr ab wie den Geist.

Selbstverständlich sollten Sie sicherstellen, dass Sie während der Übung äußerlich ungestört bleiben.

Schließen Sie die Augen und atmen Sie eine Weile tief und ruhig durch, bis sich innere Ruhe einstellt. Nun beobachten Sie nur noch Ihren Atem: das Einatmen und das Ausatmen, ohne jeden weiteren Gedanken. Sollten Gedanken auftreten (und das wird mit Sicherheit geschehen!), so strengen Sie sich nicht an, sie zu vertreiben. Lassen Sie sie einfach kommen und gehen, ohne sich an sie zu klammern, sie zu ergründen oder gar innerlich dazu Stellung zu beziehen. Führen Sie diese Übung mindestens 20 Minuten lang durch.

Schöpferische Konzentration

Diese Übung hat den Vorteil, einerseits die Konzentration zu fördern und andererseits Bewusstseins- und Unterbewusstseinsmuster deutlich zu machen.

Schreiben Sie einen Brief an eine beliebige Person, es kann ein lebender Mensch sein, ein toter, ein fiktiver – wie Sie wollen. Der Brief sollte mindestens drei DIN-A4-Seiten lang sein, stellt also schon gewisse Anforderungen an Ihre Einfallskraft. Damit die Konzentrationsschulung dabei nicht zu kurz kommt, haben wir allerdings einige erschwerende Bedingungen in diese Übung eingebaut:

- ∞   Nicht verwendet werden dürfen die Worte »der, die, das, und, oder«.
- ∞   Nicht verwendet werden dürfen die Buchstaben »a, l, f«.
- ∞   Der Brief muss in korrektem Deutsch geschrieben sein (dass der Stil unter diesen Bedingungen vielleicht et-

was ungewöhnlich ausfallen dürfte, ist allerdings kein Beinbruch).

∞   Sinnentstellende, unübliche Abkürzungen dürfen nicht verwendet werden.

Möglicherweise werden Sie stundenlang über diesem Brief brüten und den Tag verwünschen, als Sie dieses Buch in die Hand genommen haben! Viele Übende haben auf meinen Seminaren allerdings die Erfahrung gemacht, dass es beim Grübeln über dieser Aufgabe plötzlich, es kann bereits nach wenigen Minuten, aber auch erst sehr viel später sein, innerlich »klickt« und der Text wie von allein fließt. Dann hat in der Regel der Verstand kapituliert und die reine Intuition bewältigt die zuvor vielleicht für unmöglich gehaltene Aufgabe ohne jede Mühe. Sollte Ihnen das Gleiche widerfahren, so versuchen Sie, diesen Zustand gewissermaßen »im Hinterkopf« mit zu beobachten, ohne jedoch in den Prozess einzugreifen oder ihn zu unterbrechen. Sinn dieser Aufmerksamkeitsübung ist es, ein Gespür für die Energiequalität dieses Zustands zu entwickeln. Falls Sie bereits zeremonialmagische Erfahrung haben, können Sie zuvor auch eine Merkur- oder Thoth-Anrufung durchführen, um den Vorgang zu fördern und Ihren Kontakt zu dieser Schwingung zu intensivieren.

Der zweite Teil dieser Aufmerksamkeitsschulung besteht darin, den fertigen Brief auf Fehler zu untersuchen. Dies sollten Sie das erste Mal sofort nach dem Schreiben tun. Ganz gründlich Übende werden ihn möglicherweise mehrmals abschreiben, bis er völlig fehlerfrei ist.

Diesen fehlerfreien Brief legen Sie entweder eine Weile (mindestens für mehrere Tage) beiseite, oder Sie lassen ihn

von einem Freund oder einer Freundin auf Fehler untersuchen. Die so entdeckten Fehler (und es wird fast immer
welche geben!) korrigieren Sie, und dann schreiben Sie den
fertigen Brief erneut ab.

Führen Sie über Ihre Beobachtungen während dieser
Übung genauestens Tagebuch. Sie mag Ihnen beim Lesen
dieser Anleitung vielleicht etwas merkwürdig oder gar
lächerlich erscheinen, doch werden Sie hinterher verstehen, weshalb wir sie hier zusammen mit den anderen Praktiken aufgeführt haben. Für die Bewusstmachung sprach-
licher und gedanklicher Muster ist diese Übung nämlich
unschätzbar! Die dabei erworbenen Fertigkeiten werden
Ihnen später bei komplizierteren sexualmagischen Operationen zugutekommen. Darüber hinaus werden Sie möglicherweise feststellen, dass die Übung Ihnen am besten
gelingt, wenn Sie sie spielerisch angehen – eine wichtige
Lehre, die für die gesamte Magie gilt!

Entwickeln Sie nun eigene, ähnliche Übungen. Es muss
nicht immer bei einem Brief bleiben, es könnte auch beispielsweise ein Lebenslauf sein, bei dem Sie unter anderem das Wort »ich« vermeiden müssen usw. Tatsächlich
hat Crowley seinen Schülern die Aufgabe gegeben, eine
Woche lang das Wort »ich« in Wort, Gedanken und Schrift
zu vermeiden. Jedes Mal wenn der Schüler sich bei einem
Fehler ertappte, musste er sich mit einer Rasierklinge einen
Schnitt in den Unterarm zufügen – eine sehr drastische
Methode, die aber nicht unbedingt wirkungsvoller ist als
die oben geschilderte, weshalb wir sie hier auch nicht empfehlen. Doch die Struktur dieser Übungen lässt sich noch
vielseitiger verwenden, wie wir nun sehen werden.

Die Arbeit mit Sprachmustern

1. Stufe

Achten Sie drei Tage lang darauf, wie oft Sie beispielsweise das Wort »und« verwenden. Zählen Sie die Male, führen Sie eventuell eine Strichliste. Tun Sie dies mehrmals und wählen Sie zur Beobachtung möglichst Worte, die weitgehend sinnfrei oder emotional unbelastet sind (z. B. »oder«, »der«, »die«, »das«, »als«, »ob« usw.).

2. Stufe

Vermeiden Sie drei Tage lang in Ihren Gesprächen ein bestimmtes Wort. Wählen Sie dieses nach den gleichen Kriterien aus wie bei Stufe 1. Führen Sie über Ihre »Verfehlungen« genauestens Buch und wiederholen Sie die Übung mehrmals.

3. Stufe

Vermeiden Sie drei Tage lang in Ihren Gesprächen einen bestimmten Buchstaben. Wählen Sie beim ersten Mal einen Konsonanten, der nicht allzu häufig, aber auch nicht allzu selten vorkommt, also etwa »q« oder »v«, nicht aber etwa »x« und »y«. Verfahren Sie ansonsten wie oben und wiederholen Sie auch diese Übung mehrmals mit verschiedenen Buchstaben. Gehen Sie mit der Zeit zu einzelnen Vokalen über.

4. Stufe

Stellen Sie aus den drei vorangegangenen Stufen eigene, gemischte Übungen zusammen, ähnlich wie Sie es schon beim Schreiben getan haben. Ansonsten gilt auch hier das Obengesagte.

Spätestens auf Stufe 3 werden Sie merken, was Aufmerksamkeitsschulung heißt! Wenn Sie die Übungen vielleicht aufgrund Ihrer beruflichen Situation nicht ununterbrochen durchführen können, so reservieren Sie wenigstens bestimmte Tageszeiten dafür und erhöhen Sie entsprechend die Anzahl der Übungstage.

Die Arbeit mit Gefühlsmustern

1. Stufe

Beobachten Sie an drei aufeinanderfolgenden Tagen Ihr Leben auf ein bestimmtes Gefühl hin, z. B. »Langeweile«, »Ärger«, »Furcht«, »Unruhe« o. Ä. Der Begriff »Gefühl« wird hier recht großzügig gebraucht, wie ihn auch die Umgangssprache versteht, also synonym mit »Empfindung«. Führen Sie, wie schon bei der »Arbeit mit Sprachmustern«, auch hierüber genauestens Buch und wiederholen Sie die Übungsphasen mehrmals.

2. Stufe

Vermeiden Sie drei Tage lang ein bestimmtes Gefühl, das aber unter gewöhnlichen Umständen nicht allzu selten auftreten darf. Das hört sich vielleicht schwierig an, und das ist es auch. Tritt das Gefühl auf, gehen Sie ihm am besten dadurch aus dem Weg, dass Sie sich ablenken oder ein anderes Gefühl stattdessen herbeirufen. Ansonsten verfahren Sie wie bei Stufe 1.

3. Stufe

Erzeugen Sie an drei aufeinanderfolgenden Tagen bei sich zu festgelegten Zeiten ein bestimmtes Gefühl, auch und gerade wenn Ihnen überhaupt nicht danach sein sollte. Tun Sie dies mindestens 24-mal am Tag, also theoretisch zweimal pro Stunde. Natürlich brauchen Sie nicht ohne Schlaf auszukommen und können in Ihrer Wachphase dafür öfter pro Stunde üben. Es genügt, wenn das gewünschte Gefühl nur für zwei bis drei Minuten auftritt. Danach müssen Sie es verbannen, auch wenn es von allein auftreten sollte, weil es nicht Ziel dieser Stufe ist, die ganze Zeit in einem bestimmten Gefühl zu schwelgen. Im Übrigen ist auch hier wieder sorgfältigstes Buchführen über Erfolg und Scheitern und sonstige Wahrnehmungen, Stellungnahmen usw. gefordert.

4. Stufe

Entscheiden Sie sich für zwei völlig entgegengesetzte Gefühle, mit denen Sie an drei aufeinanderfolgenden Tagen üben werden. Die Hälfte des Tages halten Sie das eine Gefühl aufrecht, die andere Hälfte sein Gegenteil. Das Gefühl muss ständig präsent sein und muss selbst dann, wenn Sie beispielsweise Ihrer Arbeit oder persönlichen Dingen nachgehen, stets im Hintergrund »mitschwingen« und entsprechend auch Ihr Verhalten (auch anderen gegenüber) bestimmen. Ansonsten wie bei Stufe 1.

Nach ähnlichem Schema können Sie sich ein eigenes, zusätzliches Übungsprogramm zusammenstellen, bei dem Sie beispielsweise mit Ihren Wahrnehmungs-, Ihren Denk-, Ihren Weltanschauungs- und anderen Mustern arbeiten. Auf diese Weise entwickeln Sie sich schon bald zu einer echten magischen Persönlichkeit, erst recht im Verbund mit den anderen in diesem Buch geschilderten Übungen.

Sie können den Ihnen schon bekannten Seelenspiegel mit diesen Übungen verbinden oder einen für Ihre Muster aufstellen und die Fragen mithilfe der Übungen beantworten. Schließlich bleibt noch anzumerken, dass Sie beides auch auf Ihr Sexualverhalten anwenden können, wenn Sie sich auch in diesem Bereich mehr Klarheit über sich selbst schaffen und sich weiterentwickeln wollen. Wie bei den meisten unserer Übungen sind Ihrer Fantasie in Sachen Erweiterung, Modifizierung und Neuentwicklung keinerlei Grenzen gesetzt.

Es ist oft einfacher, neue, eigene Übungen zu entwickeln, wenn man sich vorstellt, man müsse ein Übungsprogramm für einen imaginären Schüler aufstellen. Durch diese fiktive Trennung von sich selbst schafft man eine anregende Distanz, wobei Sie freilich die Übungen weitgehend auf Ihre eigenen Bedürfnisse zuschneiden sollten.

Die hier vorgestellten Übungen sind übrigens ganz bewusst nicht auf den sexuellen Bereich ausgerichtet. Am Anfang sollten Sie sich mit scheinbar »unwichtigen« Verhaltens- und Gefühlsmustern befassen, weil sich gerade an diesen viel unbewusster Sprengstoff festmacht. Der Gebrauch eines Buchstabens beispielsweise wird nur selten emotionalisiert oder rationalisiert. Da Gewohnheiten aber der Anker der Persönlichkeit sind, müssen wir sie aufspüren, wenn wir an der Persönlichkeit selbst etwas ändern oder sie weiterentwickeln wollen.

Meditation

Die Atembetrachtung, mit der Sie, wenn Sie unserem Übungsprogramm folgen sollten, inzwischen schon durch die Herstellung der Gedankenleere vertraut sind, stellt eine inwendige Konzentration auf einen sinnfreien Inhalt dar. Es handelt sich dabei um die vor allem von Buddhisten praktizierte Meditationstechnik des Sattipattana. Durch den Zen ist diese Technik auch im Westen inzwischen weit verbreitet.

Die zweite Meditationstechnik, mit der wir Sie nun vertraut machen wollen, ist im Gegensatz zur ersten bild- und sinninhaltorientiert. Sie fördert auch die zielgerichtete Konzentration und die magische Imagination.

Nehmen Sie die gleiche Körperhaltung ein wie bei der ersten Meditationsart. Entspannen Sie sich und beruhigen Sie den Geist. Sie befinden sich in Ihrem magischen Schutzsymbol. Vergegenwärtigen Sie sich vor dem inneren Auge Ihren Kleinen Energiekreislauf.

Falls Sie mit diesem Prinzip der Akupunktur noch nicht vertraut sein sollten, hier ein kurzer Abriss: Beginnend im Steißbereich imaginieren (später: spüren) Sie, wie die feinstoffliche Energie Ihres Körpers die Wirbelsäule emporsteigt, bis sie den Scheitelpunkt erreicht. Von dort strömt sie vorne (aber noch innerhalb des Körpers) ca. 2–3 cm unter der Haut wieder herab, bis sie schließlich, am Steißpunkt angelangt, den Kreislauf schließt. Eine Synchronisierung mit der Atmung ist dabei im Allgemeinen nicht erforderlich, kann aber zu bestimmten Zwecken hergestellt werden. Diesen Kreislauf sollten Sie sich möglichst oft am Tag in das erfahrende Empfinden zurückrufen, vor allem aber in Zeiten voller Stress, der gesundheitlichen Belastung und des emotionalen Aufgewühltseins.

Diesmal soll die nach oben steigende Energie in roter Farbe wahrgenommen werden, die herabströmende Energie dagegen in weißer Farbe. Lassen Sie die Farben kräftig leuchten, je intensiver desto besser. Setzen Sie nun auch Ihre anderen inneren »Wahrnehmungsorgane« (dies ist natürlich nur ein Bild und dient lediglich der Veranschaulichung) ein: Spüren Sie die rote Energie als kräftigen, heißen Feuerstrahl, während der weißen Energie Kühle und Feuchtheit eignet. Ebenso können Sie – gleichzeitig! – innerlich »riechen«, wie die rote Energie einen starken, sinnlichen Duft, die weiße dagegen einen weichen, umschmeichelnden Duft verströmt.

Genauer wollen wir diese Düfte nicht beschreiben, um Ihnen freie Hand zu lassen. Sie können die Duftwahrnehmung auf sich zukommen lassen oder ganz bewusst einen entsprechenden Duft erschaffen.

Lassen Sie die Energien im Einklang mit Ihrem Atem pulsieren. Dies wird durch den Einsatz von Mantras noch erleichtert, die zudem die Qualität des Klangs in die Übung einbringen. Wir benutzen hier als Mantra die Vokalfolge *A-I-O*: Beim Einatmen richten Sie Ihre Konzentration auf die emporsteigende rote Energie und *denken* lautlos den Vokal A. Da Sie nicht gleichzeitig einatmen und den Vokal laut summen können, lernen Sie auf diese Weise automatisch das »innere Gehör«. Beim Anhalten der Luft *denken* Sie den Vokal *I* und spüren, wie die rote Energie an Ihrem Scheitel (oder, wenn Sie damit arbeiten wollen, im Scheitelchakra) ihre Transformation in weiße Energie erfährt. Beim Ausatmen schließlich denken Sie während der Konzentration auf die herabsteigende weiße Energie den Vokal *O*. Als Nächstes folgt nun eine Pause, in der Sie wiederum weder ein- noch ausatmen. Diese widmen Sie der reinen Gedankenleere.

Wenn Sie mit dieser Meditation Fortschritte gemacht haben, werden Sie dafür sorgen, dass die Phasen Einatmen – Anhalten – Ausatmen – Anhalten im Verhältnis 1:1:1:1 zueinander stehen.

Damit haben Sie eine Meditation zur Verfügung, die sowohl östlich-tantrische als auch westlich-alchemistische Elemente enthält. Hier begeben wir uns schon auf das Gebiet der klassischen Magie und um dies noch zu bestärken, befassen Sie sich außerhalb und innerhalb Ihrer Meditation zusätzlich mit folgenden Assoziationen:

rot – Feuer, männlich, hart, durchdringend, Adam, Lust, Sonne
weiß – Wasser, weiblich, weich, empfangend, Eva, Hingabe, Mond

Lassen Sie diese Assoziationen beim Meditieren innerlich mitschwingen, denken Sie aber nicht rational darüber nach! Lassen Sie sie vielmehr einfach präsent sein, bis sie sich wie eine Formel eingeprägt haben. Diese Vorbereitung wird Ihnen später während der sexualmagischen Partnerarbeit beim Austausch von Energien helfen. Außerdem steigert sie die Imaginationsfähigkeit und fördert das Denken in Assoziationen und Korrespondenzen, welches vor allem bei der traditionellen Ritualmagie eine herausragende Rolle spielt, ja zu ihren Grundvoraussetzungen gehört.

Bekanntlich erschafft sich der Magier sein eigenes Symboluniversum. Nach dem hermetischen Gesetz »wie oben – so unten« steht alles mit allem in Verbindung, ein Gedanke, der auch in der modernen Teilchenphysik und Kybernetik sowie in informationstheoretischen Modellen vom Universum wieder häufiger auftaucht. So ordnet der Magier beispielsweise bestimmte Energien, die er »Planetenkräfte« nennt, bestimmten Metallen, Zahlen, Farben usw. zu, wobei er sich Letzterer beim Ritual bedient, um Erstere herbeizurufen oder »anzuzapfen«. So gibt es klassische Korrespondenztabellen, in denen etwa der Sonne das Metall Gold, die Zahl Sechs und die Farbe Gelb oder Gold zugeordnet wird; dem Mond entsprechen dagegen das Metall Silber, die Zahl Neun und die Farbe Weiß oder Silber. Man könnte diese Analogien, wie die Korrespondenzen (= »Entsprechungen«) auch genannt werden, als Konzentrationshilfen oder als »Schwingungsgeneratoren« begreifen, die das Symboldenken der Magie mit seiner ihm innewohnenden Symbollogik benutzt, um bestimmte Bewusstseins- und Energiezustände herbeizuführen, innerhalb derer Magie möglich, wahrscheinlich und wirkungsvoll wird.

Wenn man sich einmal magische Korrespondenztafeln ansieht, so fällt auf, dass es davon zwei verschiedene Arten gibt: jene, die sich auf Präzision und genaueste Auflistung aller Elemente konzentrieren, und jene, die unschärfere und allgemeinere Entsprechungen aufzählen. Ein Beispiel soll dies veranschaulichen: Während ein Autor wie Bardon für die Planetenenergie Jupiter sechs verschiedene Pflanzen für Räuchermischungen angibt (Safran allein oder gemischt mit Leinsamen, Veilchenwurzel, Pfingstrosenblüten, Begonienblättern und Birkenblättern), führt der bekannte Kabbalist James Sturzaker nicht weniger als 29 Pflanzen an und Spiesberger immerhin noch acht. In Crowleys *Liber 777* dagegen findet sich die lapidare Liste: »Safran, alle großzügigen Düfte«. Der Anfänger pflegt dabei zu stutzen und sich darüber zu beklagen, dass Crowley nicht mehr aufführt, ganz so als wollte er das Wichtigste verheimlichen. Ein Verdacht, der zwar leider nicht immer unbegründet ist, in diesem Fall aber auf Unkenntnis der Materie beruht. Denn tatsächlich sind Korrespondenzen niemals objektiv, sondern immer sehr subjektiv. Je mehr sie ins Detail gehen, desto willkürlicher wirken sie dann oft. Oder wüssten Sie auf Anhieb, weshalb dem Jupiterprinzip ausgerechnet Birkenblätter (Bardon) oder Rhabarber (Sturzaker) zugeordnet werden sollten und nicht beispielsweise der Venus oder dem Saturn? Nein, Crowleys Liste ist den anderen meiner Meinung nach gerade deswegen überlegen, weil sie die subjektive Seite der Sache auf einen klaren Nenner bringt. Nicht jeder wird einen bestimmten Duftstoff als »prächtig« (Jupiter) wahrnehmen, vielleicht empfindet ihn ein anderer als »jungfräulich« (Mond) oder gar als »übel« (Saturn) usw. Denn wichtig ist keineswegs so sehr, dass Jupiter mit Safran geräuchert wird, sondern vielmehr, dass der Adept einen Stoff räuchert, der in ihm die Assoziation »prächtig« weckt.

Doch ist dies nicht der einzige Grund, weshalb Crowleys Vorgehen das brauchbarere ist. Denn mit seinen bewusst unscharfen Formulierungen weist uns der Meister Therion darauf hin, dass die Symbolsprache der Magie tatsächlich keine Überdefiniertheiten duldet. Das geht bis ins Praktische hinein: Wenn Sie das Ziel einer magischen Operation nämlich allzu genau und präzise festlegen (etwa indem Sie darauf hinarbeiten, am 15.3. um 14:36 Uhr die Summe von € 15.078,63 zu erhalten), werden Sie aller Wahrscheinlichkeit nach mit Ihrer Magie leider scheitern. Denn das Unbewusste denkt und arbeitet in Bildern und Symbolen, deren Unschärfe gerade die Möglichkeit ausmacht, aus dem riesigen Fundus an Wahrscheinlichkeiten die richtige anzuziehen. Um unser Beispiel umzuformulieren: Viel organischer, weil dem magischen Universum angepasster wäre es, für eine »große Summe« zu arbeiten, die »schon bald« zu Ihnen kommen soll. Wir müssen lernen, uns mit dieser Unschärfe und Unbestimmbarkeit des Universums und der Magie abzufinden und *mit* ihr zu arbeiten anstatt gegen sie. Das heißt für manchen Menschen natürlich, gehörig umzudenken, weil unsere Zivilisation derlei Ungenauigkeit nicht eben fördert, ja unsere gesamte Technologie und Wissenschaft beruht auf ihrem genauen Gegenpol: der größtmöglichen Detailpräzision.

Üben Sie sich also darin, in Bildern zu denken und zu empfinden, wenn Sie mit Magie arbeiten. Intuitionen sind selten mathematisch präzise. Als Kekulé den Benzolring im Raum bzw. in einer Vision vor dem Kamin »entdeckte«, sah er nicht etwa sofort die fertige Formel, sondern eine Schlange, die sich in den Schwanz biss. Seine schöpferische Leistung bestand darin, zwischen diesem Symbol und der Anordnung der Benzolatome einen Zusammenhang zu erkennen. Ein Magier würde sagen, dass er eine Korrespon-

denz in die andere zu übersetzen verstand – und genau das
müssen wir als Magier verstärkt trainieren. Damit wird
zudem einerseits die Wahrnehmung feinstofflicher Zusammenhänge und Energien gefördert, während diese
Wahrnehmung andererseits das Übersetzen in Analogien
unterstützt.

Abschließend sei noch bemerkt, dass man die Subjektivität der Korrespondenzen allerdings auch nicht übertrei-
ben sollte. Es hat sich als nützlich und sinnvoll erwiesen,
einen Grundstock an Analogien aus der Tradition zu übernehmen (z. B. Metalle, Zahlen, Farben, Edelsteine und Gottheiten), weil diese doch weitgehend einheitlich gebraucht
werden, was man von den anderen Korrespondenzen keineswegs behaupten kann. Damit schließt man sich an den
allgemeinen magischen »Realitätsstrom« dieser Symbole
an und vermag zudem leichter mit anderen Magiern zusammenzuarbeiten, weil symbolologisch eine gemeinsame
Grundlage vorhanden ist. Als Fehlschluss hat sich freilich
die alte Auffassung erwiesen, die Korrespondenzen seien
im wissenschaftlichen Sinne »objektiv«, sodass es »falsche«
und »richtige« Analogien gebe. Dieser Irrtum hat schon
sehr viel Unheil angerichtet, und es haftet ihm die Kreuz-
zugsmentalität der allein selig machenden magischen Ideologie an. Wenn wir andere magische Kulturen betrachten
als die unsere, werden wir feststellen, dass sie oft mit ganz
gegensätzlichen Prinzipien, Inhalten und Zutaten arbeiten, dabei aber die gleichen Erfolgs- und Misserfolgsquo-
ten aufweisen wie jedes andere System auch. So kennt die
schamanische Magie beispielsweise keine Astrologie oder
Kabbalistik, während der Hermetik die schamanische Arbeit mit Krafttieren oder Fetischen weitgehend fremd ist.

Es wäre töricht, nur aus einer Sehnsucht nach einer beruhigenden und nervenschonenden »Einheit« heraus solche Details zu übersehen oder großzügig zu ignorieren, wenn man sie nicht gar verfälscht, wofür es zahlreiche Beispiele gibt, etwa wenn Autoren das chinesische *I Ging* christianisieren. Derlei ist auch gar nicht nötig, denn die gesuchte Einheit findet sich, wenngleich in Grenzen, tatsächlich: nämlich in gemeinsamen Strukturen, wie sie etwa die Gleichung »Wille + Imagination + magische Trance = magischer Akt« darstellt. Auch solche Strukturen kennen zwar ihre Abweichungen, Ausnahmen und gelegentlichen Widersprüche, doch fahren wir mit ihnen in der Regel besser als mit der Detail- und Rezeptbesessenheit der früheren Magie. Darüber hinaus bieten Strukturen den Vorteil, uns einerseits ein Orientierungsgerüst zu garantieren, es uns aber andererseits zu ermöglichen, dieses nach unseren individuellen Bedürfnissen und Fähigkeiten mit Substanz und Baumasse zu bekleiden.

So kann es durchaus sein, dass eine Beschreibung »real« zwar unrichtig, aber mythisch durch und durch wahr ist. Die Geschichte von der Vertreibung aus dem Paradies mag zwar historisch unwahr sein (wie etwa auch die Existenz mancher Gottheiten usw.), doch ist die dahinterliegende Botschaft vom Verlust der Einheit, der Unschuld und der Geborgenheit durch die Trennung in Gut und Böse (um nur eine von vielen möglichen Interpretationen zu nennen) sicher »wahr«. Gerade Mythen können uns wertvolle Hilfe bei der Arbeit mit der Symbollogik der Magie bieten, und oft wird die Magie zu Recht auch als »angewandte Mythologie« bezeichnet.

Das Trainieren der feinstofflichen Wahrnehmung

Das Komplementaritätsmodell

Über die Bedeutung der feinstofflichen Wahrnehmung für die Magie haben wir uns an verschiedensten Stellen in diesem Buch bereits geäußert, weshalb wir hier nicht wieder darauf eingehen wollen. Bemerken müssen wir allerdings, dass der Begriff »feinstofflich« natürlich nur eine Metapher, eine Veranschaulichung ist, also keine quasi-physikalische Aussage. Das Modell von der Feinstofflichkeit ist nicht eben neu, es war bereits im 19. Jahrhundert beliebt. Da es den meisten Esoterikern und Magiern unserer Tage gut vertraut ist, setzen wir es hier der Einfachheit halber voraus, ohne damit den Anspruch erheben zu wollen, wirklich quantitative Aussagen über die Art der »feinstofflichen« Energien zu machen, die einer Überprüfung durch die exakten Wissenschaften standhielten. Leider hat sich in der ganzen Esoterik seit nunmehr gut hundert Jahren ein Halbwissen eingebürgert, das kaum noch auszurotten ist. Da werden »gelehrte« Abhandlungen über Art und Wesen magischer Energien geschrieben, und wo früher der tierische Magnetismus eines Mesmer herhalten musste, um später von einem »elektromagnetischen« Modell abgelöst zu werden, das merkwürdigerweise noch immer gelegentlich durch die Reihen halbgebildeter Pseudo-Parapsychologen spukt, versucht man heute, Mesonen, Quarks oder Unschärfe- und Unbestimmbarkeitsrelationen zur Erklärung magischer Phänomene zu verwenden. Wenn dahinter lediglich der Versuch steht, es der Naturwissenschaft recht zu machen, halte ich dies für sinnlos und schädlich. Doch es gibt auch einiges, was dafür spricht.

Immerhin will der Mensch, auch der moderne, die Magie in sein zeitgenössisches Weltbild einbetten, um sich nicht ständig mit erkenntnistheoretischen Widersprüchen und kognitiver Dissonanz auseinandersetzen zu müssen. Psychologisch gesehen dienen derlei Versuche vor allem dazu, den Verstand zu beruhigen und ihm das Gefühl zu nehmen, durch die »irrationale« Magie unentwegt vergewaltigt zu werden. Das ist auch magisch gesehen durchaus sinnvoll, denn ein zufriedengestellter Verstand lässt dem Unbewussten oder der inneren magischen Instanz mehr freien Spielraum, als dies die Pseudovernunft des Skeptizismus tut, die mit ihrem andauernden Infragestellen der Magie alle nur erdenklichen Stolpersteine in den Weg legt. Es kommt also weniger darauf an, ob die Modelle, mit denen wir beispielsweise versuchen, Magie und Kernphysik auf einen gemeinsamen Nenner zu bringen, naturwissenschaftlich »wahr« sind oder nicht. Die Hauptsache ist, dass sie *mythisch* wahr sind, dass sie den Einzelnen, also den Magier selbst, überzeugen und ihm als funktionierende Arbeitshypothese dienen. Denken Sie zur Veranschaulichung noch einmal an das, was wir weiter oben zum Thema »Korrespondenzen über objektive und mythische Wahrheit« gesagt haben (s. S. 130 f.). Man muss solche Erklärungsmodelle also mit diesem Vorbehalt betrachten, bevor man sie kritisiert. Leider sind auch ihre Vertreter selbst nur selten so reflektiert, um zu verstehen, mit welchen Strukturen sie dabei eigentlich hantieren.

Dieser Vorbehalt gilt auch für das nun folgende Komplementaritätsmodell, das wir kurz skizzieren wollen. Es ist, wie wir finden, für den naturwissenschaftlich orientierten Leser von heute leichter verständlich als der Rückgriff auf irgendwelche mittelalterlichen Systeme mit ihren kultur- und religionsspezifischen Bedingtheiten, die wir in unserer Epoche oft nur sehr mühevoll nachvollziehen können. Das Komplementaritätsmodell, wie wir es hier betrachten, wurde von Peter Ellert und Jörg Wichmann entwickelt und unter anderem in der inzwischen eingestellten Magiezeitschrift *Unicorn* vorgestellt.

Um etwaigen Missverständnissen vorzubeugen: Auch dieses Modell ist nach gegenwärtigem Erkenntnisstand naturwissenschaftlich nicht »beweisbar«, aber es hat sich in der Praxis als recht brauchbar erwiesen, ja wurde aus dieser heraus überhaupt erst entwickelt. Wir beschäftigen uns an dieser Stelle damit, weil es uns die feinstoffliche oder magische Wahrnehmung erleichtern kann, da diese erfahrungsgemäß weniger eine Frage eines »übersinnlichen« Talents ist als eine der inneren Einstellung.

Das Modell selbst ist relativ einfach. Sie kennen sicher den sogenannten »Welle-Teilchen-Dualismus« des Lichts: Mal verhält sich Licht, als bestünde es aus Wellen, mal scheint es aus Teilchen (»Korpuskeln«) zu bestehen. Das ist weitgehend von den Versuchs- oder Messbedingungen abhängig, also, etwas verkürzt formuliert, vom Betrachter. Es wäre daher falsch, das Licht *nur* als Welle oder *nur* als Teilchen zu begreifen, denn beide Zustände ergänzen einander, sind eben zueinander »komplementär«.

Das Gleiche gilt, so formuliert es das Komplementaritätsmodell, für den Dualismus Geist/Materie, der die Gemüter der Okkultisten und Magier schon seit Jahrhunderten erhitzt hat. Anstatt also Geist und Materie als nicht oder kaum miteinander vereinbar zu betrachten, sehen wir beim Komplementaritätsmodell beide als verschiedene Seiten ein und derselben Medaille. Auch hier hängt es vom (Bewusstseins-)Zustand des Betrachters ab, ob sich uns eine Energie als geistig oder als stofflich darstellt. Daraus ergibt sich die Folgerung, dass wir, um »feinstoffliche Energien« wahrzunehmen, vor allem unsere eigene Wahrnehmung verändern müssen. Es ist also nicht so, als seien diese feinstofflichen Energien mal vorhanden und mal nicht, vielmehr liegt es am Magier, ob er sie als solche wahrnimmt oder nicht. Anders als das Licht und eher wie beispielsweise die Gravitation sind sie nämlich ständig gegenwärtig. Natürlich gibt es Phasen, da es dem Magier schwerer fallen wird als sonst, den für ihre Wahrnehmung erforderlichen Bewusstseinszustand herzustellen, den wir gnostische oder magische Trance nennen, aber das sagt nichts über die Qualität dieser Energien selbst aus. (Beachten Sie bitte, dass auch der Begriff »Energie« nur ein Behelf ist, den wir verwenden, weil unsere Sprache keinen besseren kennt. Immerhin werden diese »Energien« teils als »Kräfte«, teils als »Wesenheiten« erfahren, sodass das Wort durchaus seine subjektive Berechtigung hat.)

Es ist wichtig zu begreifen, dass wir vor allem an unserer gnostischen Trance arbeiten müssen, wenn wir die Magie, die gewissermaßen immer »in der Luft liegt«, als solche erkennen und nutzen wollen. Schamanen sprechen in diesem Zusammenhang von »Augenblicken der Kraft«, die es zu »packen« gilt. Das sind jene Zeiten, da es keiner besonderen Anstrengung bedarf, um einen Zugang zur Magie zu finden; doch sind sie selten. Wenn wir uns ausschließlich auf ihr Eintreten verlassen wollten, würden wir als Magier schon bald scheitern.

Gerade die Wahrnehmung feinstofflicher Energien, wie wir sie der Einfachheit halber weiterhin bezeichnen wollen, verlangt bei den meisten Menschen nach einem gewissen weltanschaulichen Überbau. Mittelalterliche Magiebücher betonen oft die Wichtigkeit des Glaubens für den magischen Erfolg. In unserer Zeit hört man dieses Wort nicht mehr sehr gern, wir sind des Glaubens müde geworden und verstehen ihn (übrigens fälschlicherweise) meistens als »Für-wahr-Halten« oder als bloßen Ersatz für »Nichtwissen«. Doch ist der Glaube tatsächlich etwas Archetypisches, und Archetypen lassen sich nicht durch intellektuelle Moden ausrotten. So hat sich das Prinzip des Glaubens durch die Hintertür wieder eingeschlichen und feiert unter der Bezeichnung »Paradigma« erneut fröhliche Urständ. Paradigma ist ein Begriff aus der Grammatik. Ursprünglich verstand man darunter laut Fremdwörterduden (3. Aufl.) ein »Muster einer bestimmten Deklinations- od. Konjugationsklasse, das beispielhaft für alle gleich gebeugten steht«, als »Flexionsmuster«. Durch die Begrifflichkeit der modernen Teilchenphysik und der von dem englischen Biologen Sheldrake postulierten Theorie »morphogenetischer« Felder hat das Wort eine gewisse Erweiterung erfahren und steht nun für »Welterklärungsmodell«. Wie gesagt, der Glaube hat sich durch die Hintertür also wieder Zutritt verschafft!

Es ist wichtig, dass Sie sich mit der Zeit ein solches Welterklärungsmodell erschaffen, das Ihren Intellekt einigermaßen befriedigt und den möglichen Widerspruch zwischen rational-materialistischer, naturwissenschaftlicher

Weltanschauung und okkulter, magischer Praxis und Erfahrung etwas entschärft. Aus der Chaos-Magie stammt der Satz »Der Glaube ist nur eine Technik«. Es kommt also nicht so sehr darauf an, für welches der zahlreichen angebotenen Modelle Sie sich entscheiden, solange es Sie persönlich überzeugt; aber ich kann Ihnen nur empfehlen, sich mit möglichst vielen Modellen gut vertraut zu machen, denn jedes System hat seine Grenzen, und in der Magie ist die Vielseitigkeit immer Trumpf.

Bevor wir mit der eigentlichen Schulung der feinstofflichen Wahrnehmung beginnen, sollten Sie daher erst eine Weile über das kurz skizzierte Komplementaritätsmodell meditieren und es verinnerlichen. Sie werden schon bald merken, wie sehr Ihnen dies bei der Praxis hilft.

Das Aurasehen

Es gibt zahllose Abhandlungen über Wesen, Funktion und Struktur der Aura. Oft widersprechen sie sich in beinahe sämtlichen Punkten. Gemeinsam ist ihnen allen die Grundvoraussetzung, dass es ein in der Regel nicht sichtbares Energiefeld des Organismus und/oder der Materie gibt, das man mit geeigneten Übungen oder Geräten (Kirlianapparat, Aurabrille) sichtbar machen kann. Wir wollen uns hier weder für die eine noch die andere Richtung entscheiden und stattdessen als kleinsten gemeinsamen Nenner festhalten, dass Lebewesen und Gegenständen eine feinstoffliche Energie eignet, die als Kraftfeld oder »Energiehülle« wahrgenommen werden kann.

Lassen Sie sich zunächst nicht von etwaigen »Aura-Bilderbüchern« in Verwirrung bringen, in denen Ihnen anhand von vielen bunten Zeichnungen gezeigt werden soll, wie »die« Aura angeblich aussieht. Derlei Werke sind zwar oft gut gemeint, richten aber meiner Meinung nach häufig mehr Schaden an als Nutzen. Denn was oft nur als Veranschaulichung gedacht war, wird schnell als Schilderung »objektiver« Tatbestände missverstanden. So hat es ganze Generationen frustrierter Esoteriker gegeben, die die menschliche Aura nicht auf dieselbe Weise (oder überhaupt nicht) gesehen haben, wie dies die Fachliteratur vorschrieb.

Tatsache ist nämlich, dass fünf verschiedene Auraseher die Aura fast immer auch auf fünf verschiedene Weisen wahrnehmen. Das ist vor allem auf dem Gebiet der Auradiagnostik von Interesse, denn diese zeigt uns, worauf es beim Aurasehen wirklich ankommt. Angenommen, fünf Auraseher untersuchen gleichzeitig die Aura ein und desselben Patienten. Der erste wird vielleicht im Leberbereich »gelbe Flecken« wahrnehmen, der zweite ebendort »graue Risse«, der dritte sieht nur ein »Loch«, während der vierte eine »Spinne« in der Leber sieht und der fünfte einen buckelähnlichen Wulst auf der linken Schulter erblickt. Ein völliges Durcheinander, sollte man meinen. Interessant wird es allerdings, wenn alle fünf beispielsweise trotz unterschiedlichster Wahrnehmung zur selben Diagnose »Leberzirrhose« gelangen. Das Beispiel ist keineswegs übertrieben, dergleichen kommt tatsächlich vergleichsweise häufig vor. Was ist hier geschehen?

Nun, jeder der Seher hat seine eigene symbolhafte Wahrnehmung »entschlüsselt« und in einen medizinischen Fachausdruck »übersetzt«. Dem einen mag es genügt haben, überhaupt eine »Störung« im Leberbereich wahrgenommen zu haben, der andere arbeitet vielleicht mit einem sehr komplizierten System von »Alarmpunkten« oder »Farbskalen«, die er aufgrund seiner Erfahrung aber auch richtig zu deuten versteht. Es kommt also nicht darauf an, etwas Bestimmtes, Festgelegtes zu sehen, sondern vielmehr darauf, das Geschaute richtig zu verstehen, daraus die korrekten Folgerungen zu ziehen. Eine Sicht der Dinge, die wir natürlich aufgrund unserer naturwissenschaftlich bestimmten Voreingenommenheit oft nur mit großer Mühe akzeptieren können. Tatsächlich besitzt aber jeder Mensch seinen eigenen, urindividuellen Symbolschlüssel, was beispielsweise auch die Unzahl verschiedener Orakeltechniken erklärt, die doch alle, wenn man sie richtig anwendet, zu annähernd gleich guten und schlechten Ergebnissen gelangen. Darüber darf auch die Tatsache nicht hinwegtäuschen, dass es gelegentlich durchaus vorkommt, dass zwei Auraseher genau das Gleiche wahrnehmen. Hier haben wir es entweder mit einem ähnlich strukturierten inneren »Symbolübersetzer« zu tun oder aber schlichtweg mit Telepathie. Gerade bei Menschen, die einen extrem guten oder extrem schlechten engen Kontakt zueinander haben, lässt sich dergleichen häufig beobachten. Leider werden daraus aber meist die falschen Schlüsse gezogen, wie hier gezeigt.

Es ist relativ wenig bekannt, dass die meisten Menschen, vor allem als Anfänger, die Aura keineswegs, wie von theosophisch oder neutheosophisch orientierten Autoren oft behauptet wird, farbig sehen, sondern vielmehr schwarzweiß! Wer dies nicht weiß, der sieht die Aura vielleicht ausgesprochen deutlich, verwirft seine eigene Wahrnehmung aber als unrichtig und unerwünscht, weil er dem

Irrtum aufgesessen ist, die Aura müsse sich unbedingt farbig darstellen. Wir fangen unsere erste Übung daher damit an, die Aura einfach so wahrzunehmen, wie sie sich uns zeigt, und das ist in der Regel (aber keineswegs immer!) schwarzweiß.

Aurasehen – Übung 1

Legen Sie ein großes weißes Blatt Papier auf einen ansonsten leeren Tisch und sorgen Sie für eine gleichmäßige Beleuchtung, sodass keine Schatten auf das Papier fallen, auch wenn Sie sich leicht darüber beugen sollten. Legen Sie nun die beiden Zeigefinger mit den Spitzen gegeneinander auf das Papier. Versuchen Sie, den Blick auf »unscharf« zu stellen, sodass alle Konturen etwas verschwimmen, wenn Sie Ihre Finger betrachten. Ziehen Sie nun die Fingerspitzen sehr langsam auseinander und achten Sie auf den Zwischenraum. Erkennen Sie vielleicht eine Art Grauschleier? Dann haben Sie bereits Ihr erstes Aurasehen vollbracht! Sagen Sie nicht, dies sei nur eine optische Täuschung. Mit diesem Wort versucht der borniert Skeptiker stets, alles abzuschieben, was nicht in sein Vorurteilsraster passt. Nehmen Sie unsere Aussage erst einmal hin, wie sie ist, wenn es sein muss, auch achselzuckend! Sie werden im Laufe der weiteren Übungen selbst merken, worauf es dabei eigentlich ankommt.

Der 180°-Blick

Diese Technik ist eine der wichtigsten magischen Übungen überhaupt, weshalb Sie ihr auch verstärkte Aufmerksamkeit widmen sollten. Mit ihrer Hilfe wird es Ihnen gelingen, nicht nur die Aura besser zu sehen, sondern auch andere feinstoffliche Energien leichter und zuverlässiger wahrzunehmen.

Bei der ersten Übung wurde gesagt, Sie sollten den Blick auf »unscharf« stellen. Dies wollen wir nun weiter vertiefen. Beim 180° Blick erweitern Sie Ihr Blickfeld auf ungefähr 180°. Tatsächlich sind es in der Regel sogar noch ein paar Grad mehr, doch das spielt jetzt keine Rolle. Sie sollten lernen, diesen Blick möglichst jederzeit, also ohne große Vorbereitung, bei Bedarf anzuwenden. Es versteht sich, dass dabei die einzelnen Konturen der betrachteten Gegenstände unscharf werden und beinahe verschwimmen, weil Sie den Blick ja nicht mehr auf ein bestimmtes Ziel fixieren.

Sollte Ihnen der 180°-Blick Schwierigkeiten machen, so beachten Sie folgende Hinweise:

∞ Halten Sie die Augen möglichst lange offen, ohne mit den Wimpern zu zucken. Eventuelles Tränen ist völlig harmlos und normal. Brechen Sie die Übung allerdings ab, falls das Augenbrennen unerträglich werden sollte.

∞ Mustern Sie keinen bestimmten Gegenstand im Besonderen, sondern konzentrieren Sie sich lieber eine Weile darauf, mit den Augenwinkeln zu sehen.

∞ Recken Sie beide Zeigefinger vor der Nasenspitze in die Höhe und führen Sie die Finger dann langsam in einem nicht zu kleinen Bogen auswärts, bis sie etwa auf Ohrenhöhe sind; folgen Sie den Fingern mit Ihrem Blick, ohne dabei die Augäpfel zu bewegen.

∞   Oft ist es auch hilfreich, die Augäpfel bei dieser Übung leicht nach vorne zu drücken, was sie automatisch defokussiert, also auf »unscharf« stellt.

Um den so gelernten 180°-Blick gleich in die Praxis umzusetzen, gehen wir zur nächsten Übung über, dem Wahrnehmen von Zwischenräumen.

Aurasehen – Übung 2

Stellen Sie zwei leere Wasser- oder Weingläser in etwa 20 cm voneinander entfernt auf den ansonsten leeren Tisch. Platzieren Sie sich so, dass Sie beide Gläser voll im Auge haben, aber nicht in allzu großer Entfernung, eben so, dass Sie jedes Glas einzeln noch sehr gut erkennen können, ohne die Augen übermäßig anstrengen zu müssen.

Mit dem 180°-Blick betrachten Sie nun die beiden Gläser gleichzeitig. Nach einer Weile beginnen Sie damit, nicht die Gläser selbst zu mustern, sondern vielmehr den Zwischenraum zwischen beiden. Nehmen Sie alles wahr, was sich Ihnen bietet: ein gelegentliches Flirren und Zittern der Luft vielleicht, farbige Lichtfäden, die sich zwischen den Gläsern pulsierend hin- und herschlängeln, Gestalten oder Formen usw. Bewerten Sie nichts, stellen Sie einfach alles ganz neutral fest. Halten Sie Ihre Beobachtungen in Ihrem magischen Tagebuch fest und wiederholen Sie die Übung möglichst häufig, mindestens zwölfmal.

Aurasehen – Übung 3

Diesmal können Sie sich als Naturmagier oder -magierin betätigen: Begeben Sie sich in einen Wald und mustern Sie mit dem 180°-Blick die verschiedenen Bäume, ihre Zwischenräume usw. Gehen Sie eine Weile mit starrem 180°-Blick (immer beachten: nicht die Wimpern bewegen, die Augen möglichst lange starr offen halten!) den Weg entlang und nehmen Sie kommentarlos wahr, was Ihnen begegnet.

Tun Sie das Gleiche in der Nacht, wenn es möglichst dunkel ist. Sehr gut eignet sich auch ein kleiner Hügel, von dessen Kuppe aus Sie auf einen Wald hinabschauen und die Aura des ganzen Waldes vor dem Hintergrund des Himmels erkennen können. Für ganz beherzte Adepten: Verbringen Sie eine ganze Nacht im Wald und praktizieren Sie möglichst oft und lange dabei den 180°-Blick. Dabei sollten Sie sich die ganze Zeit an derselben Stelle aufhalten, um die Veränderungen der feinstofflichen Energie im Laufe einer Nacht zu beobachten. Wenn Sie es mit der Magie wirklich ernst meinen und bereit sind, sich im Interesse Ihrer magischen Entwicklung auch größeren Strapazen auszusetzen, verbringen Sie sogar 24 Stunden mit dieser Übung im Freien. Damit können Sie sich sehr viel Kleinarbeit im Alltag ersparen. Wenn Sie die Übung womöglich noch durch trancefördernde Mittel wie Fasten und vorhergehenden Schlafentzug (zusätzlich zum Schlafentzug während der Übung selbst) intensivieren, werden Sie binnen kürzester Zeit ganz erstaunliche Ergebnisse erzielen, auf die Sie zeit Ihres Lebens nicht mehr werden verzichten wollen!

Die Übungen konzentrieren sich auf die optische bzw. quasioptische Wahrnehmung feinstofflicher Energien. Sie können die Übungen in entsprechender Form weiterentwickeln, um auch die anderen Sinnesorgane zu schulen, z. B. indem Sie die Aura der Bäume auch mit den Händen erspüren (wobei es sich empfiehlt, die Handflächen durch kräftiges Aneinanderreiben vorher zu sensibilisieren), die Aura riechen, sie hören usw. Wir können hier leider nicht sämtliche Möglichkeiten ausführlicher beschreiben. Immerhin liegt inzwischen eine reiche Literatur zum Thema »Sinnesschulung« vor, aus der wir am Ende des Buchs eine Auswahl vorstellen (s. S. 376 ff.).

Kristallkugel und magischer Spiegel

Besonders im Schamanismus spielt die Vision eine große Rolle. Wir wollen hier nicht detailliert auf den schamanischen Umgang mit Visionen eingehen, da uns dies vom eigentlichen Thema unseres Werks ablenken würde. Immerhin sollten Sie als Magier aber so viel wissen, dass die Vision im Schamanismus stets als real angesehen wird, also nicht etwa als Sinnestäuschung.

Wir wollen hier »Vision« eher im Sinne der westlichen Magie verwenden und uns dabei zwei Disziplinen widmen, die in der abendländischen Tradition schon immer eine große Rolle gespielt haben: der Kristallkugelschau und dem Umgang mit dem magischen Spiegel. Dies umso mehr, als beide mit Vorliebe in der Sexualmagie verwendet werden, vor allem dann, wenn zwei Partner zusammenarbeiten und einer von beiden besonders medial oder visionär veranlagt ist.

Die Kristallkugel ist, anders als ihr Name nahelegt, in den seltensten Fällen tatsächlich aus Kristall. Meistens ist sie aus schlichtem Glas, das möglichst fehlerfrei gegossen sein sollte. Zwar sind Kugeln aus Bergkristall wegen ihres inneren Feuers zu Recht sehr beliebt, doch sind sie für die meisten Interessenten in brauchbaren Größen völlig unerschwinglich, erst recht, wenn sie möglichst »augenrein« sein sollten, wie es der Kristallschleifer ausdrückt. (Der Begriff »lupenrein« ist in diesem Zusammenhang nicht gebräuchlich, was wichtig ist, falls Sie sich für den Erwerb einer Bergkristallkugel interessieren sollten.) Die Kugel sollte möglichst einen Durchmesser von mindestens 15 cm haben je größer, desto besser. Stellen Sie die Kristallkugel (meistens werden die Kugeln auf einem Holz- oder Metallgestell geliefert) in ca. 25–30 cm Entfernung vor sich auf und tragen Sie dafür Sorge, dass sich keine Lichtreflexe auf der Oberfläche bemerkbar machen können. Dann betrachten Sie die Kristallkugel mit dem 180°-Blick. Nach einer Weile (das kann auch erst bei der achten Sitzung gelingen, also üben Sie sich ein wenig in Geduld!) wird die Kristallkugel vor Ihren Augen milchig werden. In diesem »Nebel« können Sie dann irgendwann auch Bilder, Figuren, Geschehnisse usw. erkennen. Das mag sich leichter anhören, als es in Wirklichkeit ist. Tatsächlich erfordert es in den meisten Fällen eine lange Übung. Auch großer Fleiß garantiert hierbei leider nicht immer die besten Ergebnisse. Erfahrungsgemäß ist die Arbeit mit der Kristallkugel und mit dem magischen Spiegel sehr stark vom magischen Talent abhängig.

Der magische Spiegel funktioniert zwar nach dem gleichen Prinzip wie die Kristallkugel, sofern man ihn für die

Vision verwendet, ist aber im Allgemeinen vielseitiger. Er besteht in der Regel aus einem in Holz gerahmten schwarzen Uhrglas. Man stellt ihn, ähnlich wie die Kristallkugel, in einer angemessenen Entfernung möglichst spiegelungsfrei auf. Dann arbeitet man mit dem 180°-Blick, wie bei der Kristallkugel auch.

Der magische Spiegel wird auch gern rituell geladen und dazu verwendet, nicht nur »Verkehr mit der Geisterwelt« zu pflegen (wozu die Kristallkugel ebenfalls traditionell dient), sondern auch zur Evokation und Sichtbarmachung von Dämonen, zum Lenken von rituell polarisierten Energien auf andere Personen zum Zwecke der Heilung und des Schadens, beim Verkehr mit Sukkubi und Inkubi usw.

Gern bedient man sich vor einer Arbeit mit der Kristallkugel oder dem magischen Spiegel sexualmagischer Operationen, um die entsprechende Sensibilität herzustellen, die Gegenstände zu laden usw. Beide, Kristallkugel- und Spiegelschau, werden allgemein dem Element Wasser zugeordnet, weil sie mit der Vision arbeiten. So sind sie sehr empfänglich für Energien, die ebenfalls stark wässrig geprägt sind wie die sexualmagischen. Als besonders günstige Zeiten für die Kristallkugel- und Spiegelmagie gelten die Voll- und Neumondphase sowie der elfte Tag davor bzw. danach.

Das Erlebnis des Orgasmus ist oft selbst stark visionär. So liegt es nahe, die Sexualmagie gerade für die Hellseherei, wie man die Visionsmagie allgemein etwas verfälschend bezeichnet, als Hilfsdisziplin zu benutzen, zumal die Phase nach dem Orgasmus die Visionsfähigkeit allgemein hebt. Das geht so weit, dass ältere Autoren wie Gregorius und Spiesberger die Sexualmagie sogar zur Grundvoraussetzung medialer Arbeit machten. Auch das Astralreisen gelingt in Verbindung mit der Sexualmagie erfahrungsgemäß weitaus leichter und effektiver.

Traumarbeit

Ist die Traumarbeit schon in der allgemeinen Magie von allergrößter Bedeutung, so gilt dies noch viel mehr für die Sexualmagie im Besonderen. Der Grund dafür liegt auf der Hand: Weil im Traum der Zensor, der im Wachzustand das Bewusstsein sorgfältig vom Unbewussten getrennt hält, praktisch lahmgelegt oder ausgeschaltet ist, können sich feinstoffliche Energien auf der Traumebene wesentlich ungehinderter manifestieren als im Wachbewusstsein. So gesehen benutzt der Magier den Schlaf selbst zumindest zeitweise als gnostische Trance, vor allem beim luziden Träumen. Bis dorthin ist es jedoch ein weiter Weg. So sollten Sie möglichst bald mit der praktischen Traumarbeit anfangen. Gerade in der Sexualmagie spielt die Traumarbeit eine herausragende Rolle, übrigens aus den gleichen Gründen wie die Visionsmagie.

Führen Sie sorgfältig ein von Ihrem Magischen Tagebuch separates Traumbuch. Lediglich Träume unverkennbar magischen Inhalts oder Zusammenhangs sollten Sie auch im Magischen Tagebuch festhalten. Denn wenn Sie erst einmal mit dem Traumtagebuch anfangen, werden Sie merken, wie sich die Zahl Ihrer erinnerten Träume binnen kürzester Zeit immer wieder vervielfacht, was das magische Tagebuch ohnehin sehr schnell zu einem reinen Traumtagebuch mit gelegentlichen »Magie-Intervallen« machen würde.

Sollten Sie sich nicht oder nur schwer an Ihre Träume erinnern können, lässt sich dem relativ leicht abhelfen:

∞ Suggerieren Sie sich vor jedem Einschlafen, dass Sie
die Träume der nächsten Nacht bewusst erleben und
in allen Einzelheiten nach dem Einschlafen erinnern
werden.
∞ Legen Sie stets griffbereit Schreibzeug neben das Bett.
∞ Nach dem Aufwachen sollten Sie sich möglichst nicht
bewegen und stattdessen den letzten Traum erinnern.
∞ Oft ist es hilfreich, wenn Sie den Traum rückwärts
erinnern, sich also zeitlich zurücktasten und die »fri-
schesten« Einzelheiten als Erstes im Gedächtnis fixieren.
∞ Schreiben Sie, nachdem Sie den Traum möglichst vollständig erinnert haben, unverzüglich alles auf. Meistens genügen Stichworte, doch lassen Sie dabei keine
Einzelheiten aus. Oft erweisen sich gerade die scheinbar trivialen Details im Nachhinein als wichtige Be-
deutungsträger. Sollte Ihnen, was relativ häufig vorkommt, bei der Beschreibung mal die Sprache versagen,
so versuchen Sie, Ihren Traum aufzumalen. Das Bild
muss keine künstlerischen Ambitionen bedienen, so
oder so ist es ein mächtiger Erinnerungsanker, wenn
Sie den Traum später noch einmal gefühlsmäßig nachvollziehen wollen. Schreiben Sie sehr breitzeilig, weil
Ihnen in der Regel beim Schreiben immer noch zusätzliche Einzelheiten zu bereits beschriebenen Passa-
gen einfallen werden, die Sie dann noch nachtragen
sollten. Im Notfall müssen Sie Ihre Aufzeichnungen
schließlich noch einmal ins Reine schreiben.

∞ Führen Sie zusätzlich noch ein Traumsymbolbuch mit einem alphabetischen Register. Dort tragen Sie die einzelnen Symbole Ihrer Träume ein (auch Gegenstände wie »Hammer«, »Klavier«, »Sattel« usw., Situationen wie »Hochzeit«, »Hinrichtung«, »Party« usw., ebenso Personen). Dahinter folgt ein kurzer Hinweis auf den betreffenden Traum, etwa seine Nummer, sein Titel, die Seitenzahl im Traumtagebuch o. Ä. Auf diese Weise erhalten Sie im Laufe weniger Monate eine sehr aufschlussreiche Privatstatistik Ihrer häufigsten und seltensten Traumsymbole.

∞ Betreiben Sie die Traumarbeit systematisch und gewissenhaft, am besten nach einem guten Handbuch.

∞ Vergessen Sie nicht, dass die Traumarbeit ein wesentlicher Bestandteil des Astralreisens ist, das ebenfalls gern in Verbindung mit der Sexualmagie praktiziert wird. Die Astralreise besitzt eine Energiequalität, die man leicht mit der des Traums (genauer: des Wachtraums) verwechseln kann. Wer umfangreiche Traumarbeit betreibt, dem wird das Astralwallen wesentlich leichter fallen.

∞ Arbeiten Sie darauf hin, wenigstens ein-, zweimal im Monat einen sogenannten luziden Traum zu erhalten, in dem Sie also quasibewusst sind. Wenn Sie so weit sind, dass Sie bewusst in den Traum eingreifen können, ohne ihn zu unterbrechen oder gar zu beenden, können Sie auf dieser Ebene sogar magische Rituale und Übungen durchführen, die oft von besonders großer Wirksamkeit sind. Sie können dies durch entsprechende Suggestionen oder Sigillen (s. S. 174 ff.) unterstützen und herbeiführen. Gerade luzide Träume

lassen sich durch Sexualmagie hervorragend herbeirufen bzw. inkubieren.

∞   Gönnen Sie sich gelegentlich Pausen von der Traumarbeit, bevor Sie daran den Spaß verlieren. Eine un-
unterbrochene monate- oder jahrelange Traumarbeit
kann sehr anstrengend sein und manchmal sogar zu
gesundheitsschädlichen Schlafstörungen führen, was
in den entsprechenden Handbüchern leider nie erwähnt wird. Achten Sie darauf, dass Ihr Schlaf erfri-
schend und erholsam bleibt! Manchmal bedarf es allerdings nur einer gewissen Gewöhnung, bis sich die
konsequente Traumarbeit nicht mehr unangenehm
bemerkbar macht.

∞   Achten Sie nach allen wichtigen magischen Operationen auf Ihre Träume. Oft enthalten diese Handlungs-
empfehlungen, Ahnungen, Hinweise, Warnungen usw.
Es sind dies direkte Mitteilungen Ihres Unbewussten,
das sich darauf verlässt, dass seine Nachrichten ihren
Empfänger (das Bewusstsein) erreichen und von diesem auch verstanden werden.

∞   Versuchen Sie auch, durch geeignete Suggestion vor
dem Einschlafen sexuelle Träume zu inkubieren, denn
diese offenbaren Ihnen oft die unbekannteren Seiten
Ihrer Sexualität.

∞   Es gibt das Phänomen des »astralen Lehrgangs«, in den
Sie als Magier oder Magierin gelegentlich, meist un-
verhofft, geraten können. Diese Träume (manchmal
sind es nur zwei, drei, manchmal an die hundert) können Ihr magisches Wissen binnen kürzester Zeit ver-
vielfachen und verhelfen Ihnen zu einem bewusst-
seinsmäßigen »Quantensprung«, von dem Sie noch

jahrelang zehren werden. Solche Träume sind freilich sehr selten, sodass sie oft wie eine Gnade erfahren werden, auch wenn ihr Inhalt manchmal sehr unbequem sein kann, weil er das Alltagsleben durcheinanderbringt und zu ungeliebten Betätigungen raten mag.

Mit dieser Auflistung ist die Zahl der möglichen Übungen und Praktiken nicht erschöpft. Doch können wir hier nicht leisten, was einem Einführungsbuch in die gesamte Magie vorbehalten sein muss. Die hier geschilderten Übungen genügen jedoch für die praktische Arbeit mit der Sexualmagie vollauf.

Aurasehen mit einem Partner

Diese Übung verbindet einige Elemente, mit denen Sie bereits vertraut sind, wenn Sie unserem Übungsprogramm auch praktisch gefolgt sind. Sie sollen beim Partner, der den Kleinen Energiekreislauf hergestellt hat, diesen wahrnehmen. Das kann auch durch Fühlen geschehen, etwa mit den Händen, wobei die vorher durch kräftiges Reiben sensibilisierten Handflächen in etwa 10 cm Abstand über die Haut des anderen geführt werden. Meistens verspüren Sie bei Erfolg ein leichtes Prickeln oder Kribbeln. Ebenso gut können Sie natürlich auch die Energieströme quasi-optisch wahrnehmen, tatsächlich ist diese Technik mit dem Aurasehen identisch. Auch hier kommt es wesentlich darauf an, den 180°-Blick zu verwenden und das Ziel nicht direkt anzublicken, sondern eine Spur schräg an ihm »vorbei« zu sehen. Das geht am besten mit einem unbekleideten Partner, der möglichst vor einer hellen kahlen Wand stehen sollte (also nicht vor der Blümchentapete in der Diele aufbauen).

Wenn Sie einmal Schamanen beobachtet haben, wird Ihnen vielleicht aufgefallen sein, dass diese andere Menschen, vor allem bei der ersten Begegnung, oft etwas schräg, gewissermaßen »von unten her« anblinzeln. Dabei handelt es sich meistens um ein Abtasten der Aura.

Die mit diesen Übungen entwickelten Fähigkeiten dienen erstens der allgemeinen Intuitionsschulung und finden eine ihrer nützlichsten Verwendungen im Bereich der Geistheilung. Aber auch die Kampfmagie setzt diese Techniken ein, um die Schwachstellen beim Gegner ausfindig zu machen und ihn entsprechend gezielt anzugreifen. Sie sehen also, dass unsere Übungen alle durchaus magischen Charakter haben, wenn sie auch häufig von ganz anderen, nicht magischen Disziplinen verwendet werden.

Für die Sexualmagie spielen Aurasehen und feinstoffliche Wahrnehmung ganz allgemein eine wichtige Rolle, weil ohne sie der Austausch rituell polarisierter oder verstärkter Energien stark erschwert, ja beinahe unmöglich wird.

Der Umgang mit sexuellen Fantasien

Die moderne Sexualforschung hat die sexuelle Fantasie erheblich aufgewertet. Man hat erkannt, dass der Mensch auch ein »Traumtier« ist, und die sexuelle Fantasie ist keineswegs nur ein Ersatz für eine erfüllende Sexualität, sondern vielmehr ein wichtiger integraler Bestandteil der Sexualität selbst.

Gewiss, die sexuelle Fantasie kann die Sexualität beleben und bereichern, kann ihr zu Höhenflügen verhelfen und manches Ungleichgewicht beheben. Leider wird sie aber nur selten geschult und dient den meisten Menschen eben oft doch nur als Ersatzbefriedigung. Vor einer solchen seelischen und sexuellen Verarmung muss jedoch eindringlich gewarnt werden! Wenn die sexuelle Fantasie nämlich wie ein Krake mit seinen Tentakeln die gesamte Sexualität eines Menschen zu bestimmen beginnt, und das geschieht sehr leicht, so hat dies fast immer auch negative körperliche Folgen.

Eine der Grundursachen für Impotenz und Frigidität ist oft ein Übermaß an sexueller Fantasie, das zum alles beherrschenden Faktor der Gesamtsexualität geworden ist. Genau genommen handelt es sich dabei um eine »Verkopfung« der Sexualität, der nur durch Abstinenz von jeglicher sexuellen Fantasiererei entgegengewirkt werden kann. Wer, aus welchen Gründen auch immer, seine Sexualität (meist masturbatorisch) nur noch auf der Fantasieebene allein ausleben kann, der hat den Kontakt zur Körperlichkeit verloren, mit den entsprechenden Konsequenzen. Darin liegt die eigentliche Gefahr der Pornografie und nicht etwa in irgendwelchen sittenverderbenden Einflüssen. Damit keine Missverständnisse auftreten: Ich spreche hier zunächst von etwaigen Gefahren, ohne damit die Sache selbst pauschal abzulehnen. Man muss sich dieser Aspekte jedoch bewusst sein, will man nicht durch unnötige Fehler den Segen, den die sexuelle Fantasie eben *auch* darstellen kann, aufs Spiel setzen.

Die sexuelle Fantasie ist dem Tagtraum und der magischen Imagination ähnlich, sie stellt also einen Zustand des erleichterten Zugangs zum Unbewussten dar, sodass man aus ihr leicht eine gnostische Trance machen kann.

Speziell der Verkehr mit Inkubi und Sukkubi, auf den wir noch eingehen werden (s. S. 219 ff.), findet entweder auf dieser oder auf der Traumebene statt.

Halten Sie sich an folgende Regeln, wenn Sie mit sexuellen Fantasien umgehen:

∞ Wenn Sie sexuelle Hemmungen haben und sich Ihre sexuellen Wünsche nur ungern eingestehen, sollten Sie sich regelmäßig in sexuellen Fantasien üben, um dort gewissermaßen »trocken schwimmend« Ihre Hemmungen abzubauen und sich selbst als sexuelles Wesen erfahren und schätzen zu lernen. Versuchen Sie aber auf jeden Fall, die sexuelle Fantasie körperlich werden zu lassen, etwa indem Sie dabei masturbieren, entsprechende Körperbewegungen machen usw. Das beugt einer Verkopfung vor.

∞ Sobald Sie feststellen sollten, dass Ihre Sexualität ohne sexuelle Fantasie unmöglich wird, dass Sie regelmäßig oder häufig Potenz- oder Orgasmusprobleme bekommen, wenn Sie ohne sexuelle Fantasie arbeiten, sollten Sie dies als ernstes Alarmsignal werten und sich für eine Weile jeglicher sexuellen Fantasie enthalten. Das Gleiche gilt für den Gebrauch von Pornografie, gegen den im Prinzip nichts einzuwenden ist, solange er nicht zum allein bestimmenden Faktor Ihrer Sexualität wird.

∞ Nutzen Sie Ihre Fähigkeit zur sexuellen Fantasie, indem Sie sich auch regelmäßig in Ihren Fantasien mit sexuellen Praktiken auseinandersetzen, die Ihnen eigentlich nicht zusagen, vor denen Sie sich ekeln o. Ä. Damit nutzen Sie die Macht der Imagination dazu,

eine erweiterte, weniger bedingte Persönlichkeit aufzubauen, wie sie der Sexualmagier oder die Sexualmagierin braucht, um mithilfe ihrer Disziplin zur
Selbsterfüllung zu gelangen. Allerdings bleibt dies
bloße Ersatzbefriedigung, wenn es nicht irgendwann
auch körperlich in die Tat umgesetzt wird.

Allgemein ist die sexuelle Fantasie ein gutes Mittel der Imaginationsschulung, weil das mit ihr verbundene Lustprin-
zip ein kraftvoller Motor ist und den Erfolg erleichtert. Wir
werden uns daher bei der Imaginationsschulung vor allem
auf sexuelle Imaginationen konzentrieren, wobei natürlich selbstverständlich ist, dass die Imagination auf jedem
Gebiet trainiert werden kann und sollte.

Energetische Praxis

Die sexualmagische Tiefentspannung

2. Stufe

Diese Übung ist für männliche und weibliche Sexualmagier gedacht. Wir haben es dabei mit einer Weiterentwicklung der 1. Stufe unserer sexualmagischen Tiefentspannung (s. S. 55 ff.) zu tun, weshalb diese auch erst
hinreichend gemeistert werden sollte, bevor Sie zur 2. Stufe übergehen.

Zuerst verfahren Sie wie bei der sexualmagischen Tiefentspannung (1. Stufe). Inzwischen befinden Sie sich in

Ihrem magischen Schutzsymbol und führen die Tiefentspannung wie gewohnt durch. Anstatt sich nun ganz der Entspannung hinzugeben, konzentrieren Sie Ihre gesamte Sexualmagis im Unterbauchbereich (Hara), etwa drei Fingerbreit unterhalb des Bauchnabels. Das Hara wird auch die »Erdmitte des Menschen« (Dürckheim) genannt, es ist der Körperschwerpunkt, wo die innere Mitte hergestellt und erspürt wird. Besonders in den asiatischen Kampfsportkünsten wird sehr darauf geachtet, dass der Kämpfer oder die Kämpferin stets »im Hara« steht bzw. aus dem Hara heraus handelt. Wenn Sie mit diesem Konzept unvertraut sind, sollten Sie sich näher damit befassen, indem Sie die einschlägige Literatur lesen oder, noch besser, selbst die Budo-Künste ausüben. Für den Anfang soll das hier Gesagte jedoch genügen, um unsere Praxis zu gestalten.

Wie konzentrieren Sie die Sexualmagis im Hara? Dies geschieht zunächst durch einen Akt der Imagination, doch schon bald werden Sie merken, dass der Vorgang nicht das Geringste mit »Einbildung« zu tun hat, sondern tatsächlich ein objektives Geschehen darstellt.

Die Imagination sieht aus wie folgt: Im entspannten Zustand leiten Sie Wärme in den Dammbereich, mit dem Sie durch Ihre anderen Übungen inzwischen gut vertraut sind. Von dort ziehen Sie dann, wenn es sich ordentlich warm anfühlt, die Sexualmagis die Wirbelsäule empor, bis Sie den Hara-Punkt erreicht haben. Forcieren Sie nichts, es kann durchaus sein, dass Ihnen dies erst nach einigen Wochen gelingt. Üben Sie also geduldig und vor allem bei völlig entspanntem Körper. Helfen Sie nicht etwa durch Muskelkontraktionen oder erzwungene Atmung nach, im Gegenteil: Sie sollten so ruhig atmen wie nur möglich, je ent-

spannter, desto flacher. Es ist dies eine Mischung zwischen
körperlicher und geistiger Energiemanipulation. Wenn Sie
im Bauchbereich eine gebündelte, konzentrierte Wärme
verspüren, wissen Sie, dass Sie erfolgreich waren. Aber es
genügt nicht, die Wärme einfach nur im Hara zu postu-
lieren: Das dynamische Emporsteigen der Sexualmagis ist
wesentlicher Bestandteil der Übung. Damit stellen wir
nämlich zugleich auch den »kleinen Energiekreislauf« her,
wie wir ihn aus der Akupunktur und dem Tao-Yoga kennen.

Wenn Sie Ihre Dammkontraktionen fleißig geübt haben, werden Sie feststellen, dass Ihnen die 2. Stufe unserer
sexualmagischen Tiefentspannung recht leicht fallen wird.
Dennoch sollten Sie darauf achten, dass Sie auch über längere Zeit hinweg wirklich sorgfältig arbeiten. Die Intensität Ihrer Energiestauung sagt auch stets etwas über Ihren
gegenwärtigen Vitalitätszustand aus. Führen Sie die Übung
also auch dann erst einmal mehrere Wochen lang durch,
bevor Sie zur 3. Stufe übergehen, wenn sie Ihnen auf Anhieb gut gelingen sollte.

Im abschließenden Abschnitt dieses Kapitels wollen wir
uns der praktischen Arbeit mit der Magis widmen. Damit
stoßen wir tiefer in das Gebiet der eigentlichen Magie vor.
Da die Grundlagen inzwischen weitgehend erklärt sind,
können wir uns nun auf die Vermittlung der jeweiligen
Techniken selbst konzentrieren.

Die gnostische Trance

Wir haben die gnostische oder magische Trance bereits mehrfach behandelt. Hier wollen wir nun die Grundformen dieses wichtigsten aller Magieelemente behandeln.

Grundsätzlich unterteilen wir in Dämpfungs- und Erregungstrance.

Dazu schreibt Pete Carroll im *Liber Null* (S. 30): »Mit der Dämpfungsmethode wird der Geist immer mehr beruhigt, bis nur ein einziges Konzentrationsziel übrig bleibt. Bei der Erregungsmethode wird der Geist in sehr große Erregung versetzt, während die Konzentration auf das gewählte Ziel beibehalten wird. Starke Stimulierung schaltet schließlich Verzögerungsreflexe aus und lähmt letztlich alles bis auf die Hauptfunktion, nämlich die Konzentration auf ein Ziel. So kommt es dazu, dass starkes Dämpfen und starke Erregung die gleiche Wirkung erlangen – das zentrierte, auf einen einzigen Punkt ausgerichtete Bewusstsein, oder eben GNOSIS.«

Sie sollten sich mit möglichst vielen Formen der gnostischen Trance vertraut machen, weil dies nicht nur die allgemeine Trancefähigkeit hebt, sondern es Ihnen erleichtert, stets die richtige Form auszuwählen.

Zur Dämpfungstrance führen unter anderem Schlafentzug, Fasten, Erschöpfung, Meditation, Gedankenleere, Entzug der Sinnesreize (sog. »sensorische Deprivation«), Trance auslösende Konzentrationen, Todesmimikry.

Zur Erregungstrance führen unter anderem Schmerz, Tanzen, Trommeln, Singsang, Gefühlsregungen wie z. B. Furcht, Zorn und Entsetzen, Hyperventilation, Überflutung mit Sinnesreizen, sexuelle Erregung.

Auch Übungen wie das Aurasehen, die sexualmagische Tiefenspannung, die Mantraarbeit und das Herstellen des Kleinen Energiekreislaufs (übrigens auch das Pendeln und Rutengehen sowie die Kristall- und die Spiegelschau) können zur gnostischen Trance führen. Wir wollen uns hier aber auf die sexualmagischen Trancen konzentrieren. Dazu noch ein Zitat aus dem *Liber Null* (S. 32): »SEXUELLE ERREGUNG kann durch jede beliebige, bevorzugte Methode erlangt werden. In jedem Fall muss die Lust, die zur sexuellen Erregung notwendig ist, auf das Ziel des magischen Handelns übertragen werden. Sexuelles Arbeiten bietet sich schon per se für die Erschaffung unabhängiger Wesensformen an, für die Evokation also. Bei Invokationen, in denen der Magier danach strebt, sich mit einem bestimmten Prinzip oder Wesen zu vereinen, kann man den Partner als Inkarnation der gewünschten Idee oder der Gottheit visualisieren und den Vorgang damit auch auf der physischen Ebene widerspiegeln. Verlängerte, ausgedehnte sexuelle Erregung durch Karezza, Orgasmusunterbindung oder wiederholte Orgasmen kann zu Trancezuständen führen, die für die Divination nützlich sein können. Es kann notwendig werden, die eigene ursprüngliche Sexualität erst dadurch wiederherzustellen, dass man sie von der Masse der Fantasien und Assoziationen befreit, in die sie meist versunken ist. Dies erlangt man durch vernünftigen Umgang mit Abstinenz sowie durch das Erregen der Lust ohne jedes mentale Hilfsmittel oder Fantasien. Diese Übung hat auch therapeutischen Wert.«

Ob Sie sich für eine Erregungs- oder eine Dämpfungstrance entscheiden, bleibt Ihnen überlassen. Manchmal sind die Grenzen auch fließend. So kann eine sehr ausgiebige sexuelle Betätigung beispielsweise eine Dämpfung durch Erschöpfung bewirken, kann aber auch ins genaue Gegenteil einer Überreizung umschlagen und eine Erregungstrance bzw. die schon erwähnte eroto-komatose Luzidität auslösen. Diese Strukturierung der Trancen ist auch weniger von eigenem praktischem Wert. Es ist in der Regel nicht so, als würde man sich wie am Reißbrett für einen bestimmten Trancetyp entscheiden und danach nur diesen anstreben. Vielmehr wird diese Entscheidung meistens auf der intuitiven Ebene gefällt, was viel nützlicher und sinnvoller ist. Die Unterscheidung der Trancen bietet uns aber, und deshalb haben wir sie aufgeführt, einen strukturalen Einblick in das Wesen der magischen Trance. Sie erkennen dadurch, dass es grundsätzlich zwei verschiedene Ansatzpunkte gibt, um zu einem ähnlichen Ergebnis zu gelangen. Keine Trance ist »besser« als die andere, aber sie ist eben doch ein wenig anders, ihre Energiequalität »fühlt« sich anders an, und es bedarf einer großen Erfahrung, damit virtuos zu spielen und die Energien stets in die gewünschte Richtung zu lenken.

Vielleicht ist Ihnen aufgefallen, dass wir es im Grunde bei beiden Trancetypen technisch mit einer Überhöhung zu tun haben. Unter englischen Adepten kursiert seit einiger Zeit das Bonmot »In der Magie gibt es nichts Wirkungsvolleres als den Exzess«. Denken Sie beispielsweise an einen afrikanischen Medizinmann, der, wie alle Schamanen, dem körperlichen und seelischen Exzess huldigt, um zu den Quellen der Magie vorzustoßen. Das bedeutet zwar nicht, dass wir uns ständig überfordern und an den Rand des physischen und seelischen Ruins treiben müssen, um magisch erfolgreich arbeiten zu können; doch ist anderer-

seits in der Magie für Halbherzigkeit kein Platz. So können
Sie selbst feststellen, wie weit Sie gehen müssen, um den
gewünschten Erfolg zu erreichen.

Suggestion und Affirmation

Die Technik der Suggestion und der Affirmation ist Ihnen
vielleicht schon aus dem Positiven Denken vertraut. Wir
werden später noch weitere, wirkungsvollere Techniken
kennenlernen, doch sollten Sie sich im Rahmen der Magis-
Schulung praktisch mit Suggestionen und Affirmationen
befassen. Viele magische Praktiken müssen erst richtig »sitzen«, bevor sie auch in der Sexualmagie eingesetzt werden
können. Wird dies vernachlässigt, können die durch die
Sexualmagie freigesetzten Energien verheerende Wirkung
zeitigen.

Es gibt verschiedene Arten von Suggestionen und Affirmationen, z. B. die verbale und die bildliche. Bei der verbalen Suggestion suggerieren Sie sich in einem Zustand
der »Schwellengnosis« oder gnostischen Trance (also z. B.
bei großer sexueller Erregung, während des Orgasmus oder
unmittelbar danach usw.) ein gewünschtes Ziel, das Sie mit
magischen Mitteln erreichen wollen. Wichtig ist dabei,
dass Sie stets positiv formulieren. Sagen Sie also nicht »Ich
werde ab morgen nicht mehr krank sein«, sondern »Ich
werde ab morgen gesund sein«. Es hat sich nämlich heraus-
gestellt, dass das Unbewusste Worte wie »nicht, kein, nie«
usw. oft kurzerhand aus der Suggestion streicht (oder sie
nicht versteht). Was dann geschieht, können Sie sich
unschwer ausmalen. Die verbale Affirmation funktioniert
nach einem ähnlichen Prinzip, meistens wird der ge-

wünschte Zustand dabei allerdings bereits als gegeben formuliert, in unserem Beispiel: »Ich bin gesund.« Das ist
nicht jedermanns Sache, weil man oft mit dem offenen
Widerspruch zwischen Ideal und Wirklichkeit Probleme
bekommt und sich Zweifel einstellen, die den Erfolg der gesamten Operation infrage stellen können.

Die bildliche Suggestion kann durchaus auch mit verbalen Formulierungen arbeiten, doch liegt ihr eigentlicher
Schwerpunkt auf der Bildhaftigkeit. In unserem Beispiel
würden Sie also imaginieren, wie Sie kerngesund durch
die Gegend springen o. Ä., vielleicht zusätzlich noch unterstützt durch eine entsprechende verbale Suggestion. Je intensiver Sie dieses Bild aufbauen, desto wirkungsvoller wird
es auch sein und desto größer sind Ihre Erfolgschancen.

Der Begriff »bildliche« Affirmation ist eigentlich etwas
irreführend. Oberflächlich betrachtet scheint es zwischen
bildlicher Suggestion und bildlicher Affirmation keinen
Unterschied zu geben, doch ist dieser Unterschied tatsächlich sogar gewaltig. Überspitzt ließe sich formulieren, dass
die bildliche Affirmation eine »bildliche Suggestion plus
Ausmerzen jeglicher eventueller Hindernisse« ist. Das Bild
wird derart intensiv aufgebaut, dass sich eine Art »Erfolgstrance« einstellt, die systematisch über Tage und Wochen
aufrechterhalten wird, bis das gewünschte Ziel erreicht
wird.

Tatsächlich ist dies eine urmagische Praktik, bei der Sie,
ähnlich wie beim Schutzkreis, sämtliche störenden Einflüsse vorübergehend aus Ihrem Leben fernhalten, um der
Erfolgsenergie einen entsprechenden Schub zu verpassen
und ihr den Weg freizuräumen. Gerade kritischen, etwas
pessimistischen Menschen verlangt ein solcher »Realitäts-

tanz«, wie es die Schamanen nennen, allerdings sehr viel an Selbstüberwindung ab.

Ein Beispiel: Sie befinden sich finanziell in einer etwas heiklen Situation. Im Rahmen eines sexualmagischen Merkur-Rituals (Merkur = Geldprinzip) konzentrieren Sie sich im Augenblick des Orgasmus auf Ihre Affirmation »Ich bin reich. Geld fließt mir zu«. Sie bannen ordnungsgemäß und beenden damit das Ritual selbst, nicht aber Ihre magische Operation, die sich nun noch mehrere Wochen hinziehen wird. Sie treten also wieder in Ihren normalen Alltag ein, beginnen jedoch als Erstes, Ihre Geldbörse zu zücken und das darin verbliebene Geld zu streicheln und sich an seinem Anblick zu erfreuen, auch wenn es nur noch sehr wenig sein sollte, vielleicht sogar Ihr letztes, oder wenn Sie es sich irgendwo geliehen haben. Nun gehen Sie vielleicht in ein Restaurant und geben der Bedienung ein besonders großzügiges Trinkgeld. (Nur nicht knausern, denn Sie sind ja bereits reich, wenn auch erst »im Geiste« – aber diese Unterscheidung macht die richtige Affirmation ja gerade nicht!) Die meisten Anfänger begehen den Fehler, so weiterzuleben wie bisher (in diesem Fall: in dem Bewusstsein, arm oder bankrott zu sein) und auf das magische Wunder zu hoffen, das ihnen plötzlich sämtliche Lasten von der Schulter nimmt. Nicht so Sie als geübter Affirmationsmagier: Nach dem Essen streicheln Sie noch einmal Ihr Restgeld und sprechen leise (möglichst unauffällig) mit ihm und sagen dabei Dinge wie »Du bist mir jederzeit willkommen. Ich mag dich. Du bist schön. Wir beide gehören zusammen« usw. Dann schließen Sie die Augen und murmeln beispielsweise verzückt: »Was ist denn das für ein wunderbar knisterndes Zeug, was da auf mich zukommt? Ah, das ist ja GELD!!!« Tun Sie dies auch dann, wenn Sie gar kein Geld vor dem inneren Auge sehen sollten, so lange, bis es Ihnen eben gelingt. Und nehmen Sie unseren Hinweis auf die »Verzückung« ernst: Je plastischer Sie dieses Gefühl in sich erzeugen können, desto chancenreicher ist Ihre Aktion. So geht das wochenlang, bis Sie in einer totalen Geldtrance sind und dem Geld, das zeigt die Erfahrung immer wieder, gar nichts anderes mehr übrig bleibt, als zu Ihnen zu kommen. Dies wird es nicht unbedingt in Form eines Lotteriegewinns oder einer unverhofften Erbschaft tun, was freilich auch vorkommt, sondern vielleicht in Form von besonders lukrativen Geschäften, guten Arbeitsangeboten o. Ä. Lassen Sie sich durch nichts beirren, auch wenn es zunächst gar nicht so aussehen sollte, als hätten Sie Erfolg. Wenn Sie die Affirmationsmagie richtig betreiben, werden Sie dergleichen überhaupt nicht bemerken! Auf diese Weise zwingen Sie auf spielerische Weise Ihr Glück – und haben dabei noch eine Menge Spaß! Eine alberne Übung? Im Gegenteil – so werden Millionäre gemacht! Versuchen Sie es einfach selbst.

Meiner Erfahrung nach eignet sich die Affirmation allerdings eher für das Herbeiführen von *Zuständen* als von konkreten Ereignissen. So können Sie sich leichter in den »Zustand« eines Millionärs versetzen, als eine Million im Lotto zu gewinnen. Dann werden Sie sich vielleicht als Millionär fühlen und benehmen, ohne bereits auf der »objektiven« Ebene einer zu sein. Also doch ein Selbstbetrug? Nein, denn je nachdem, wie sehr Sie Ihr Blatt ausreizen, werden Sie für Ihr Millionärsverhalten auch das entsprechende »Kleingeld« benötigen, und das wird dann auch erfahrungsgemäß nicht auf sich warten lassen.

Diese Erklärung bedarf einer kleinen Einschränkung: Die über Wochen und Monate aufrechterhaltene magische Affirmation kennt nämlich noch eine erfreuliche Nebenwirkung: das vermehrte Auftreten der bereits erwähnten »Augenblicke der Kraft«, in denen jede Magie wie von allein gelingt. Dann ist es auch möglich, sehr konkrete und ungewöhnlich präzise Ziele zu formulieren und kurzfristig zu erreichen, zumal dann, wenn sie mit dem ursprünglichen Ziel der Affirmation in inhaltlicher Verbindung stehen. Doch ist dies, wie gesagt, eher eine Nebenwirkung, und nicht immer ist darauf Verlass.

Die magische Affirmation hat den Nachteil, dass sie meistens über recht lange Zeit aufrechterhalten werden muss und es auch nicht immer sehr leicht ist, mehrere Affirmationen zugleich aufrechtzuerhalten. Ansonsten kommt sie aber, wie auch die Sigillenmagie, mit einem Minimum an Aufwand aus. Sie verlangt nach keinen magischen Waffen und Gerätschaften, kann unabhängig von astrologischen Terminen eingesetzt werden und ist ganz allgemein eine recht »elegante« Form der Magie. Sie lässt sich gut mit der Sexualmagie verbinden, weil sie auf Fröhlichkeit und Optimismus beruht und der ekstatischen Natur sexualmagischer Operationen sehr entgegenkommt.

Achten Sie bei sexualmagischen Arbeiten darauf, dass Sie Ihre Affirmation bereits vor der Operation aufgebaut und stabilisiert haben, sodass die sexualmagische Einflussnahme der Affirmation einen entsprechend konzentrierten Schub verleihen kann. Wiederholen Sie die sexualmagischen Operationen auch mehrmals während der Affirmationsphase, sofern diese mehrtägig oder -wöchig andauert.

Mundane und magische Schutzvorkehrungen

Magischer Schutz 1

Der übliche magische Schutz ist ein Kreis, der sogenannte »Schutzkreis«. Dieser wird, wie alle anderen Schutzsymbole auch, imaginiert und/oder visualisiert. Ziel sollte es sein, das Schutzsymbol derart intensiv zu projizieren, dass man es selbst wie eine Art bewusster Halluzination wahrnehmen kann. Dabei ist es unerheblich, ob diese Wahrnehmung quasioptischer oder anderer Art ist, solange ihre Intensität für sich spricht. Man kann das Schutzsymbol also auch »riechen« oder »schmecken«, es mit den physischen Händen »fühlen« usw. In Wirklichkeit handelt es sich bei diesen Begriffen nämlich auch nur um Annäherungen an einen Sachverhalt, der in unserem konventionellen Sprachschatz nicht vorgesehen ist: eine Wahrnehmung mit einem anscheinend nicht stofflichen Organ, das sich der vertrauten Sinnesorgane lediglich als Zuträger und Kanäle bedient, ohne sie wirklich zu beanspruchen oder ihnen gar Selbstständigkeit zu gewähren. Im Idealfall kann auch eine anwesende Zweitperson das Schutzsymbol wahrnehmen, wenn sie hinreichend sensitiv oder geschult ist. Doch bis es so weit ist, vergehen meistens viele Jahre oder sogar Jahrzehnte der Praxis; zum Glück können wir auch schon vorher magisch tätig werden und brauchen uns nicht erst bis zu dieser hohen Stufe der Könnerschaft emporzuarbeiten. Dennoch sollte dies stets das Ziel der magischen Projektion sein, weil sich an seinem Erreichen die wirkliche Meisterschaft zeigt und man dann sicher sein kann, weitgehend fehlerfrei zu arbeiten.

Der Kreis ist aus mehreren Gründen als magischer Schutz sehr beliebt. Zum einen ist er unendlich, da er weder Anfang noch Ende hat. Somit dient er auch als Glyphe der Unendlichkeit des Magiers selbst, der ja schließlich zu einem Gott werden will. Zum anderen entspricht der Kreis dem Gesichtshorizont des Menschen, somit also seiner Wahr-Nehmung und Wahr-Haltung. Ferner gelten Kugel und Kreis seit je als vollkommene Figuren, nicht zuletzt wegen ihrer interessanten geometrischen Formen und Gesetze, die vor allem für die Mathematiker der Antike voller Geheimnisse steckte, man denke etwa an die Entdeckung der Kreiszahl Pi. Der Kreis besitzt für uns eine Vielzahl archetypischer Assoziationen, unter anderem die des Schutzes, der Geborgenheit, der Überschaubarkeit, der Vollkommenheit. Man spricht von einer »runden« Sache, zitiert das »Störe meine Kreise nicht« des kurz vor seinem Tod stehenden Archimedes, benutzt Worte wie »höhere Kreise«, »innere Kreise«, »Umkreis«, »seinen Kreis abstecken«, »im Kreis gehen« (für nicht enden wollend), »Kreislauf«. Magier sprechen von Kollegen, mit denen sie »im Kreis gestanden«, mit denen sie also mal rituell gearbeitet und ein gemeinsames Universum geteilt haben usw. Und tatsächlich symbolisiert der Kreis den Kosmos des Magiers, seine Welt und seine Realität. Magie zu betreiben heißt, von einem Universum ins andere zu springen, mal die eine, mal die andere Realität zu leben, konsequent und zielbewusst und im Idealfall mit virtuoser Beherrschung. Für all dies ist der Kreis ein geeignetes Symbol.

Dennoch ist er nicht die einzige Schutzglyphe, die wir kennen. Ich halte es auch für sinnvoller, wenn jeder Magier sein persönliches Schutzsymbol wählt. Dies gilt vor allem für Dauerzauber, beispielsweise für den allgemeinen, permanenten magischen Schutz. Die Rituale dagegen sollte man zumindest weitgehend in Übereinstimmung mit der Tradition durchführen, vor allem wenn man mit anderen Gleichgesinnten zusammenarbeiten will. Die folgende Übung dient zunächst einmal der Feststellung eines eigenen optimalen Schutzsymbols. Die Übung kann allein oder zu mehreren durchgeführt werden. Sind es mehrere Teilnehmer, übernimmt einer von ihnen die Leitung. Arbeitet man allein, muss man natürlich auch sämtliche Funktionen selbst wahrnehmen.

Übung Magischer Schutz

Der Magier versetzt sich im Sitzen in einen entspannten Zustand und schließt die Augen. Nach einer Weile läutet der Leiter (oder eben, bei Soloarbeit, der Magier selbst) die Glocke oder Zimbel und suggeriert:»Du befindest dich in einem flammenden Feuerkreis, der dich in Hüfthöhe umgibt, einen halben Meter von deinem Körper entfernt und fünf Zentimeter dick.« (Arbeitet man allein, benutzt man natürlich die Ichform.) Hat man die Imagination deutlich vor dem inneren Sensor, achtet man darauf, wie man sich im Inneren des Symbols fühlt, mit anderen Worten, man »tastet« seine Energiequalität ab. Dies geschieht 10 bis 20 Minuten lang. Danach erneutes Glocken- oder Zimbelläuten, und die nächste Suggestion beginnt. Man arbeitet herkömmlich mit Symbolen wie »silberne Kugel«, »goldene Pyramide«, »blaues Ei«, »Kristallwall«, »schwarzer Würfel«, »transparenter Kegel« usw., es lassen sich aber auch eigene entwickeln. Immer befindet sich der Magier im Inneren des Symbols.

Wem dies lieber ist, der kann die Übung mit kürzerem Ablauf, aber dafür häufiger durchführen. Nach und nach wird sich bei beiden Vorgehensweisen klar herausstellen, in welchem Symbol Sie sich am sichersten und geborgensten fühlten, um sich darin sogar schlafen zu legen. Dieses Symbol sollten Sie von nun an als persönlichen Schutz benutzen. Man trägt es Tag und Nacht mit einer Art »zweiter Aufmerksamkeit« um sich und bevor man einschläft (oder eben seine Tiefentspannung beginnt). Besonders zu empfehlen ist es in Situationen der Bedrohung, der Kraftlosigkeit, der Verunsicherung usw., aber auch beim Autofahren und zur Sicherung von Gegenständen ist es gut zu verwenden. Es kann auch vorkommen, dass das persönliche Schutz- und Kraftsymbol gelegentlich gewechselt werden muss, doch das ist relativ selten der Fall. Wichtig ist vor allem, dass Sie die unumstößliche innere Sicherheit gewinnen, welches »Ihr« Symbol ist und welches nicht. Gehen Sie diese Entscheidung nicht mit dem Kopf, sondern mit dem Bauch oder dem Herzen an, das ist die sicherste Methode. Versuchen Sie, Ihrem Schutzsymbol immer mehr Gestalt zu verleihen, es immer mehr in Ihre Seele einzugraben. Es genügt selten, einmal im Leben ein einziges Schutzsymbol für alle Zeiten geistig zu erbauen; für derlei Operationen muss man erfahrungsgemäß schon etwas schwerere Geschütze auffahren, nicht zuletzt auch sexualmagische.

Sollten Sie Schwierigkeiten beim Visualisieren oder Imaginieren haben, hilft folgende Zusatzübung: Sie setzen sich in etwa sechzig Zentimeter Entfernung vor eine kahle Wand, ein Betttuch o. Ä. und starren mit weit geöffneten Augen darauf, ohne mit den Wimpern zu blinken. Brillen und Kontaktlinsen sind vorher zu entfernen. Wenn der Blick zu flimmern beginnt, die Augen vielleicht sogar tränen (das geschieht häufig und ist völlig harmlos), versuchen Sie, Ihr Schutzsymbol auf der äußeren »Leinwand« zu sehen oder eben anders wahrzunehmen. Ist dies gelungen (für den Anfang genügen auch sehr unscharfe Konturen des gewünschten Symbols), schließen Sie die Augen und »saugen« das Symbol innerlich vor Ihr inneres Auge. Gelingt dies nicht, öffnen Sie wieder die Augen und beginnen von vorn. Haben Sie das Symbol (im Augenblick noch von »außen« betrachtet) klar erkennbar vor sich, lassen Sie es sich ausdehnen, bis es Ihren Körper völlig umschließt, Ihnen aber auch noch etwas Bewegungsspielraum bleibt. Nun verfahren Sie weiter wie beschrieben. Oft erfordert es nur ein wenig Ausdauer und Geduld, bis man zu dem gewünschten Erfolg gelangt, doch wenn Sie unseren Rat beherzigen, sich nicht ausschließlich auf eine quasioptische Wahrnehmung einzustellen, werden Sie wahrscheinlich kürzer brauchen als erwartet.

Angewandte Sigillenmagie und Talismantik

Mittlerweile ist die Sigillenmagie auch in der deutschsprachigen Welt nicht mehr ganz unbekannt.

Leser, welche die Sigillenmagie bereits beherrschen, können diesen Abschnitt überspringen, da wir auf die speziellen sexualmagischen Aspekte der Sigillenmagie noch an anderer Stelle eingehen werden (s. S. 181 ff.). Lesen Sie in diesem Fall bitte ab dem Abschnitt »Anmerkungen zu Sexualmagie und rituellen Tieropfern« weiter.

Wir werden hier nur die wichtigsten Grundzüge der Sigillenmagie behandeln, was für unsere Zwecke durchaus genügt. Sollten Sie sich für dieses faszinierende Spezialgebiet der Magie näher interessieren, empfehle ich Ihnen, meine Werkmappe *Sigillenmagie in der Praxis* (Angaben s. Anhang S. 378) zu lesen, in der Sie eine Reihe weiterführender Hinweise und Empfehlungen finden werden.

Das Grundprinzip der Sigillenmagie

Die Sigillenmagie, wie wir sie heute kennen, wurde in ihren Grundzügen von dem englischen Magier und Maler Austin Osman Spare (1886–1956) entwickelt, einem Zeitgenossen Aleister Crowleys, in dessen Orden A∴A∴ (Argenteum Astrum) er auch kurze Zeit Mitglied war. Er las schon früh von der Psychoanalyse Sigmund Freuds und übernahm dessen Modell vom Bewusstsein und dem Unterbewussten, zwischen denen der psychische Zensor wirksam ist.

Wir verwenden hier das Wort *Sigil* (w.), obwohl es in dieser Schreibweise im Duden nicht zu finden ist, um damit speziell auf Sigillen hinzuweisen, die nach der Methode Spares hergestellt wurden. Grundsätzlich ist die Sigil ein magisches Zeichen mit einem bestimmten Inhalt oder auch eine Signatur, die (ähnlich wie eine Unterschrift) einen bestimmten Trance- oder Willenszustand versinnbildlicht. Im Unterschied zu herkömmlichen Sigillen, wie man sie beispielsweise in der Planetenmagie verwendet, sind die nach Spares System hergestellten Sigillen stets individueller Natur und werden vom Magier persönlich entwickelt und entworfen. Grundlage dafür ist der präzise formulierte Willenssatz.

Ist die Sigil fertig, wird sie geladen bzw. aktiviert, wofür es verschiedene Techniken gibt. Nach dem Laden wird gebannt. Danach muss die Sigil vergessen werden, damit das Unbewusste (nach Spare und vielen anderen die »Quelle der Magis«) den als Sigil verschlüsselten Willenssatz in die Tat umsetzen kann. Diese Verschlüsselung ist notwendig, um den psychischen Zensor zu umgehen, um den Willenssatz also unmittelbar ins Unbewusste einzupflanzen.

Da die Sigil eine bildliche Darstellung ist, die so verfremdet wurde, dass der von ihr transportierte Inhalt nicht mehr offen zu erkennen ist, kann die moralische Instanz des Zensors sie nicht enttarnen und ist unfähig, die Aufnahme des abstrakten Befehls durch das Unbewusste zu verhindern.

Aus dem Gesagten geht schon hervor, dass die Sigillenmagie weitgehend frei von weltanschaulichen Vorgaben und Glaubenssätzen ist. Sie brauchen nicht an Dämonen und dunkle Mächte, an Astrallarven, feinstoffliche Energien, Gottheiten usw. zu glauben, um erfolgreich Sigillenmagie betreiben zu können. Alles, was Sie dazu benötigen, ist ein Schreibstift und ein Stück Papier.

Der Willenssatz

Die korrekte Formulierung des Willenssatzes ist die wichtigste Voraussetzung für eine erfolgreiche Sigillenmagie. Wie bei der Suggestion und der Affirmation sollte der Willenssatz stets positiv formuliert sein, also keine Verneinungen usw. enthalten. Die präzise Formulierung ist deshalb nicht immer ganz leicht, weil sie voraussetzt (wie übrigens jede Magie), dass Sie ganz genau wissen, was Sie wollen, und weil der Willenssatz gleichzeitig eindeutig sein muss und doch nicht überdefiniert sein darf. Es ist nicht sinnvoll, bei einer geldmagischen Operation eine bestimmte Summe bis auf die zweite Stelle hinter dem Komma zu definieren. Denken Sie an das, was wir über die notwendige Unschärfe von Symbolen, Bildern und Analogien bzw. Korrespondenzen gesagt haben!

Doch selbst bei scheinbar eindeutigen Formulierungen sind wir nicht immer vor Überraschungen gefeit. So erzählte mir beispielsweise einmal ein Seminarteilnehmer von einem Kollegen, der ein leidenschaftlicher Turnierreiter war. Eines Tages entschied er sich zu einer magischen Operation, um ein bestimmtes Reitturnier zu gewinnen. Er formulierte affirmierend: »Ich werde das Turnier gewinnen.« Eigentlich doch eindeutig und flexibel genug, sollte man meinen. Doch was geschah? Tatsächlich ritt er schlechter als sonst und gelangte nur als Vierter ins Ziel. So erhielt er einen Trostpreis: ein Rasierwasser der Marke »Turnier«! Seien Sie froh, wenn Sie solche Erfahrungen machen sollten – die machen Sie nämlich wach, und gerade aus solchen »Falsch-Erfolgen« lernen Sie am meisten!

Haben Sie den Willenssatz formuliert, schreiben Sie ihn in Blockbuchstaben oben auf einen Zettel. Es empfiehlt sich, jede Operation mit demselben Teilsatz einzuleiten, also etwa »ICH WILL …« oder »DIES MEIN WILLE DASS …« Vermeiden Sie »windelweiche« Formulierungen wie »Ich hätte gern …«, »Ich möchte …« o. Ä., da dies der Operation die erforderliche Kraft nehmen würde. Umlaute werden »UE«, »AE« usw. geschrieben. Unser Beispielsatz lautet: »ICH WILL MORGEN TAUSEND EURO VERDIENEN.«

Das Konstruieren der Sigil (Wortmethode)

Nun streichen Sie jeden Buchstaben heraus, der mehr als einmal vorkommt, wobei Sie ihn nur beim ersten Mal stehen lassen. Das ergibt in unserem Beispiel folgende Restbuchstaben:

I, C, H, W, L, M, O, R, G, E, N, T, A, U, S, D, V

Diese Buchstaben sind unser Rohstoff, denn aus ihnen erstellen wir nun die Sigil. Dies kann ganz einfach geschehen, indem wir sie schlicht aneinanderhängen, wobei sie selbstverständlich nicht alle die gleiche Größe haben müssen (s. Abb. 2). Wenn Sie die Abbildung genau betrachten, werden Sie sämtliche Buchstaben aus der obigen Reihe wiederfinden.

Nun sollte die Sigil freilich nicht zu kompliziert sein, immerhin müssen wir sie beim Laden möglicherweise ohne äußere Hilfe visualisieren. Wir können sie also vereinfachen, solange wir immer noch jeden der Buchstaben mit etwas Mühe im fertigen Produkt wiedererkennen können. Ein Beispiel für eine solche Vereinfachung finden wir in Abb. 3. Schauen Sie ganz genau hin, um jeden der obigen Buchstaben wiederzuentdecken. Erkennen Sie das G, das M, das S?

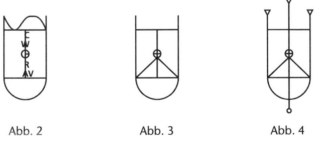

Abb. 2   Abb. 3   Abb. 4

Vorgang der Sigillenkonstruktion nach der Wortmethode

Bitte beachten Sie: Dies ist nur ein Beispiel für den Vorgang der Sigillenkonstruktion; verwenden Sie also nicht einfach unsere Beispielsigil! Aus dem Gesagten geht klar hervor, dass die Sigil von Ihnen persönlich konstruiert werden muss. Tatsächlich ist die Konstruktion selbst sogar wichtiger als das fertige Ergebnis! Denn wenngleich auch Bewusstsein und Verstand den Willenssatz formulieren, ist das Unbewusste bereits durch die künstlerisch-grafische Umsetzung entscheidend daran beteiligt, was einer Art »Präladung« nahekommt. Es ist zwar grundsätzlich möglich, mittels eigener Sigillen magische Operationen für andere Menschen (z. B. Freunde oder Klienten) durchzuführen, doch ist die Sigil eines Magiers stets nur für ihn selbst wirksam, ist sie doch von ihm konstruiert worden. Das unterscheidet die Spare'sche Sigil von der Sigil etwa eines Agrippa oder Paracelsus.

Sie können die fertige Sigil noch etwas ausschmücken, wenn Sie wollen, damit sie subjektiv »magischer« aussieht, dies bleibt Ihrem künstlerischen Empfinden überlassen. Auch eine Kolorierung ist möglich. Ratsam ist es, die fertige Sigil zu umrahmen, z. B. mit einem Kreis, einem Quadrat, einem Dreieck o. Ä., da ihr dies einen endgültigeren Charakter verleiht und vor allem die optische Konzentration auf das Symbol erleichtert. Ein Beispiel für eine verzierte und umrahmte fertige Sigil finden Sie in Abb. 4 (s. S. 175).

Beachten Sie, dass die Sigil nicht zu schlicht sein darf. Selbst wenn Sie sämtliche Buchstaben in einem schlichten Viereck oder Dreieck mit einem Kreuz unterbringen könnten, wäre dies nicht sinnvoll, weil Sie das Symbol nach der Ladung vergessen müssen, was bei übereinfachen, womöglich assoziativ geladenen Konstruktionen recht schwierig ist.

Bevor wir auf die Ladung bzw. Aktivierung der Sigillen eingehen, wollen wir noch eine zweite Methode der Sigillenkonstruktion vorstellen, da die Aktivierungstechnik für beide die gleiche ist.

Konstruktion einer Sigil mit der Bildmethode

Wenn Sie die Bildmethode verwenden wollen, müssen Sie dazu fähig sein, einen Willenssatz in einfacher Bildform darzustellen. Das liegt manchen Menschen weitaus mehr als die sprachorientierte Wortmethode, doch gibt es auch andere, die mit der Bildmethode nicht so gut zurechtkommen. Experimentieren Sie mit beiden Möglichkeiten, und stellen Sie fest, welche Ihnen mehr zusagt.

Diesmal schreiben wir den Willenssatz nicht gesondert auf, sondern stellen ihn sofort in Bildform dar. In unserem Beispiel wollen Sie einen Freund namens »Hans Meier« mithilfe der Sigillenmagie von seinen Magenbeschwerden heilen. Wie bei der Puppenmagie zeichnen Sie nun eine Figur (ein Strichmännchen genügt) mit seinen Initialen (Abb. 5). Nun setzen Sie auf seine Magengegend eine Art »astraler Akupunkturnadel« an, durch welche Heilungsenergie in den betroffenen Körperbereich geleitet wird (Abb. 6). Diese Sigil wird nun vereinfacht und stilisiert wie bei der Wortmethode (Abb. 7).

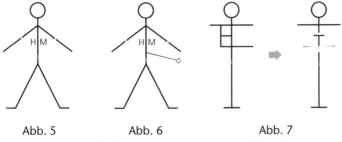

Abb. 5   Abb. 6   Abb. 7

Vorgang der Sigillenkonstruktion nach der Bildmethode

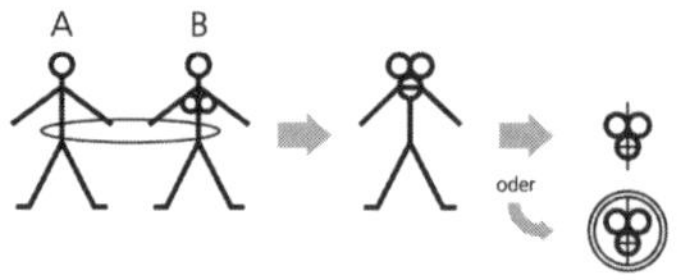

Abb. 8
Bindungszauber nach der Bildmethode

Um den Vorgang besser zu veranschaulichen, bringen wir noch ein Beispiel für einen Bindungszauber nach der Bildmethode. Wir wollen zwei Partner (A und B) zusammenführen. Die Abb. 8 zeigt gleich zwei Möglichkeiten für eine fertige Sigil, was darauf hinweisen soll, dass es praktisch unbegrenzt viele Gestaltungsmöglichkeiten für Sigillen gibt.

Die Sigillenaktivierung

Zunächst ist der Begriff der »magischen Ladung« hier zu präzisieren. Wenn wir einen äußeren Gegenstand, etwa ein Amulett, einen Fetisch, einen Talisman o. Ä. »laden«, so bedeutet dies, dass wir Energie von innen nach außen führen und in den Gegenstand hineingeben.

»Laden« wir dagegen eine Sigil, so ist damit eher ein »Einladen« gemeint, etwa so, wie man am Computer ein Programm »lädt« oder beim Revolver eine Patrone in die Kammer schiebt. Um diese etwas unglückliche Begriffsverwirrung zu vermeiden, spricht man bei Sigillenmagie auch besser von der »Aktivierung« der Sigillen.

Andererseits gibt es aber auch eine Zwischenform, etwa wenn man ein Amulett mit einer Sigil versieht, diese sexualmagisch aktiviert und das stoffliche Amulett zusätzlich mit Sexualmagis lädt (z. B. durch einen zusätzlichen Willensakt, durch Bestreichen mit Sexualsekreten usw.).

Wir werden hier nur die sexualmagische Aktivierung einer Sigil beschreiben. Es ist dies zugleich die schnellste und erfahrungsgemäß wirkungsvollste Aktivierung überhaupt.

Nachdem Sie Ihre Sigil konstruiert haben, zeichnen Sie diese auf ein separates Blatt Papier und verbrennen alle anderen Unterlagen. Dann begeben Sie sich ins Schlafzimmer und legen sich mit Ihrer Sigil aufs Bett. Nun masturbieren Sie und konzentrieren sich im Augenblick des Höhepunkts darauf, die Sigil anzusehen. Am Anfang sollten Sie die gezeichnete Sigil mit weit geöffneten Augen anstarren, später genügt es auch, sie möglichst plastisch zu visualisieren. *Wichtig: Sie müssen die Sigil im Augenblick des Orgasmus vor Augen haben!* Denken Sie aber dabei nicht mehr an den Willenssatz oder an den Inhalt der Sigil! Sie können zwischen Konstruktion und Ladung der Sigil auch eine Weile verstreichen lassen, bis Sie gar nicht mehr so recht wissen, wofür die Sigil ursprünglich gedacht war. Ebenso es ist möglich, Sigillen auf Vorrat anzufertigen und irgendwann reihenweise hintereinander zu aktivieren, doch eignet sich dies selbstverständlich nur für längerfristige Aktionen, bei denen es auf ein paar Wochen mehr oder weniger nicht ankommt.

Die abschließende Bannung ist von allergrößter Wichtigkeit! Am einfachsten geschieht dies durch das Lachen, das ohnehin ein ausgezeichneter magischer Schutz ist: Beim Angriff nimmt das Lachen dem Angreifer oft sehr schnell den Wind aus den Segeln und schwächt ihn energetisch. Haben Sie also die Sigil im Augenblick des Orgasmus geladen, lachen Sie so laut und heftig wie möglich und denken sofort an etwas völlig anderes, was nichts mit der magischen Operation zu tun haben darf. Dadurch lenken Sie das Bewusstsein und den Zensor ab und »versiegeln« die geweckten Energien, ähnlich wie Sie einen Dampfkochtopf verschließen würden. Es versteht sich, dass Sie das Blatt mit der Sigil inzwischen umgedreht oder aus Ihrem geistigen Auge verbannt haben. *Denn ebenso wichtig wie die korrekte Bannung ist das Vergessen der Sigil!*

Hier liegt die einzige Schwierigkeit dieser Technik, denn es ist nicht immer leicht, dieser Forderung zu entsprechen. Am Anfang genügt es, wenn Sie lediglich das Symbol selbst vergessen; später sollten Sie sich darum bemühen, die gesamte Operation aus Ihrer Erinnerung zu verbannen. Andererseits müssen Sie ja auch Erfolgskontrolle pflegen. Am besten tragen Sie die Operation in Ihr magisches Tagebuch ein und überkleben den Eintrag mit einem Blatt Papier, auf dem Sie das Datum festhalten, ab dem Ihre Sigil nicht mehr gültig sein sollte, Sie das Papier also entfernen können. Das klingt ein wenig umständlich, ist aber schnell erledigt und hat den Vorteil, dass gleichzeitig nichts verloren geht und dennoch eine Erfolgskontrolle gewährleistet ist.

Aus dem Gesagten ergibt sich, dass Sie Ihre magischen Operationen auch terminieren können und meistens sogar sollten. Setzen Sie sich eine Frist, ab wann die Operation als abgeschlossen gelten soll und Sie Bilanz über Erfolg oder Misserfolg ziehen wollen. Erfahrungsgemäß wirken die meisten Operationen entweder sofort, also binnen weniger Tage bis zu ca. zwei Wochen, oder erst nach etwa sechs Monaten. Im Allgemeinen gewähre ich meinen eigenen magischen Operationen eine Frist von neun bis zwölf

Monaten, was aber natürlich auch von der Art des jeweiligen Ziels abhängt.

Mit diesen Hinweisen sind Sie hinreichend für einen praktischen Umgang mit der Sigillenmagie gerüstet. Weitere Einzelheiten entnehmen Sie bitte der erwähnten Literatur. Da Sigillen, die nach der Wort- bzw. Bildmethode konstruiert wurden, immer möglichst spasmisch geladen werden sollen, eignen sie sich besonders gut für die Sexualmagie. Selbstverständlich können die Sigillen auch zusammen mit einem Partner sexualmagisch aktiviert werden, doch sollten Sie sich am Anfang, wie überhaupt in der gesamten Sexualmagie, zunächst auf die autoerotische Praxis konzentrieren, bis Sie ein Gespür für die solcherart erzielte Energiequalität entwickelt haben und über mehr Erfahrung verfügen.

Das sexualmagische Laden von Gegenständen: Talismane, Amulette, Fetische

Die Magie der Talismane und Amulette gehört zu den am meisten entwickelten Disziplinen westlicher Magie. Weniger bekannt ist die magische Arbeit mit Fetischen; wiewohl die Praktik selbst nicht unüblich ist, wird sie nur selten als solche bezeichnet.

Für den magischen Anfänger sei hier eine kurze Zusammenfassung der Talismantik gegeben. Grundsätzlich dient ein Talisman für etwas, ein Amulett dagegen ist gegen etwas geladen. Man kann also einen Talisman für Gesundheit oder ein Amulett gegen Krankheit herstellen. Das widerspricht übrigens nicht unserer Regel, Willenssätze, Suggestionen und Affirmationen grundsätzlich nicht negativ zu formulieren, da auch Amulette entsprechend positiv geladen werden. (Man lädt also ein Amulett von der Formulierung her nicht »gegen Krankheit« sondern, für die Abwehr von Krankheiten«.) Der magische Fetisch dagegen entspricht dem, was der Schamane einen »Kraftgegenstand« nennt. Grundsätzlich dient er als eine Art Kraftbatterie. So gibt es beispielsweise Fluchfetische, in denen man Energien des Zorns und des Hasses speichert; ebenso Heilfetische, Wetterfetische usw. sowie natürlich auch Sexualfetische, die mit gezielten sexuellen Energien geladen werden. Talismane, Amulette und Fetische können aus beliebigen Materialien bestehen. Planetentalismane und -amulette werden generell aus dem dem jeweiligen Planetenprinzip zugeordneten Metall angefertigt, Fetische sind oft aus Holz oder Stein, doch gelangen auch andere Stoffe (Papier, Seide, Leder, Textilien usw.) zur Verwendung. Talismane, Amulette und Fetische stellen eine Veräußerlichung der magischen Persönlichkeit des Adepten dar. Er gibt einen Teil seiner Kraft und somit seiner selbst in einen äußeren Gegenstand (indem er ihn »auflädt«) und lässt dann diesen Teil selbstständig für sich arbeiten. Entsprechend sorgfältig muss er freilich auch mit diesen Gegenständen umgehen. Verliert er sie oder werden sie ihm gestohlen, so ist damit ein Teil seiner Kraft und seiner Persönlichkeit außer Kontrolle oder gar in die Hände von Gegnern geraten, was gefährliche Folgen haben kann. Umgekehrt sollte man sich davor hüten, Talismane, Amulette oder Fetische eines anderen Magiers ungefragt auch nur zu berühren, da sich die meisten guten Magier gegen ebensolche Ein- und Angriffe speziell schützen. Und selbst wenn kein solcher Schutz vorliegt, kann es zu üblen Nebeneffekten kommen, wenn sich die beiden magischen Energien (also die des Magiers und die Ihre) nicht vertragen sollten. Gegenstände wie die hier beschriebenen sind oft noch nach Jahrhunderten wirksam, vor allem wenn sie entweder mit Tieropfern oder auf sexualmagische Weise geladen wurden.

Anmerkungen zu Sexualmagie und rituellen Tieropfern

Ganz allgemein weisen Sexual- und Tieropfermagie energetisch große Ähnlichkeit auf, wobei die Sexualmagie allerdings im Allgemeinen die negativen Begleiterscheinungen von Blutopfern vermeidet. Diese bestehen vor allem darin, dass die Tieropfermagie dazu neigt, mit der Zeit immer mehr zu eskalieren, bis man die Opfer schließlich immer weiter ausdehnt, weil sie nach und nach an Wirkung verlieren, sodass man im Endeffekt durch ganze Blutlachen waten muss, um auch nur minimale Ergebnisse zu erzielen.

Liebe und Tod sind Gegenpole des Lebens. So nimmt es nicht wunder, dass die durch Sexualität freigesetzten Energien von der Qualität her jenen des Opfertodes stark gleichen. Die Gleichsetzung von Orgasmus und Tod ist sehr alt, im Französischen nennt man den Orgasmus oft auch »la petite mort«, »den kleinen Tod« oder, wörtlich, »die kleine Todin«. Im Kaula-Tantra findet diese Auffassung beispielsweise darin ihren Niederschlag, dass der Adept mit der Yogini einen sakralen Geschlechtsakt auf einem Leichnam vollzieht und in dieser Spannung zwischen Liebe und Tod die Vereinigung von Shiva und Shakti stattfindet.

Dies prägt auch das Rollenverständnis der Geschlechter. Während dem Mann als dem Erzeuger gerade in einer patriarchalisch geprägten Gesellschaft immer wieder das Prinzip des Lebensspendenden zugeschrieben wurde (ein Charakteristikum zahlreicher Sonnenkulte), wurde die Frau als Gebärerin verdrängt, um stattdessen einer Dämonisierung als Verschlingerin zu weichen. Dergleichen erscheint einem relativistischen und pragmatisch denkenden Geist von heute als absurd, solange er nicht die Ursachen für eine solche Entwicklung versteht. Diese liegen einerseits in unbewussten und verdrängten Ängsten (Potenzangst des Mannes, die sich auch gegen die größere sexuelle Leistungskraft der Frau richtet, Angst, vom archetypischen »Scheidenschlund« verschlungen zu werden, Angst vor einem Energievampirismus seitens der Frau usw.). Andererseits ergeben sich daraus erwachsende Herrschaftsbestrebungen. Als Sexualmagier müssen wir jedoch erkennen, dass auch der Komplex »männlich/weiblich« seine zwei Seiten hat: Auf der einen Seite sehen wir tatsächlich den Mann als aktiven, erobernden Erzeuger/Vater und Lebensspender (Sonnenprinzip) und die Frau als passive, empfangende Gebärerin (Mondprinzip, ebenso Erde), die zugleich auch die Ur-Tiefe, das sogenannte »Chthonische«, verkörpert und somit auch die Verschlingerin ist. Auf der anderen Seite ist da wiederum der Mann als der Kriegsherr der Zerstörung und des Todes, zu dem die Frau als Lebensspenderin und -erhalterin den konstruktiven Gegenpol bildet. Es wäre unsinnig, im Interesse irgendeiner Ideologie die eine oder die andere Sicht zur allein gültigen erklären zu wollen; ebenso töricht wäre es freilich, die realen Unterschiede zwischen den Geschlechtern, also auch die energetischen, zu leugnen. Der Orgasmus aber wird von beiden als »kleiner Tod« erfahren, nämlich als Auflösung des Ich, als Verlust jedweder anderer Lebensrealität, als reine Ekstase, und das heißt Ent-Rückung, ja sogar als außerkörperliche Erfahrung, wie sie etwa auch das Tibetische Totenbuch schildert, dessen sexualmagische Aspekte übrigens noch lange nicht hinreichend ausgelotet sind.

Wir werden später bei der sexualmagischen Geschlechtsumpolung (beim Hermaphroditenritual der Chymischen Hochzeit) dieser Todeserfahrung wiederbegegnen. Fürs Erste sei festgehalten, dass das zeremonialmagische Tieropfer oft eher einen Ersatz für eine sexualmagische Zeremonie darstellt als umgekehrt. Gelegentlich werden Tieropfer auch mit sexualmagischen Ritualen verbunden, etwa beim Ritual des Bocks von Mendes oder gelegentlich auch bei der schwarzen Messe, und sicher sind Tieropfer nicht zuletzt auch ein früher Ersatz für Menschenopfer gewesen. Doch sollten wir nicht vergessen, dass jede sexualmagische Zeremonie, die nicht der physischen Befruchtung dient, und das ist bei den allermeisten der Fall, tatsächlich eine potenzielle Menschenexistenz »opfert«; dies ist ja nicht zuletzt auch ein Grund für das Veto der katholischen Kirche gegen Masturbation und Empfängnisverhütung. So betrachtet stellen die meisten sexualmagischen Operationen ein symbolisches Menschenopfer dar. Wenn wir die Hypothese aufstellten, und dafür spräche einiges, dass dies vom Unbewussten auch auf der archetypischen Ebene als solches verstanden wird, so würde dies auch möglicherweise die starken innerseelischen Spannungen erklären, aus denen die Sexualmagie den Hauptteil ihrer Wirksamkeit bezieht. Aus diesem Grund sind Tieropfer in der Sexualmagie auch generell nicht erforderlich, von ganz wenigen Ausnahmen abgesehen.

Wenn man es genau nimmt, sind die nach der Methode Spares hergestellten und aktivierten Sigillen gewissermaßen »astrale« oder rein feinstoffliche Talismane, Amulette oder Fetische, allerdings werden auch diese gelegentlich stofflich fixiert, indem man sie beispielsweise auf Jungfernpergament zeichnet und dieses zu einem Talisman, Amulett oder Fetisch macht. (Damit die Sigil auch wirklich vergessen werden kann, was nicht der Fall wäre, wenn man sie offen sehen könnte, wird das Pergament oft in Seide oder Leder eingenäht.)

Allgemein werden Talismane, Amulette und Fetische sexualmagisch dadurch geladen, dass der Magier oder die Magierin auf dem sexuellen Höhepunkt seine oder ihre gesamte Willensenergie mental in sie hineinleitet und sie somit zum Speicher dieser Energie macht. Die eigentliche Technik ist viel unkomplizierter, als der Laie es vielleicht erwartet: Es kann durch einfaches Handauflegen geschehen, wird aber auch häufig durch das Bestreichen mit Sexualsekreten vollbracht. Diese gelten als besonders empfängliche Träger der Sexualmagis, weshalb sie auch als Sakrament (= »heilige Substanz«) gespendet werden. Damit wird das »Elixier« also zum Medium der polarisierten oder, genauer, mit dem Willenssatz geimpften oder geladenen Energie. Beliebt ist auch die Technik, die Energie in Form eines imaginierten Strahls oder Strudels in das Objekt zu projizieren.

Sexualmagisch geladene Talismane, Amulette und Fetische gelten als besonders wirksam. Umso mehr muss der Magier auch darauf achten, dass sie nicht in unbefugte

Hände geraten. Gerade durch ihre oft archetypische Hässlichkeit (ein mit Samen und Menstrualblut bestrichenes und mit Sigillen graviertes Stück Eisen beispielsweise ist in der Regel kein sonderlich ästhetischer Anblick ...) ziehen sie oft Menschen an, die mit der in ihnen gestauten Energie nichts anfangen können, weil sie sie nicht verkraften. Es ist, als würde ein Laie mit ungeschützten Händen an eine Hochspannungsleitung greifen: Der Magier wäre in diesem Beispiel der Hochspannungselektriker, der es versteht, sich gegen gefährliche Energien zu isolieren oder sie geschickt zu handhaben, um sie sich zunutze zu machen.

Jedem erfahrenen Magier ist klar, dass alle magischen Gegenstände nur Hilfsmittel sind, die die Imagination stützen und ohne die zu arbeiten eigentlich vorzuziehen wäre. Doch das ist nicht so leicht, denn nur der Adept beherrscht die »Techniken der leeren Hand« wirklich. Und selbst er wird sein magisches Zubehör pflegen, es in Ordnung halten und erweitern, obwohl er seiner eigentlich nicht mehr bedarf, um sich erstens stets an seine eigene Fehlbarkeit zu erinnern und zweitens sicherzugehen, dass wenigstens die grobstofflichen magischen Batterien noch vorhanden sind, sollte er mental aus irgendeinem Grund versagen und seine Kraft verlieren. Vergessen Sie nie, dass Talismane, Amulette und Fetische, ganz besonders die sexualmagisch geladenen, *Teile Ihrer selbst* sind! Behandeln Sie sie entsprechend, als wären sie zugleich Teile Ihres Körpers (was sie ja, magisch gesehen, auch tatsächlich sind), und tragen Sie dafür Sorge, dass nur Sie selbst es sind, der die Gewalt über sie behält! Sie können Talismane, Amulette und Fetische nach jeder beliebigen sexualmagischen Methode herstellen, doch werden Sie wahrscheinlich die meisten dieser Gegenstände schon aus praktischen Gründen autoerotisch laden.

Stellen Sie selbst fest, wann Sie sexualmagisch am besten arbeiten können. Allgemein werden der Neumond und die Phase des abnehmenden Mondes dafür empfohlen, doch haben viele Sexualmagier die Erfahrung gemacht, dass dies oft individuell stark verschieden ist und auch beim einzelnen Magier schwanken kann. Nicht jeder Mensch reagiert gleich stark auf die Mondphasen, wenngleich Sie möglicherweise feststellen werden, dass die Sexualmagie Sie dafür besonders sensibilisiert. Konstruktive Operationen wie die Heilung werden mit Vorliebe bei Vollmond durchgeführt, destruktive wie der Schadens- oder Todeszauber bei Neumond. Doch empfiehlt es sich, eher nach dem eigenen, individuellen Kraftpegel zu gehen als nach irgendeinem Kalendarium. Ist Ihre Intuition durch die magische Praxis erst einmal hinreichend entwickelt, benötigen Sie auch keine Ephemeriden mehr, um einen astrologisch günstigen Ritualtermin zu bestimmen, weil Ihnen dies eine innere Stimme mit weitaus größerer Sicherheit sagen kann.

Die sexualmagische Praxis

Orgasmus – ja oder nein?

Schon in den 20er-Jahren wurde, vor allem in der deutsch-sprachigen Magieliteratur, viel Aufhebens um die Vermeidung des Orgasmus gemacht. Beeinflusst in erster Linie von östlich-tantristischem Gedankengut, suchten die Autoren bereits vor über 80 Jahren nach einer neuen (und zugleich doch uralten) Form der Sexualität, ja des Eros schlechthin. Später wurde die Methode des »Karezza« entwickelt, die schnell große Bekanntheit erreichte und unter Okkultisten hochgeschätzt war.

Auch heute kennen wir durch die moderne Tantraliteratur das Primat der Orgasmusvermeidung. Der männliche Samen, so wird schon seit Jahrtausenden argumentiert, sei viel zu kostbar und energiegeladen, um sinnlos vergeudet zu werden. Durch rituelle Sexualität bei gleichzeitiger Orgasmusverhinderung versuchen die Tantrika, die Unio mystica zu erzielen, die bei ihnen als »Vereinigung von Shiva mit Shakti« bezeichnet wird. Dabei wird die im Wurzelchakra schlummernde Kundalini geweckt und den mittleren Wirbelsäulenkanal (Sushumna) empor-gelenkt, um im »tausendblättrigen Lotos«, dem Scheitel-chakra, mit ihrem weiblichen Gegenpart eins zu werden. »Shiva shakti atmaka brahma« heißt es in einem zeit-

genössischen Tantratext, dem *Anandasutram* von Ananda-
murti: »Brahman (die höchste Gottheit) ist die Vereinigung von Shiva mit Shakti.« Gott oder das höchste Prinzip
wird also als Einswerdung von Männlich und Weiblich,
als Überwindung auch der geschlechtlichen Pole begriffen und erfahren – ein Konzept, das sich ebenfalls in der
abendländischen Alchemie und Mystik findet, ob wir die
Vereinigung von »Adam dem Roten« mit »Eva der Weißen«
betrachten, den Androgyn-Kult, der beiden Richtungen
eignete, oder manche verketzerte Sekten und Systeme, die
Männliches und Weibliches auf gleichberechtigter Grundlage auch in ihren Kosmogonien zueinanderstellten, z. B.
die »gnostische Syzygie« (= Vereinigung, Konjunktion) von
Simon und Helena, der Marien- und Minnekult der höfischen und nachhöfischen Zeit usw.

Die chinesische Kultur entwickelte, mit einiger Sicherheit unter indischem Einfluss, die sogenannte »Innere Alchemie« des Taoismus, auch »Taoistische Alchemie« oder
»Tao-Yoga« genannt, bei der es vor allem um die Verlängerung des physischen Lebens durch die Verhinderung des
Samenergusses, aber auch um die mystische »Vereinigung
von Himmel und Erde« ging. Diese Alchemie ist eng verwandt mit der die gesamte chinesische Philosophie durch-
ziehenden Meridianlehre der Akupunktur, sodass sie
schwerpunktmäßig mit dem Ching Chi (»Sexualchi«, ähnlich »Sexualprana« oder »Sexualmagis«) arbeitet. Anders
als Kundalini-Yoga und Tantra, zielt der Tao-Yoga nicht
allein darauf ab, die Sexualenergie die Wirbelsäule em-
porzuleiten, er führt sie vielmehr vorne den Körper entlang wieder zu ihrem Ursprung hinab, wobei sie durch das
Aufsteigen verfeinert und danach zum größten Teil in

der Bauchnabelgegend gespeichert wird (= Kleiner Energiekreislauf). Ebenso ist, darin wiederum ähnlich dem
Tantra, der Austausch von Sexualenergie mit Partnern
möglich.

Vielleicht ist Ihnen aufgefallen, dass wir gerade »Orgasmus« mit »Samenerguss« gleichgesetzt haben. Damit
wollten wir auf ein Dilemma hinweisen, das die meisten östlichen Sexualsysteme kennzeichnet. Erstens wird
fast immer nur die männliche Sexualität in Betracht gezogen, die weibliche wird verschämt verschwiegen oder
mit undeutlichem, ausweichendem Gemunkel überzo-
gen. So wird zwar eingehend über die Notwendigkeit
der männlichen Samenverhaltung doziert, für weibliche
Adepten jedoch gibt es nur wenig Rat. Gelegentlich wird
bei der Gleichsetzung von Orgasmus und Samenerguss
auch einfach eine Ejakulation der Frau postuliert, die
ebenso zu vermeiden sei. Nun kommt es zwar durchaus vor, dass Frauen auf dem Höhepunkt ejakulieren wie
Männer (besonders bei Reizung des sogenannten »G–«
oder »Grafenberg«-Punkts), aber die Regel ist dies nun
auch nicht gerade, während der männliche Orgasmus in
diesen Systemen stets mit der Ejakulation gleichgesetzt
wird.

Wir wollen hier etwas ausführlicher auf diese Thematik
eingehen, weil sie nach wie vor Anlass zu zahllosen Missverständnissen und oft fatalen Fehlern in der magischen
Praxis bietet. Beginnen wir mit der Gleichsetzung »(männlicher) Orgasmus = Ejakulation«. Sicher lässt sich der Orgasmus des Mannes am leichtesten an der Ejakulation
erkennen, und er ist auch am einfachsten dadurch zu un-
terbinden, dass der Praktikant die Ejakulation verhindert.

Doch geht es wirklich darum, den Orgasmus zu vermeiden? Und müssen Ejakulation und Orgasmus tatsächlich miteinander identisch sein?

Um die erste Frage beantworten zu können, müssen wir uns zuerst mit der zweiten befassen. Denn schon seit Langem sind sich die Forscher und Experten keineswegs darüber einig, dass Orgasmus und Ejakulation identisch sind. Dazu hat nicht zuletzt auch die verstärkte wissenschaftliche Beschäftigung mit dem Orgasmus der Frau beigetragen, der doch um einige Grade nuancenreicher und komplexer ist als der männliche. Leider wird aber bis heute ein Phänomen nicht hinreichend ernst genommen, das viele Menschen kennen, die eine gesunde (also störungsfreie) Sexualität leben: nämlich der männliche Orgasmus ohne Ejakulation. Wer ihn kennt und erlebt hat, der weiß, dass er sich vom herkömmlichen, ejakulatorischen Orgasmus dadurch radikal unterscheidet, dass er nicht wie dieser nur die Geschlechtsorgane allein berührt (oder vielleicht allenfalls noch ein Stück die Wirbelsäule und die Bauchdecke emporschießt), sondern den gesamten Körper erfasst. Man nennt diesen nicht ejakulatorischen auch den »Ganzkörper«- oder »Tal«-Orgasmus, während der herkömmliche, ejakulatorische Orgasmus als »Genital«- oder »Gipfel«-Orgasmus bezeichnet wird. Die Bilder vom Tal und vom Gipfel geben auch deutlich die unterschiedliche Energiequalität dieser beiden verschiedenen Orgasmen wieder: Während der ejakulatorische Orgasmus in einem kurzen Höhepunkt »gipfelt« und danach die Erregung, wie einen Berghang hinuntergleitend, abfällt, bewegt sich der nicht ejakulatorische Talorgasmus auf einem zeitlich in die Länge gezogenen, gleichbleibenden Energieniveau der

Erregung ohne ausgeprägte Kurvenberge und -täler. Man hat dabei das Gefühl, unter Hochspannung zu stehen, und ist oft sogar ganz froh, wenn die Empfindung irgendwann schließlich ausklingt – nicht etwa weil sie unangenehm wäre, im Gegenteil, sondern weil sie oft geradezu unerträglich intensiv und überwältigend sein kann und weil man schnell das Gefühl bekommt, dass die Nervensicherungen bald durchbrennen werden. Genau genommen haben wir es dabei mit einer kontrollierbaren Form des sogenannten »Kundalini-Syndroms« zu tun, wie es etwa Gopi Krishna in seinem Klassiker Kundalini geschildert hat. Dieser Zustand gleicht auch Crowleys »eroto-komatoser Luzidität«, der wir einen eigenen Abschnitt widmen (siehe unten), wenngleich diese auch auf anderem Wege erreicht werden kann.

Eroto-komatose Luzidität

Hinter diesem schrecklichen Wortungetüm verbirgt sich eine Erfahrung, die dem Menschen wahrscheinlich seit Urzeiten bekannt ist: das Erlebnis, dass Sexualität nicht nur schwächen, sondern im Gegenteil sogar enorm aktivieren und beleben kann. Das Pendel scheint mal wieder zwischen den Extremen zu schwingen: hier die Verfechter einer völligen Sameneinbehaltung, die in der Ejakulation den Gipfel des Verschleißes sehen; dort dagegen die Schule, die gerade im Samenausstoß das verjüngende Element sieht, da dieser die Keimdrüsen aktiviere und dadurch den ganzen Körper hormonell belebe.

Die Bezeichnung »eroto-komatose Luzidität«, sie stammt von Aleister Crowley, hat drei Bestandteile, die wir uns näher anschauen wollen. »Eroto« weist darauf hin, dass mit Sexualkraft gearbeitet wird. Das Wort »komatose« legt das Koma nahe, also die Bewusstlosigkeit. Tatsächlich ist damit die Trance gemeint, wie wir sie schon kennengelernt haben. Die »Luzidität« ist ein Zustand der Hellsichtigkeit, der Überwachheit oder, wie man es auch ausdrücken könnte, der gesteigerten Bewusstheit. So meint Crowleys Bezeichnung eigentlich nichts anderes als die »durch Sexualkraft herbeigeführte magische Trance«. Eine solche Sexualtrance, die sich nicht in der eigenen Auflösung verliert, wie dies bei den meisten Menschen der Fall ist, kann nicht nur stärken, sie fördert sogar hochgradig, wie Crowley mannigfach ausgeführt hat, die Kreativität und die Leistungsfähigkeit, mithin auch das, was man früher recht zutreffend die »Spannkraft« nannte. Dies geschieht bei Crowley in der Regel durch Überreizung, also durch eine übermäßige sexuelle Betätigung, was technisch wiederum einer sexualmagischen Erschöpfungstrance entspricht.

Vor allem künstlerischen Naturen ist dies kein Geheimnis: Austin Osman Spare war ebenso für seine starke sexuelle Betätigung bekannt wie Picasso, der Schriftsteller Henry Miller genauso wie sein Kollege Georges Simenon; Schauspieler, Tänzer, Musiker – sie alle, männlich wie weiblich, wissen, sofern sie wirklich talentiert oder »begnadet« sind, um das »Kraftwerk Sexualität«, das in uns schlummert. Dabei geht es jedoch nicht um die Sexualität als Lock- und Herrschaftsmittel, das man zur Manipulation anderer durch Ausnutzung ihrer Begierden verwenden kann, denn das wäre bloße Veräußerlichung. Vielmehr ist damit die in der Sexualität enthaltene (und diese überhaupt erst hervorbringende) Vitalkraft gemeint, der die Menschheit schon zahllose Namen verliehen hat: Prana, Chi, Manas, Äther, Vril, Od, Kia, Magis usw.

Crowley ging bei seiner Praktik allerdings ähnliche Wege wie die eher quantitativ naturwissenschaftlich ausgerichteten Autoritäten: Wohl ließ er in seiner Sexualmagie den ejakulatorischen Orgasmus nicht nur zu, sondern forderte ihn geradezu, doch achtete er stets darauf, das »Elixier«, wie er es nannte, wieder oral zu sich zu nehmen. Unter diesem »Elixier« verstand er die Vermengung der Sexualsäfte beider Partner, gelegentlich auch (beim masturbatorischen Akt) den Samen allein. Sorgfältig trug er in seinen magischen Tagebüchern die genaue Konsistenz und eine Geschmacksbeschreibung des Elixiers ein, ja er weissagte sogar daraus und hielt seine Prognosen gewissenhaft fest. Also ging es auch dem Meister Therion in erster Linie darum, die grobstoffliche Substanz zu retten und aufzunehmen, anstatt sich allein auf ihre feinstofflichen Bestandteile zu konzentrieren. Ähnliche Praktiken werden auch von den libertinistischen Gnostikern der Spätantike berichtet.

Warum aber überhaupt die Ejakulation beim sexualmagischen Akt? Nun, der Magier arbeitet gern mit tief gehenden, kraftvollen Bewusstseinszuständen. Auch wenn er die Volltrance wegen des ihr innewohnenden Willensverlusts meistens ablehnt, wird er sich, wie der Schamane auch, dennoch der Volltrance annähern, so weit es nur geht, wenn er eine wichtige Operation durchführen will. Ja, gelegentlich verstößt er sogar gegen seine eigene Regel und sucht ganz bewusst die Volltrance, allerdings nicht ohne eine andere Person seines Vertrauens zur Aufsicht bestellt zu haben. Die Besessenheitstechniken von Voodoo, Macumba, Candomblé, Santería usw. arbeiten sogar sehr stark mit der Volltrance, die allerdings eher einer gezielten Invokation bei gleichzeitigem Bewusstseinsverlust entspricht, da nicht willkürlich in Trance gegangen werden soll – zumindest was die Priesterinnen und Priester selbst angeht. Eine der am schnellsten zu erreichenden und wirkungsvollsten Volltrancen aber kann der Augenblick der Ejakulation und des Orgasmus sein, auch wenn diese Trance nur Sekundenbruchteile andauern mag. Je tiefer die Trance, desto stärker, so heißt es, die Magis. In diesem Punkt ist die Sexualmagie sogar viel ungefährlicher als andere magische Systeme: Denn der Orgasmus ist eine völlig natürliche Form der Trance, er muss nicht erst mit den oft sehr drastischen Mitteln wie Schmerz oder Drogen erreicht werden, wie sie – vor allem in schamanischen Kulturen – häufig eingesetzt werden, um zu einem anderen Bewusstseinszustand zu gelangen.

Voraussetzung für den Gebrauch des Orgasmus ist allerdings, dass dieser möglichst ausgedehnt werden sollte. Wenn wir den Augenblick des Höhepunkts mit unserem magischen Willenssatz »impfen«, ist es immer sehr hilfreich, wenn er nicht zu schnell vorübergeht. Sie können dies auch dadurch erreichen, dass Sie versuchen, ihn mit geistiger Kraft zu steigern, ihn noch intensiver zu machen. Diese Intensivierung selbst ist zwar gar nicht das eigentliche Ziel, doch werden Sie auf diesem Weg erfahrungsgemäß zu einer Orgasmusverlängerung gelangen, und eine eventuelle weitere Intensivierung ist dabei keineswegs unerwünscht.

Der Orgasmus ist ein Zeitpunkt, da die Dämme zwischen Bewusstsein und Unbewusstem brechen und ein unmittelbarer Zugang zu den tieferen Schichten der Seele möglich wird. Die Ejakulation selbst entspricht vom archetypischen Gefühl her einem Vorstoß, einem Hervorschleudern des magischen Willens und der durch ihn gepolten Magis. Da das Ejakulat beim Mann der stoffliche Träger dieser Energie ist, wie das Sexualsekret der Frau auch, leuchtet es ein, dass wir uns seiner schon aus Gründen der Symbollogik bedienen, um es beispielsweise zur Ladung auf Talismane, Amulette, Pentakel usw. zu geben, um die Kraft symbolisch oder sympathiemagisch zu übertragen. Es versteht sich, dass dem Samen (wie auch dem weiblichen Sekret oder Ejakulat) die Energie nicht entzogen wird, wenn wir einen äußeren Gegenstand mit Sexualmagis laden wollen. Aktivieren wir dagegen Willenssätze, etwa mithilfe der Sigillenmagie, so nehmen wir die im Ejakulat oder Sekret enthaltene Sexualmagis durch mentale und feinenergetische Praktiken wieder in uns auf, um sie im Körper zu speichern bzw. damit die »innere Ladung«, also die Aktivierung durchzuführen.

Ein weiterer Vorzug des Gipfelorgasmus gegenüber dem nicht ejakulatorischen Talorgasmus ist, dass der Talorgasmus nur selten wirklich bewusst herbeigeführt werden kann, wenn dem nicht zuvor eine gründliche, meist jahrelange Schulung vorausgegangen ist. Oft genügt zwar bereits der Wille zur Ejakulationsvermeidung, um die Sexualmagis in einen Talorgasmus umzulenken, doch bedarf dies, wie gesagt, der Übung und Erfahrung. Die folgenden

Hinweise dienen dem bewussten magischen Umgang mit dem Orgasmus und der Sexualmagis und gelten für alle im Weiteren beschriebenen Formen der magischen Sexualität.

Das Obengesagte gilt weitgehend nicht nur für den männlichen, sondern auch für den weiblichen Genitalorgasmus. Dies wird aus dem Folgenden noch deutlicher und in seinen Bezügen zur Praxis verständlicher werden.

Der magische Umgang mit dem Genitalorgasmus

Grundsätzlich ist der Genitalorgasmus in der westlichen Sexualmagie die Regel und keineswegs, wie im östlichen Tantra, die Ausnahme. Wenn Sie hinreichende Vorarbeit geleistet haben, sollte es Ihnen eigentlich leichtfallen, den präzisen Augenblick des Höhepunkts abzufangen und für die Magie zu nutzen. Weil sich dies bei der Masturbation am leichtesten durchführen lässt, beginnen wir unsere Praxis auch mit den autoerotischen Techniken.

Nun zum eigentlichen Vorgehen, das für männliche und weibliche Magier gleichermaßen gilt: Sie wissen bereits, dass wir den magischen Akt als »Willenssatz + Imagination + gnostische Trance« definieren. Die Arbeit am Willenssatz (ob sigillenmäßig oder anders) geht der eigentlichen Operation voraus, ist aber einer ihrer wichtigsten Bestandteile.

Die gnostische Trance erreichen Sie beim Orgasmus (dem genitalen wie dem Ganzkörperorgasmus) geradezu von allein, sofern Sie die Kontrolle behalten und nicht einfach in die Besinnungslosigkeit abgleiten, wie das allerdings bei den meisten Menschen der Fall ist. Durch gründliche Selbstbeobachtung werden Sie jedoch die Zeichen erkennen lernen, mit denen sich der Orgasmus ankündigt. Von größter Wichtigkeit ist dabei, dass Sie nicht sofort bis zum »Punkt ohne Wiederkehr« vorstoßen, sondern vorher kurz verhalten. Damit gewährleisten Sie sowohl die Verlängerung als auch die Intensivierung des Orgasmus, der erfahrungsgemäß nach einer gewissen Verhaltung stets kraftvoller wird. Sie müssen nämlich im Augenblick des Höhepunkts für Ihre Ladung oder Aktivierung bereit sein: Die Sigil muss beispielsweise bereitliegen oder noch visualisiert werden, das Mantra soll im richtigen Augenblick kraftvoll ausgesprochen, die gewünschte Situation soll in voller Intensität imaginiert, Energie soll auf eine bestimmte Weise gepolt und ans Ziel gelenkt werden usw. Aus diesem Grund dürfen Sie bei der Sexualmagie nie vom Orgasmus plötzlich überrascht und überwältigt werden. Dies schulen Sie im Bedarfsfall am besten mit den in diesem Buch geschilderten Techniken der Orgasmusverzögerung (s. S. 86 ff.).

Je länger sich der eigentliche Orgasmus in die Länge zieht, desto mehr Zeit haben Sie also für Ihre magische Operation selbst. Erwarten Sie jedoch keine Wunder: Wenn Ihr Orgasmus beispielsweise für gewöhnlich nur eine halbe Sekunde anhält, so wäre eine Verlängerung auf »nur« eine volle Sekunde bereits eine beachtliche Leistung, nämlich eine Steigerung um 100 Prozent, mit der Sie voll zufrieden sein können. Natürlich sollen Sie die Länge des Orgasmus nicht mit der Stoppuhr messen, es handelt sich dabei ohnehin nur um ein subjektives Zeitempfinden. Bekanntlich wird die Zeitwahrnehmung beim Orgasmus stark verändert, sodass selbst eine halbe Sekunde subjektiv wie eine ganze Ewigkeit wirken kann. Gerade dies macht ja nicht zuletzt auch den Reiz der Sexualität aus.

Etwas vereinfacht beschrieben sieht der Vorgang also folgendermaßen aus: Sie beschließen, eine sexualmagische Operation durchzuführen, und formulieren Ihren Willenssatz, Ihr Bild, fertigen Ihren Talisman an, Ihre Sigil usw. Dann aktivieren Sie mit sexuellen Mitteln Ihre Sexualmagis, um sich im Augenblick des Gipfelorgasmus ausschließlich auf Willenssatz, Bild, Sigil usw. zu konzentrieren. Dieses »Konzentrieren« ist jedoch kein reines »aufmerksames Überdenken«, sondern eben eine totale Imaginierung, bei welcher der Könner den gesamten Organismus beteiligt.

Nun ist der Augenblick des Genitalorgasmus nicht immer so eindeutig zu bestimmen, wie dies vielleicht wünschenswert wäre. Tatsächlich ist der Orgasmus, auch der genitale, natürlich ein Prozess, wenngleich ein viel kürzerer und einspitzigerer als der Talorgasmus. Diesen Prozess gilt es in seiner Gänze zu nutzen. So beginnen wir mit der magischen Operation ja auch nicht erst im Augenblick des Höhepunkts; wir arbeiten vielmehr darauf hin, damit sich Höhepunkt der Operation und orgasmischer Höhepunkt optimal decken. Dies ist eine Sache der Erfahrung, die Ihnen leider niemand abnehmen kann. Zum Trost sei jedoch gesagt, dass man erfahrungsgemäß bereits sehr gute Erfolge mit einer »Ungefähr-Terminierung« erzielen kann, also auch dann, wenn der Höhepunkt der Imagination beispielsweise einen Zeitbruchteil nach dem sexuellen Höhepunkt eintritt, seltener allerdings, wenn er ihm vorausgeht. Insofern ist es im Falle der Unsicherheit sicher sinnvoll, den eigentlichen Höhepunkt abzuwarten, bis er sich eindeutig ankündigt, um sich dann gewissermaßen mit seiner Imagination in seinen Kraftstrudel zu werfen. Die wirkliche Feinabstimmung, die tatsächlich auch die größten Erfolgsaussichten bietet, ist eine Frage der Praxis.

Ein bisher noch nicht erwähnter Vorteil des Genitalorgasmus gegenüber nicht sexualmagischen Praktiken liegt unter anderem darin, dass das aufwendige, langwierige Aufrechterhalten geistiger Bilder oder ihre ständige Wiederholung entfällt (wie dies etwa beim Positiven Denken und bei der rein imaginativen Mentalmagie der Fall ist). Wenn Sie sich einmal das Übungsprogramm von Autoren wie Bardon oder Gregorius und selbst Aleister Crowley anschauen, werden Sie vermutlich über die Maximalanforderungen dieser Magier erschrecken. Vor allem bei der Lektüre Bardons gewinnt man den Eindruck, dass kein Mensch jemals die von ihm geschilderten Übungen in der geforderten Zeitdauer durchführen kann, sodass man schließlich glaubt, allein für die erste seiner zehn Stufen mindestens zehn bis zwanzig Jahre der Praxis opfern zu müssen, bevor man überhaupt mit der eigentlichen Magie anfangen kann. Nun wollen wir hier ganz gewiss nicht einer schlampigen Ausbildung und mangelhafter Vorbereitung das Wort reden, ganz im Gegenteil. Bardons Zeitangaben aber sind maßlos übertrieben. Damit hat er, vielleicht ungewollt, manche Fehlentwicklung in der deutschsprachigen Magie provoziert, die diese königliche Kunst bei vielen Menschen in Verruf gebracht hat.

Es ist nämlich erstaunlicherweise oft gar nicht erforderlich, im Bereich der Imagination und schon gar nicht der Visualisation perfekt zu sein, bevor man Magie praktizieren darf. Wie auf allen Wissensgebieten gilt auch hier der Satz, dass erst die Übung den Meister macht. Um auf unser früheres Bild von der Fahrausbildung zurückzugreifen: Gewiss ist der frischgebackene Führerscheinbesitzer in der Regel verkehrstechnisch noch lange nicht so leistungsfähig wie ein Berufskraftfahrer mit 30 Jahren Praxis und Erfahrung. Doch kann er mit diesem eben nur dadurch gleichziehen, dass er fährt, fährt und fährt, und nicht etwa dadurch, dass er weiterhin die Theorie der Kfz-Lenkung und der Automechanik studiert, zu Hause im Ohrensessel das »Fahren« übt und sich ansonsten noch nicht auf die Straße traut.

Seien Sie also nicht frustriert, wenn Ihnen bei der Sexualmagie immer wieder Stolpersteine auf dem Weg begegnen, die sich nur mühsam bezwingen lassen: Das gehört dazu! Seien Sie also so sorgfältig und gewissenhaft wie möglich, aber quälen Sie sich nicht sinnlos durch Disziplinübungen, deren Wert Sie nicht einsehen und die auch nicht unbedingt zum gewünschten Ziel führen. Finden Sie vielmehr selbst Ihre Stärken und Schwächen heraus und arbeiten Sie entsprechend daran.

Schließlich wollen wir noch auf einen Aspekt eingehen, der in der sexualmagischen Literatur gelegentlich eine Rolle spielt: die »Lustopferung« beim magischen Sexualakt. Es wurde bereits in der Einleitung erwähnt, dass Sexualmagie schon deshalb nichts für lüsterne Wüstlinge ist, weil sie nicht unbedingt Vergnügen bereitet. Bedenken wir einmal, dass der Orgasmus für viele Menschen die einzige Gelegenheit im Leben ist, da sie wirklich einmal richtig loslassen können. Nirgendwo sonst können sie sich derart fallen lassen, sich entkrampfen und einen »Hauch von Ewigkeit« erfahren, sich selbst vergessen, ja sogar auflösen. All dies ist es schließlich, was die gesamte Sexualität zu einem derart wichtigen Trieb im Leben des Menschen macht. Wenn wir aber nun auch noch dieses allerletzte Stück Freiheit mit unserem Willen belegen und steuern, so stellt sich zu Recht oft ein entsprechender Ekel und Widerwillen gegen eine derartige Praktik ein, die dann als lusttötend, versklavend und aussaugend empfunden wird, obwohl sie doch eigentlich das genaue Gegenteil anstrebt.

Tatsächlich ist eine solche Einstellung ein Indiz für einen schwerwiegenden Mangel im Leben. Wenn die Sexualität nämlich wirklich der einzige Freiraum ist, den ein Mensch hat, um sich nicht ständig zu verkrampfen, um innerlich loszulassen und fallen zu können, dann fehlt es ihm auch sonst an einem echten Zugang zu seinem schlummernden Kräftepotenzial. Für ihn ist die Sexualität Ersatz für alles, was ihm im Leben fehlt: eine Forderung, die nicht einmal diese mächtige Urkraft zu erfüllen imstande ist, sofern die anderen Voraussetzungen fehlen.

Dennoch wird auch bei ausgeglicheneren, erfüllteren Menschen der Verlust der Lustempfindung bei Sexualmagie und Tantra oft beklagt. Autoren, die eher einem christlich geprägten Opferkultdenken anhängen, sprechen dann davon, dass bei der Sexualmagie die Lust auf dem »Altar der Magie« oder der Willensverwirklichung »geopfert« und dadurch sublimiert und in magische Kraft umgesetzt wird. Diese Einstellung ist zwar nicht unbedingt für den sexualmagischen Erfolg erforderlich, doch sollte man ihren Wert auch nicht unterschätzen. Immerhin ist das Opfern ein uralter Archetypus, der sich in sämtlichen Kulturen aller

Zeiten findet. Viele Menschen haben ihn in seiner pervertierten Form sogar so weit verinnerlicht, dass sie kaum noch zu irgendeinem Genuss fähig sind, ohne sich nicht vorher dafür zu entschuldigen, einen Vorwand oder eine quasireligiöse Rechtfertigung zu suchen, um es sich einmal gut gehen zu lassen. Dies ist natürlich ein Mangel, der vor allem auf Schuldgefühlen beruht, ohne dass wir hier jetzt näher auf die eigentlichen Ursachen eingehen können. Doch steckt in fast jedem Menschen auch ein innerer »Opferpriester«, und das sollte man respektieren und sich zunutze machen.

Wie die ganze Magie in weiten Bereichen eher eine Sache der Einstellung als der Technik ist, so auch hier: Wenn Sie feststellen, dass Sie mit der Sexualmagie weiterkommen indem Sie das Opfermodell anwenden, so arbeiten Sie getrost damit. Allerdings sollten Sie auch dann danach streben, zumindest gelegentlich bei sexualmagischen Operationen die Lustempfindung ungehindert zuzulassen. Denn die Lust ist integraler Bestandteil der Sexualität – und der gnostischen Sexualtrance. Lust ist wie eine zusätzliche Schubkraft, die Ihrer Magis Flügel wachsen lassen kann. Merken Sie, dass es durchaus Spaß macht und dass Sie in der Sexualmagie kein »Lust-Opfer« (mehr) für nötig erachten, so genießen Sie es eben, solange Sie dabei sorgfältig magisch arbeiten können.

Der magische Umgang
mit dem Ganzkörperorgasmus
für männliche und weibliche Magier

Der Ganzkörperorgasmus ist normalerweise die Ausnahme, der Genitalorgasmus hingegen die Regel. Es ist tatsächlich recht schwierig, ihn gewollt herbeizuführen. Offenbar verlangt er auch nach einem ganz bestimmten Energiepegel im Menschen, der nicht immer so ohne Weiteres herzustellen ist.

Dennoch gelten gewisse Regeln, denen auch er unterworfen ist. So gibt es grundsätzlich zwei Arten des Ganzkörperorgasmus, die sich zudem energetisch voneinander unterscheiden: den Ganzkörperorgasmus, der unmittelbar vor dem Genitalorgasmus stattfindet und diesen in der Regel verhindert, und den Ganzkörperorgasmus, der unmittelbar an den Genitalorgasmus anschließt, sodass sich der Energiekörper gewissermaßen auf einer Art »Hochplateau« befindet. Gelegentlich wird dieser Ganzkörperorgasmus mit einer ihm recht ähnlichen Spielart des Genitalorgasmus verwechselt. Diese besteht im Grunde aus einer langen, stakkatoartigen Folge von »winzigen« Genitalorgasmen, die in schneller, oft geradezu rasender Reihenfolge hintereinander stattfinden. Da das Energieniveau zwischen diesen zahllosen »Minigipfeln« vergleichsweise hoch ist, also kein drastischer Energieabfall erfolgt wie beim gewöhnlichen Genitalorgasmus, besteht sein Hauptunterschied zu einem echten Ganzkörperorgasmus darin, dass er sich weitgehend auf den Genitalbereich allein beschränkt (Unterleib, Bauch und Teile der Wirbelsäule wer-

den ebenfalls von der Energie durchflutet, auch eine Erotisierung vor allem des Brustwarzenbereichs – bei Männern wie bei Frauen – lässt sich gelegentlich beobachten),
während der Ganzkörperorgasmus den gesamten Körper
bis in die letzte Faser erfasst. Erfahrungsgemäß erleben vor
allem Frauen den seriellen Genitalorgasmus häufiger als
Männer, doch ist er bei diesen auch zu beobachten. Allerdings verlaufen die orgasmischen Spasmen dabei nicht –
oder nur zu einem sehr geringen Teil – ejakulativ.

Seien Sie nicht verwirrt, wenn Sie in sexologischen Werken nur wenig über Phänomene wie den Ganzkörperorgasmus und seine Verwandtschaft mit dem seriellen Genitalorgasmus finden sollten. Trotz aller Bemühungen der
letzten hundert Jahre ist die Sexualwissenschaft tatsächlich
noch nicht sehr weit vorangekommen. So wie selbst die
bloße Existenz des schon erwähnten weiblichen »Grafen-
bergpunkts« unter Sexologen und Anatomen immer noch
umstritten ist, ebenso die Fähigkeit der Frau zu einer eigenen Ejakulation, ziehen die meisten Wissenschaftler noch
heute die Augenbrauen hoch, wenn man den Ganzkörperorgasmus erwähnt. Das ist auch kein Wunder, denn im La-
bor lässt er sich nur schwer vorführen, zumal er ohnehin
nur selten vorkommt. Verlassen Sie sich lieber auf Ihre
eigenen Erfahrungen und auf die Berichte von zuverlässigen Magiern, Tantrikern und Tao-Meistern, und urteilen
Sie selbst.

Generell lässt sich die Wahrscheinlichkeit eines Ganzkörperorgasmus durch zwei verschiedene Methoden erhöhen: durch Ejakulations- oder Genitalorgasmus-Ver-
haltung oder durch Erschöpfung und Überreizung. Je
größer die sexuelle Erregung ist, desto stärker ist die Se-

xualmagis, wenn Sie kurz vor dem Genitalorgasmus verhalten und (als Mann) die Ejakulation vermeiden, vor allem nach Zeiten längerer, völliger Enthaltsamkeit; je stärker die Sexualmagis wiederum ist, desto näher ist auch der Ganzkörperorgasmus. Diese Methode verlangt vor allem nach Disziplin und Körperbeherrschung.

Die zweite Methode beruht auf einer gewissen sexuellen Übersättigung, weshalb sie auch einer recht großen sexuellen Kraftreserve bedarf. Ist nach einer Reihe von Genitalorgasmen eine gewisse Ermattung und Desensibilisierung der Sexualorgane eingetreten und gelingt es nun dennoch, einmal mehr eine hohe Erregungsstufe zu erreichen, so kann der Ganzkörperorgasmus relativ leicht durch einen nunmehrigen Verzicht auf einen weiteren Genitalorgasmus herbeigeführt werden. Die Schwierigkeit besteht hier allerdings darin, überhaupt noch potenziell zu einem Genitalorgasmus zu gelangen, den man verhindern könnte!

Auch wenn der Ganzkörperorgasmus als »Talorgasmus« oder, seltener, als »Plateauorgasmus« bezeichnet wird, bedeutet dies nicht, dass er völlig ohne Spasmen abliefe. Das macht auch seine Unterscheidung vom seriellen Genitalorgasmus oft so schwierig. Allerdings sind seine Spasmen eher »kontinuierlich«, eben ein beständiges »Elektrisiertsein« mit gelegentlichen heftigeren Entladungen. Diese Entladungen finden freilich beim Ganzkörperorgasmus an allen erdenklichen Körperstellen statt, also auch beispielsweise im kleinen Finger der linken Hand oder in der rechten Kniekehle usw. Oft wird durch einen Ganzkörperorgasmus das persönliche Energiefeld (die »Aura«) derart ausgedehnt, dass schon ein bloßer Blick oder Gedanke genügt, um eine erneute orgiastische Ekstase auszulösen, die jedoch nie von allein in die Ejakulation oder in einen Genitalorgasmus mündet. Dann bedarf man keiner physischen Berührung mit dem Partner, ja nicht einmal seiner körperlichen Gegenwart oder des Klangs seiner Stimme, um orgasmische Empfindungen zu bekommen. Dies sind dann die Augenblicke, in denen einem Gedanken und Erkenntnisse kommen wie »Die höchste Form der Sexualität ist der Verzicht auf Sexualität« usw. Man beginnt dann, den tieferen Sinn der Askese zu begreifen, die eben in Wirklichkeit nicht ein Verzicht auf Freuden ist, sondern die Suche nach einer neuen, alles andere übersteigenden Freude und Ekstase. Es ist wahr, was die alten chinesischen Schriften sagen: Wer diesen Orgasmus kennt, der wird sich so schnell nicht mehr mit einem reinen Genitalorgasmus zufriedengeben. Doch wäre es töricht, nur noch hinter dem Ganzkörperorgasmus herzujagen; viel sinnvoller ist es da, beiden Formen des Orgasmus das Größtmögliche abzugewinnen und somit gewissermaßen »auf beiden Hochzeiten« zu tanzen. Gewiss, der Ganzkörperorgasmus ist der Erfahrung der Unio mystica sehr nahe, ja in der Sexualmagie geht er mit ihr fast immer einher, doch nicht jeder Ganzkörperorgasmus führt automatisch zur Unio mystica! Aber selbst wenn er ein sicherer Weg zur Unio mystica wäre, so würden die meisten Menschen eine solche Erfahrung nicht auf Dauer verkraften können. Es fällt auf, dass alle großen Mystiker auch Phasen der Entbehrung und inneren Leere kannten, nur in den seltensten Fällen war die Unio mystica (entsprechend dem indischen Nirvikalpa Samadhi, dem Satori des Zen, der Vereinigung von Himmel und Erde im taoistischen Sexualyoga, der Vereinigung von Shiva und Shakti im Tantra, dem Nirvana des Buddhismus und der Erlangung des Ain in der jüdischen Kabbala) ein wirklicher Dauerzustand, wenngleich er oft monate-, ja sogar jahrelang andauern konnte. Immer bedurfte es auch einer gewissen Erdung, damit die Nerven nicht durchbrannten, sonst wurde aus der Vision vom brennenden Dornenbusch (Moses) bitterer körperlicher Ernst. Tod und Wahnsinn waren nicht selten die Folge. Schon aus diesem Grund empfiehlt es sich ab einer gewissen, freilich recht hohen Sensibilisierungsstufe, ganz bewusst den Ganzkörperorgasmus auch gelegentlich durch einen Genitalorgasmus auszugleichen, um gewissermaßen mit den Füßen »auf dem Boden« zu bleiben. Diese Notwendigkeit der Erdung gilt übrigens für alle Magie. Aus dem gleichen Grund gehen Magier und Schamanen auch meistens neben ihrer magischen Berufung ganz normalen, geregelten Tätigkeiten und Berufen nach. Dadurch halten sie Kontakt mit der materiellen Welt und verhindern ein Abgleiten in den Rausch von Vision und Selbsttäuschung, der die größte Gefahr auf dem Weg der Magie darstellt.

Meistens wird der Ganzkörperorgasmus zum ersten Mal zusammen mit einem Partner erlebt, doch kann er (in der Regel erst später, also nach dieser erstmaligen Erfahrung) auch ohne Partner erlangt werden, wenngleich dies im Allgemeinen weitaus schwieriger ist. Bei der Partnerarbeit fällt auf, dass sehr häufig beide Partner zugleich oder jedenfalls fast synchron die gleiche Erfahrung machen, sofern sie einigermaßen miteinander harmonisieren und über ein gewisses Maß an Sensibilität verfügen. Oft wird dann freilich der Fehler begangen, dieses Erlebnis auf den jeweiligen Partner zu fixieren. Gewiss, er ist an diesem Energieaustausch bestimmt nicht unbeteiligt, doch ist dies eine

Erfahrung, die man nach einhelligem Votum aller chinesischen Tao-Meister möglichst auch allein und in sich verwirklichen soll.

Nun möchten Sie wahrscheinlich gern wissen, welchen Orgasmus Sie denn magisch für welche Zwecke einsetzen sollen. Solange Sie nicht mit einiger Sicherheit gewiss sein können, einen Ganzkörperorgasmus zu erlangen, ist diese Wahlmöglichkeit eher theoretischer Natur. Sollten Sie aber irgendwann tatsächlich dazu fähig sein, werden Sie zugleich auch erkennen, dass sich diese Frage stets nur von Fall zu Fall und nur sehr subjektiv beantworten lässt.

Ganz allgemein lässt sich feststellen, dass der Ganzkörperorgasmus eher für mystische, heilerische und Arbeiten der Glücksförderung sowie Liebeszauber geeignet ist, während Arbeiten des magischen Angriffs, Schadenszauber, aber auch Schutzblockaden eher nach einem sexualmagischen Genitalorgasmus verlangen. Doch sind die Ausnahmen hier fast die Regel. So lässt sich mancher magische Schutz gerade durch den Ganzkörperorgasmus konsolidieren, während manche Erkrankungen, besonders Geschwulste, Virusinfektionen und solche des Immunsystems besser auf sexualmagische Arbeiten mit dem Genitalorgasmus anzusprechen scheinen, wie überhaupt auf jede kraftvolle Willensbeeinflussung. So bleibt es Ihnen nicht erspart, selbst zu experimentieren und Ihr eigenes System zu entwickeln, das sich mit dem anderer Magier nicht im Geringsten decken muss, was andererseits aber durchaus auch der Fall sein kann.

O. T. O. und Sexualmagie

Die heutige Literatur zur Sexualmagie unterscheidet sich kaum von den Praktiken, wie sie schon im O. T. O. bzw. in seiner Weiterentwicklung durch Aleister Crowley üblich war. Man trennt in Arbeiten des VIII°, des IX° und des (erst von Crowley eingeführten) XI°. (Der X° des O. T. O. ist ein reiner Würdegrad ohne besondere magiepraktische Bedeutung.) Die Aufteilung sieht demnach aus wie folgt:

VIII° O. T. O. = autoerotische Praxis
IX° O. T. O. = heteroerotische Praxis
XI° O. T. O. = homoerotische Praxis

Dies ist die traditionelle sexualmagische Praxis des O. T. O., wie sie unter Crowley galt. Nach seinem Tod kam es zu einigen Abspaltungen und Neugründungen des Ordens, deren Vertreter zum Teil in erbitterter Fehde miteinander liegen. So traten (und treten teilweise bis heute) unter anderem die folgenden Organisationen unter diesem Namen in der Öffentlichkeit auf:

- Der Schweizer O. T. O. unter dem mittlerweile verstorbenen Hermann Metzger, ein Orden, der inzwischen praktisch ausgestorben und inaktiv ist; hier wurde die Sexualmagie fast ausschließlich symbolisch praktiziert. Er ist vor allem im deutschsprachigen Raum bekannt, weil er die Schriften Crowleys (über seinen Verlag »Psychosophische Gesellschaft«) schon in den 50er-Jahren auf Deutsch herausbrachte und in Stein (Appenzell) eine Abtei »Thelema« unterhielt.

∞ Der englische O. T. O. unter Kenneth Grant; Grant wurde in den 50er-Jahren vom damaligen O. T. O.-Chef und legitimen Crowley-Nachfolger Karl Germer aus dem Orden relegiert und gründete daraufhin eine eigene Organisation gleichen Namens. Grant hat sich nicht nur durch seine sehr umstrittenen Bücher über den »typhonischen Strom« hervorgetan, er hat vor allem auch das sexualmagische Gradsystem seines O. T. O. inhaltlich verändert.

∞ Der in Kalifornien beheimatete O. T. O. um den inzwischen verstorbenen Grady McMurtry (Caliph Hymenaeus Alpha), der noch von Crowley persönlich eine Charta erhalten hatte. Er ist derzeit die größte und weltweit aktivste O. T. O.-Gruppierung und hält sich auch an das von Crowley festgeschriebene sexualmagische Gradsystem. Diese Organisation wird meistens als »Caliphate O. T. O.« (Caliphats-O. T. O.) bezeichnet.

∞ Der O. T. O. um Marcello Motta in Memphis, Tennessee. Motta hat einige recht brauchbare Kommentare zu Werken Crowleys geschrieben, seine Legitimation zur Gründung eines eigenen O. T. O. wurde aber wohl nur von ihm selbst und seinen wenigen Anhängern anerkannt. Bei einem Prozess gegen den amerikanischen Verleger Weiser, den Motta wegen angeblicher Verletzung seiner Urheberrechte an Crowleys Werken auf eine Million Dollar (übrigens erfolglos) verklagt hatte, stellte sich heraus, dass seine Organisation nur sieben Mitglieder hatte. Nach Mottas Tod geriet seine Gruppe noch weiter in Vergessenheit, obwohl gelegentliche Wiederbelebungsversuche zu beobachten sind.

∞   Einige kleinere Splittergruppen wie etwa der »Haitia-
nische Voodoo-O. T. O.« von Michel Bertiaux, eine
Frankfurter O. T. O.-Gruppe mit Verbindungen zur
französischen Martinisten- und Illuministenszene, die
allerdings nur eine Handvoll Mitglieder besitzt, sowie
einige O. T. O.-ähnliche Organisationen und Grüppchen in England und in den USA, auf die einzugehen
hier müßig wäre, zumal solche »Orden« oft eher in der
Fantasie ihrer Gründer bestehen oder allenfalls das Da-
sein einer Eintagsfliege führen.

∞   Die Großloge Fraternitas Saturni, die seit ihrer Gründung mit dem O. T. O. unter Crowley freundschaftlich
verbunden war und auch sein sexualmagisches Wissen
hütete, wenngleich es nie im offiziellen Logenrahmen
praktisch bearbeitet wurde und die Loge auch keine
Zweig- oder Schwesterorganisation des O. T. O. darstellt. Immerhin war dieser Orden nach Crowleys Tod
lange Zeit die einzige größere funktionierende Organisation, welche das O. T. O.-Wissen pflegte und bewahrte. Darüber hinaus verfasste dieser Orden einige
»Sonderdrucke« zur Sexualmagie, die auch in der englischen Literatur gern zitiert werden, tatsächlich aber
wenig Sensationelles zu bieten haben, zumal ihr Inhalt
eher aus der dogmatischen Rezeptbuchtradition der
20er-Jahre stammt. (So enthält eine dieser Schriften
beispielsweise Empfehlungen für Koitusstellungen bei
bestimmten astrologischen Sonnenständen.) Auch
dieser Orden hat einige Spaltungen und Richtungs-
kämpfe erlebt. Zu erwähnen wäre in diesem Zusammenhang der deutsche Ordo Saturni, der sich ebenfalls
stark an den O. T. O. und vor allem an die Fraternitas

Saturni anlehnt, aus der er ursprünglich hervorge-
gangen ist.

∞ Schließlich sei noch die von mir persönlich gestiftete
O. T. O. Foundation (OTOF) erwähnt, die unter dem
englischen Magier David Rietti im britischen Man-
chester ins Leben gerufen wurde, als sich im kalifor-
nischen Caliphats-O. T. O. repressive Tendenzen breit-
machten, die ca. 80 Prozent der britischen und irischen
Mitglieder dazu bewegten, sich stattdessen dieser
neuen Organisation anzuschließen, um wieder ernsthaft arbeiten zu können.

Aleister Crowley war bekanntlich nichts Menschliches
fremd, und so hat er sicher nicht zuletzt auch aus persönlicher Vorliebe einen XI° in den O. T. O. eingeführt, in dem
homoerotisch gearbeitet wurde. Kenneth Grant wiederum
hatte gegen diese Praxis anscheinend eine heftige Abneigung, weshalb er die Homoerotik in seiner eigenen Organisation als »widernatürlich« wieder abschaffte und stattdessen eine andere Differenzierung durchführte: So wurde
der VIII° unterteilt in autoerotische Arbeit und masturbatorische bzw. orale Praxis mit einen Partner, während
der IX° der Heteroerotik vorbehalten bleibt, sowohl der
»supernalen« (damit ist eine »natürliche Vereinigung« gemeint) als auch der »infernalen« (»unnatürliche Vereinigung«, gemeint ist die anale Sexualität). Der XI° wiederum
ist ebenfalls heteroerotisch und dient Materialisationsar-
beiten bei abnehmendem Mond, ohne dass dazu spezielle Sexualpraktiken vorgegeben werden.

Die Frage nach der Legitimität der verschiedenen
O. T. O.-Gruppen kann und soll hier nicht vertieft wer-

den. Auch ihre Effektivität steht hier nicht zur Debatte. Interessant ist lediglich zu beobachten, wie viele dieser selbst ernannten »Meister« ihre eigenen Sexualängste und -schranken zum Nabel der Welt machen. Wenn Kenneth Grant etwa die Homosexualität kurzerhand aus seinem Orden verbannt, dann sagt dies mehr über Grant persönlich aus als über sein Wissen um die Gesetze der Sexualmagie. Selbst Crowley ist trotz aller Verdienste von diesem Vorwurf nicht freizusprechen: Wenn die Sexualität, und dies war auch seine eigene erklärte Meinung, tatsächlich alle Grenzen des Bewusstseins und der Existenz sprengen kann und soll, so stellt sich die Frage, weshalb er es bei der Auto-, der Hetero- und der Homoerotik allein bewenden ließ und sich nicht auch innerhalb seines Ordens mit anderen Formen der Sexualität bzw. Sexualmagie befasste.

Man mag in derlei Tun und Unterlassen allerlei hineingeheimnissen, zumal wenn man, wie es die Crowley-Gemeinde gern tut, im Meister Therion den Weltenheiland und einen vollkommenen Heiligen, ja einen inkarnierten Gott sieht. Dies sei jedem unbenommen, doch spricht meiner Meinung nach einiges mehr für die Auffassung, dass wir hier beobachten können, wie selbst diese Autoritäten an ihre eigenen Grenzen des Zumutbaren stoßen. Die Schwelle mag bei Crowley weitaus höher gelegen haben als bei den meisten seiner heutigen Epigonen, doch ändert dies nichts am Grunddilemma.

Abgesehen von ihrem oft vagen Gemunkel kennzeichnet diese Autoren ein beklagenswerter Mangel an psychologischer und magietechnischer Raffinesse und Eleganz. Doch mit bombastischem Gedröhne lässt sich mangelndes Wissen nicht auf Dauer kaschieren. Deshalb müssen wir betrübt feststellen, dass der überwiegende Teil der einschlägigen älteren Literatur aus gutem Grund auf dem Markt nicht mehr zu erhalten ist. Vieles gerät eben durchaus zu Recht in Vergessenheit! Die Suche nach dem »einzig wahren« Buch, das endgültig alle Geheimnisse enthüllt, ist zwar das Privileg des Anfängers, doch wenn selbst alte Hasen, die es eigentlich besser wissen müssten, auf derlei Mummenschanz hereinfallen, nimmt es kaum wunder, dass die Sexualmagie allgemein in Verruf geraten ist.

Andererseits hat die Strukturierung der Sexualmagie durch Orden wie den O. T. O. immerhin den Vorteil, einen klaren Überblick über die sexualmagische Praxis zu schaffen. Auch wir wollen hier auf eine solche Unterteilung nicht verzichten, wenngleich wir, wie Sie feststellen werden, wesentlich weiter gehen und grundsätzlich das gesamte Gebiet der Sexualität sexualmagisch zur Disposition stellen, ohne nach irgendwelchen dubiosen Wertnormen zwischen »natürlichen« und »widernatürlichen« Praktiken zu unterscheiden. Letztlich ist die Sexualmagie so vielseitig wie der Mensch selbst. Deshalb wäre es der Gipfel der Torheit, an Gradeinteilungen zu kleben, die mit der tatsächlichen Wirklichkeit menschlicher Sexualität und Sexualmagie allenfalls ein paar wenige Grundzüge gemein haben. Lassen Sie sich deshalb von sexualmagischen Autoren nicht vorschreiben, welche sexuellen Praktiken in der Sexualmagie »erlaubt« oder »nicht erlaubt« sein sollen (auch von mir nicht!). Das wäre prinzipiell nämlich nichts anderes als die unglückselige Unterscheidung in »weiße« und »schwarze« Magie, die uns im Laufe der Jahrhunderte schon in manche Sackgasse getrieben hat.

Autoerotik

Obwohl fast jeder Mensch in seinem Leben autoerotische, in der Regel masturbatorische Erfahrungen gemacht hat, ja die Sexualität der meisten Menschen mit der Autoerotik überhaupt erst beginnt, haben doch immer noch viele Erwachsene damit ihre Schwierigkeiten. Angefangen bei Schuldgefühlen wegen des vermeintlich verletzten »Anstands« (»So etwas tut man nicht ...«) über völlig irrwitzige gesundheitliche Ängste (»Onanie führt zu Rückenmarkschwund«) bis zu moralischen Vorurteilen (»Selbstbefleckung ist Satanswerk«) – die Palette der Verklemmtheit ist reich und bunt! Es ist zwar mittlerweile bekannt, dass diese Vorbehalte vor allem auf eine repressive Erziehung und auf die körperfeindliche Einstellung der Religionen zurückzuführen sind, doch ändert diese Erkenntnis leider nichts am eigentlichen Problem selbst.

Es muss hier ganz unmissverständlich ausgesprochen werden: Ohne eine funktionierende Autoerotik ist keine Sexualmagie möglich. Da wir hier nicht auch noch leisten können, was sexuellen Aufklärungsbüchern vorbehalten ist, müssen wir es bei dieser Feststellung bewenden lassen. Dabei geht es selbstverständlich nicht um einen Eingriff in Ihre sexuellen Präferenzen: Niemand verlangt von Ihnen, dass Sie eine bestimmte sexuelle Praktik mehr genießen sollen als eine andere (wenngleich dies herzustellen als magische Übung durchaus sinnvoll sein kann), doch ist jede Unfähigkeit zu einer bestimmten Praktik ein bedenkliches Ungleichgewicht, das behoben werden sollte. Und gerade die autoerotische Praxis ist von zentraler Bedeutung, weil sie für den Magier nicht nur ein ideales Übungsfeld und eine mächtige magische Technik darstellt, sondern weil sie ihn auch von Partnern unabhängig macht.

Der Laie glaubt oft, Sexualmagie sei eine rein partnerorientierte Disziplin, daher auch die vielen Missverständnisse in der medialen Öffentlichkeit, die dahinter lediglich ausschweifende und blasphemische »Perversitäten« satanistischer Prägung vermutet. In Wirklichkeit verhält es sich völlig anders: Die Sexualmagie wird in der überwiegenden Zahl der Fälle vornehmlich autoerotisch praktiziert. Selbst Magier, die eigentlich die Partnerarbeit vorziehen, arbeiten nur in den seltensten Fällen ausschließlich mit anderen, sodass man die sexualmagische Partnerarbeit zwar gewiss nicht als Ausnahme bezeichnen kann, die autoerotische Praxis jedoch durchaus als Regel. Wir gehen im Folgenden also davon aus, dass Sie geistig und körperlich zur autoerotischen Praxis der Sexualmagie fähig sind.

Eine Form der autoerotischen Praxis haben wir bereits bei der Sigillenmagie kennengelernt. Das Prinzip dieser Technik bleibt immer das gleiche: Der Magier oder die Magierin sensibilisiert sich durch sexuelle Stimulierung und weckt seine/ihre Sexualmagis. Im Augenblick des Höhepunkts der Operation (meist, aber nicht immer, identisch mit dem Orgasmus) richtet er oder sie die gesamte Konzentration auf den magischen Willensakt. Dies kann dadurch geschehen, dass man beispielsweise eine vorbereitete Sigil in diesem Augenblick optisch »einsaugt« und danach bannt, oder auch dadurch, dass man den rituellen Höhepunkt mit dem sexuellen synchronisiert, z. B. indem die Sexualmagis in einen Gegenstand (Talisman, Amulett, Fetisch) projiziert oder auf einen Patienten oder Gegner gerichtet wird usw.

Grundsätzlich lässt sich fast jede sexualmagische Arbeit auf autoerotische Weise durchführen. Voraussetzung für einen Erfolg ist allerdings, dass die Sexualmagis hochenergetisch geladen ist. Damit ist rein äußerlich eine entsprechende Intensität der sexuellen Erregung gemeint. Mit den vom Volksmund gern bespöttelten »17 Zentimetern Reibung« allein ist es nicht getan. Wenn Sie die in diesem Buch geschilderten Übungen durchführen, wird sich diese Intensität von allein einstellen, weil Sie dadurch zu einem sexualenergetischen inneren Gleichgewicht finden. Denken Sie wieder an die Magierregel »Nichts ist so wirkungsvoll wie der Exzess«! Damit ist nicht gemeint, dass Sie sich sexuell völlig verausgaben sollten, sondern nur, dass Ihre Sexualität wirklich extrem intensiv und kraftvoll sein muss, um magisch brauchbar zu sein. Zur eigentlichen Technik des Vorgehens ist bereits alles gesagt worden, sodass wir uns nun einigen spezielleren Aspekten der autoerotischen Praxis widmen können.

Der Verkehr mit Sukkubi und Inkubi

Über dieses Thema ist schon viel gemunkelt worden. Wenn man magische Autoren dazu liest, fällt vor allem der mahnend erhobene Zeigefinger auf, mit dem sie meistens vor einer solchen Praxis warnen. Andererseits geschieht dies sogar bei Autoren, die sich ausgerechnet auf Austin Osman Spare stützen wollen, der, nach allem, was über sein magisches Leben bekannt geworden ist, ein wahrer Virtuose dieser Praktik gewesen ist.

Grundsätzlich sind Sukkubi und Inkubi Sexualdämonen, die für den astralen Beischlaf zuständig sind. Dabei gilt der Inkubus als männlich, der Sukkubus als weiblich. Es ist eine Menge Unsinn darüber geschrieben worden, dass auch die an sich weiblich erscheinenden Sukkubi »in Wahrheit« männlicher Natur seien. Das mag man glauben oder nicht, mir selbst ist jedenfalls bisher keine überzeugende Erklärung dafür begegnet, weshalb dem so sein sollte. Vielleicht liegt dem in Wirklichkeit nur ein Missverständnis zugrunde: Auf real existierende (oder zumindest als solche erscheinende) feinstoffliche Wesen menschliche Geschlechtskategorien anwenden zu wollen, ist sicher problematisch und viel zu unscharf gedacht. Tatsächlich können wir bei Dämonen nicht mit Begriffen wie »männlich« oder »weiblich« im geschlechtlichen (wohl aber im mythischen) Sinne operieren. Wir haben es hier wohl eher mit einer späten Spiegelung des scholastischen Streits über die Geschlechtlichkeit der Engel und Dämonen zu tun, der die Kirche lange Zeit beschäftigte. Tatsache bleibt, dass uns Sukkubi eben als weiblich, Inkubi dagegen als männlich erscheinen und sich beim Astralverkehr auch geschlechtsspezifisch verhalten. Als »Dämonen« gelten diese Energieformen vor allem deshalb, weil sie erstens auf wenige Handlungsbereiche (vor allem eben den sexuellen) spezialisiert sind, sodass ihnen keine umfassendere Eigenintelligenz eignen soll, und weil der Umgang mit ihnen nicht ungefährlich ist. (Alles, was gefährlich ist, wird ja vom Menschen gern als »böse« und »dämonisch« bezeichnet …)

Eine große Rolle spielte der Verkehr mit Inkubi und Sukkubi in der Zeit der Hexenverfolgung, aus der wir auch heute noch einen erklecklichen Teil unserer Vorurteile ziehen. Weil viele Hexen – sei es aus freien Stücken, sei es erzwungenermaßen aufgrund von Folterungen – vom »Verkehr mit dem Satan« und seinen Vasallen berichteten, galt diese Praxis als allgemein gefährdend und wurde entsprechend geächtet. Wenn es stimmt, was einige Forscher schon früh vermuteten, dass nämlich die mit Nachtschattengewächsen und anderen Drogen versetzten Hexensalben für eine starke Erotisierung der Drogenvisionen sorgten, mag dafür auch eine pharma- bzw. toxikologische Erklärung herhalten. Doch ist es eine unbestreitbare Tatsache, dass sich diese Praxis auch ohne Drogen relativ leicht verwirklichen lässt.

Wenn Sie Verkehr mit Sukkubi oder Inkubi wünschen sollten, sind vorher einige berechtigte Warnungen angebracht, auch wenn die Gefahren einer solchen Magie oft übertrieben werden. Immerhin berichten Magier und Magierinnen einhellig davon, dass derlei magische Sexualität nicht nur sehr anstrengend, sondern geradezu auslaugend sein kann und auf Dauer zu einem erheblichen Energieverlust führt. Ich bin allerdings zu der Überzeugung gelangt, dass dies eher energetische Anpassungsschwierigkeiten an einen ungewohnten Zustand sind, wie sie uns auch häufig anfangs beim luziden Träumen begegnen. Austin Osman Spare bietet uns dazu ein überzeugendes Beispiel.

Wer die ersten fünf, sechs Male nacheinander einen luziden Traum hatte, in den er womöglich auch aktiv eingegriffen hat, berichtet nicht selten von Erschöpfungserscheinungen: Der Schlaf erscheint unerquickend und als zu leicht; Müdigkeit, Mattigkeit und, in besonders schlimmen Fällen, sogar Depressionen sind die unerwünschte Folge. Mit beharrlicher Praxis hat man diese Schwierigkeiten jedoch überwunden, die Begleiterscheinungen verschwinden, und man kann nun die vollen Segnungen dieser Technik in Anspruch nehmen.

Dies gilt meiner Erfahrung nach im Prinzip auch für den Verkehr mit Sukkubi und Inkubi, allerdings mit einigen Einschränkungen. So wird das luzide Träumen nur in den seltensten Fällen zu einer Besessenheit führen, was bei einem falschen Umgang mit Sexualdämonen jedoch relativ häufig vorkommt, wie ja überhaupt bei jeder Evokationsmagie. Der Grund dafür ist weniger die unbedingte Gefährlichkeit dieser Energieformen als vielmehr die Unfähigkeit des Magiers oder der Magierin, »den eigenen Raum zu halten« (wie es der Amerikaner ausdrückt), also klar zu bestimmen, was im eigenen Universum Platz zu haben hat, für welche Zeit und in welchem Umfang, und natürlich auch die Unfähigkeit, die derart angezapften Energien zu verkraften und konstruktiv zu verarbeiten bzw. umzusetzen.

Allgemein betrachtet man die Besessenheit, psychologisch vorverbildet, als eine Form der Schizophrenie, was sie von ihren Symptomen her tatsächlich auch weitgehend ist. Doch sind die Ursachen der Besessenheit damit nicht wirklich erklärt, denn diese liegen vom magischen Standpunkt aus betrachtet vornehmlich darin, dass der Betroffene sich einseitig an eine bestimmte Energieform bindet, welche als Dämon erfahren wird, und diese Bindung nicht mehr zu lösen versteht. Dies kann auch über eine Art »Durchbrennen« der eigenen energetischen und nervlichen Sicherungen geschehen; in diesem Fall erfolgt die Bindung unfreiwillig aufgrund eines mangelhaften Schutzes.

Was den Schutz vor dämonischer Besessenheit angeht, scheinen viele Autoren die Meinung zu vertreten, der beste Schutz bestehe darin, diese Praktiken gar nicht erst anzuwenden. Doch hieße dies, das Kind mit dem Bade auszuschütten. Es wäre dasselbe, als würde Ihnen der Fahrlehrer während der Fahrausbildung raten, lieber die Finger vom schnellen Fahren zu lassen und sich das ganze Leben lang auf eine Höchstgeschwindigkeit von 30 km/h zu beschränken. Selbstverständlich stellen höhere Geschwindigkeiten auch größere Anforderungen an das Fahrvermögen und Nervenkostüm, weshalb, um zur Magie zurückzukehren, Anfänger tatsächlich erst die »Grundschule« der Magie durchlaufen und hinreichend Erfahrung sammeln sollten, bevor sie sich an das doch etwas heikle Gebiet des sexualmagischen Umgangs mit Dämonen wagen.

Wenn Sie also tatsächlich sexualmagischen Verkehr mit Inkubi oder Sukkubi beabsichtigen, sollten Sie zuvor für einen sehr stabilen und belastbaren Energiehaushalt sorgen. Am Anfang sollten Sie die Zahl der einschlägigen Operationen auf einige wenige beschränken und zwischen den einzelnen magischen Akten längere Pausen einlegen. Dies fällt nicht immer leicht, weil der Verkehr mit Dämonen oft eine Intensität hat, die jeder Beschreibung spottet. So kann er leicht zur Sucht oder Manie werden.

Es ist wie bei der psychischen Abhängigkeit von bestimmten Rauschdrogen: Der Organismus könnte auf diese Stoffe zwar mühelos verzichten, aber der Geist verlangt unersättlich nach immer mehr und verstrickt sich auf diese Weise in seinen selbst geschaffenen Abhängigkeiten. Doch so wie man beispielsweise von Kokain nicht abhängig zu werden braucht, wenn man maßvoll und vernünftig damit umgeht, braucht auch ein Inkubus oder Sukkubus nicht zwangsläufig zu einem »Hausgespenst« zu werden, das man nicht mehr loswird. Hier hilft das tantrische Paradigma, dass alles, was wir erleben und was uns begegnet, ein Produkt unserer selbst ist. Das gilt für Dämonen ebenso wie für Gottheiten! Wenn Sie den Verkehr mit Inkubi und Sukkubi bewusst auf ein Minimum beschränken, werden Sie auch feststellen, dass die Erfahrung nicht so schnell zur Abstumpfung führt und an Reiz verliert. Hier zeigt sich eben der wahre Magier, der seine tiefliegendsten Gefühle und Triebe zu beherrschen weiß, ohne sie jedoch einfach nur platt und fantasielos zu unterdrücken.

Im Übrigen gilt, dass Sie auch beim Verkehr mit Inkubi und Sukkubi, so überwältigend er gelegentlich sein kann, stets die Kontrolle behalten müssen, wie bei der Dämonenevokation bekanntlich auch. Das ist umso schwieriger, weil Inkubi und Sukkubi vornehmlich im Schlaf auf der Traumebene, in tiefen Trancen und im Rausch auftreten. Daher steht die Pflege der kontrollierten gnostischen Trance im Vordergrund jeder Vorbereitung auf den Umgang mit diesen Energieformen. Die anschließende gründliche Bannung sollte selbstverständlich sein. Sie fällt selbst erfahrenen Magiern oft schwer, weil sie der geschilderte Verkehr meist etwas benommen zurücklässt. Hier ist unbedingte Disziplin gefordert!

Ferner sollten Sie die ersten Jahre auf keinen Fall Verkehr mit Sukkubi und Inkubi suchen, wenn Sie energetisch geschwächt oder gar krank sind. Nur wirklich sehr erfahrene Magier und Magierinnen beherrschen die Kunst, durch Verkehr mit Inkubi und Sukkubi einen echten Energie-

zuwachs zu erreichen. Dies sollte allerdings auch Ziel der
Arbeit mit Sexualdämonen sein, denn hier erweist sich
ihr größter Wert. Interessanterweise scheinen vor allem
ältere Magier und Magierinnen mit Inkubi und Sukkubi
gefahrlos zurechtzukommen, selbst wenn sie erst vergleichsweise spät mit dieser Praktik beginnen. Allerdings
liegen zu diesem Thema nur sehr spärliche Informationen vor, da die Betroffenen aus naheliegenden Gründen
über ihre Erfahrungen und Erlebnisse meist Stillschweigen
wahren.

Der praktische Nutzen des Verkehrs mit Inkubi und Sukkubi ist freilich recht begrenzt, weshalb auf diesen Zweig
der Sexualmagie auf Dauer auch gefahrlos verzichtet werden kann. Lediglich Magier und Magierinnen, die von Natur aus zu dieser Praktik neigen (was sich meistens schon
im Kindes- und Pubertätsalter äußert), gelangen über
äußerst intensive Erlebnisse hinaus und können den Inkubus oder Sukkubus als Energiespender und sogar als Ele-
mental oder Familiar einsetzen. Sie unterstützen damit
auch ihre divinatorische Praxis und setzen die Wesen in
der Kampfmagie für den Energieabzug beim Gegner sowie
zur sympathiemagischen Übertragung von Heilkraft usw.
ein.

Immerhin sollte man diese Erfahrung jedoch einmal gemacht haben, weil sie oft Dimensionen der Sexualität öff-
net, die sonst wahrscheinlich verschlossen blieben. Auch
für den Astralverkehr mit einem menschlichen Partner
dient dies als vorzügliche Vorbereitung. Davon abgesehen
erhöht der regelmäßige Verkehr mit Sexualdämonen die
persönliche sexuelle Anziehungskraft gegenüber möglichen Sexualpartnern, wiewohl das Angezogensein seitens

eines magisch unerfahrenen Partners meistens von einer gewissen, oft uneingestandenen und unbewussten Furcht durchsetzt ist.

Bevor wir uns abschließend der eigentlichen Technik widmen, noch eine sehr ernst gemeinte Warnung: Besessenheit durch Inkubi oder Sukkubi ist sehr häufig ein Produkt der Verkopfung der Sexualität des Magiers oder der Magierin. Hier gilt das Gleiche, was wir bereits zum Thema »sexuelle Fantasien« gesagt haben. Auch eine frustrierende Sexualität auf der physischen Ebene ist eine denkbar schlechte Voraussetzung für den Verkehr mit Sexualdämonen. Gewiss, oft dient die Arbeit mit Inkubi und Sukkubi als Ersatz für einen menschlichen Sexualpartner, doch davon ist auf jeden Fall abzuraten. Wo Ersatz gesucht wird, besteht eine Lücke. Eine solche Lücke bedeutet immer einen Mangel an Kraft und somit die Gefahr einer Abhängigkeit von etwaigen »Kraftspendern«, wo doch eigentlich Stärke, Selbstbeherrschung und Kaltblütigkeit gefordert sind. Sobald jedoch eine solche Abhängigkeit entstanden ist, ist es sehr schwer, sie wieder zu beseitigen, was meistens gleich einer ganzen Serie von Bannungsritualen und Exerzitien bedarf. Wir werden später noch eine Technik beschreiben, die weitaus geeigneter ist, zu einer sexuellen Erfüllung ohne einen menschlichen oder feinstofflichen Partner zu führen.

Am leichtesten können Sie einen Inkubus oder Sukkubus mithilfe der Sigillenmagie herbeirufen, indem Sie beispielsweise mit dem Willenssatz »Ich will in dieser Woche im Traum einem Sukkubus begegnen« o. Ä. arbeiten. Sollten Sie immer noch Schwierigkeiten mit dem Erinnern von Träumen haben, können Sie eine entsprechende zusätzliche Unterstützung einbauen. Stellen Sie sich darauf ein, dass der Verkehr, der im Übrigen verlaufen kann wie jeder andere Sexualverkehr auch, nur eben auf der Traumebene, die ersten Male eine sehr seltsame Erfahrung sein dürfte, die sich mit Worten nicht präzise schildern lässt. In jedem Fall handelt es sich um eine generell als »nicht menschlich« empfundene Sexualität, weshalb die Sprache auch bei ihrer Beschreibung versagt. Häufig bleibt übrigens ein gewisses, durchaus reizvolles Gefühl der Unbefriedigtheit zurück.

Sie können stattdessen auch rituell auf den gewünschten Verkehr hinarbeiten, beispielsweise indem Sie einen Talisman oder Fetisch im Ritual entsprechend laden und diesen am Körper tragen. »Opferungen« (genauer: zur Verfügung gestellte Manifestationsenergie) in Form von Sexualsekreten sind dabei vorzuziehen. Es wurde schon erwähnt, dass gelegentlich magisch geladene Puppen oder Fetische als materielle Grundlage der Manifestation dienen, was mir jedoch als unnötiger Umweg erscheint und lediglich verwendet werden sollte, wenn man die Energie des Inkubus oder Sukkubus aus bestimmten Gründen materiell binden will, etwa bei der sogenannten Geisterfalle, einer Praktik, die allerdings vornehmlich beim Exorzismus und in der Kampfmagie Verwendung findet.

Selbstverständlich ist der Verkehr mit Sexualdämonen nicht auf den Traumzustand allein beschränkt. Sie können ihn auch mit entsprechender Sexualtrance beispielsweise im Ritual suchen, was oft noch viel intensiver ist als die Traumerfahrung. Solange Sie die oben aufgeführten Ermahnungen beherzigen, sind Ihrer Fantasie in diesem Punkt keine Grenzen gesetzt.

Im Übrigen gilt sinngemäß alles, was für den Umgang mit Dämonen, Hilfsgeistern, Elementarwesen, Familiaren, Psychogonen usw. ebenfalls angesagt ist: Lassen Sie sich auf keinen Fall auf voreilige Abmachungen (»Pakte«) mit diesen Wesen ein, und feilschen Sie notfalls so zäh, als gelte es, sich einen Ruf als orientalischer Teppichhändler aufzubauen! Im Ernst: Je natürlicher und selbstverständlicher, je »menschlicher« Sie also mit solchen Energien umgehen, desto geschützter sind Sie auch vor etwaigen negativen Folgen. Es mag zwar sein, dass das psychologische und das tantrische Paradigma stimmen und alle diese Wesen »nur« Projektionen unserer eigenen Psyche sind, doch werden sie im Augenblick des Kontakts mit Sicherheit nicht als solche erlebt. Sollte dem doch so sein, können Sie mit Sicherheit davon ausgehen, dass es sich nur um halb manifestierte Fantasiegebilde ohne eigenen Wesenskern handelt. Diese nennt man in der Literatur auch gelegentlich »Astrallarven«. Sich mit ihnen abzugeben, ist nicht nur Zeitverschwendung, sondern obendrein schädlich, weil dadurch nämlich die magische Wahrnehmungs- und Urteilsfähigkeit beeinträchtigt und erhebliche Energie gebunden wird. Entweder ist der Sexualdämon also völlig real (wenn auch vielleicht auf eine sehr flüchtige Weise), oder es handelt sich um eine belanglose Sinnestäuschung. (Dies ist nur eine Faustregel, die keine hundertprozentige Gewissheit bieten kann, doch immerhin kommen Sie damit schon ein gutes Stück weiter. Den Rest kann ohnehin nur die Erfahrung lehren.)

Eine weitere Form autoerotischer Praxis ist der sexualmagische Fetischismus. Streng genommen müsste sie auch hier aufgeführt werden. Da wir aber den sogenannten

»devianten« Praktiken einen eigenen Abschnitt gewidmet haben, werden wir den Fetischismus dort separat behandeln (s. S. 306 ff.).

Die autoerotische Arbeit mit Atavismen

Als Letztes sei die autoerotische Arbeit mit Atavismen genannt. Ich bin in meiner schon erwähnten Studie *Sigillenmagie in der Praxis* ausführlich auf die Atavismuspraktik eingegangen, sodass ich mich hier auf das Wesentliche beschränken und vor allem ihre sexualmagischen Aspekte behandeln will.

Unter einer magischen Atavismusarbeit verstehen wir die Kontaktaufnahme mit den vormenschlichen Existenzformen, die noch immer (auch im Menschen) genetisch präsent sind. Das Konzept, wie wir es heute kennen, stammt zwar von Austin Osman Spare, ist aber von seiner Grundstruktur her weitaus älter und findet sich in der einen oder anderen Form in fast allen schamanischen Kulturen. Im Allgemeinen beschränken wir uns dabei auf die Tierexistenzen, welche Teil unserer Evolution sind, doch gibt es inzwischen auch Ansätze, die auf noch frühere Entwicklungsstufen zurückführen.

Spare war der Auffassung, und mit ihm sind es auch heute noch zahlreiche Schamanen, dass die Urquelle aller magischen Kraft in unserer vormenschlichen Vergangenheit liegt. Je weiter wir also bewusstseinsmäßig die Evolutionsleiter hinabsteigen, desto mächtiger wird unsere Magie. Es ist dies auch der eigentliche Sinn sodomitischer sexualmagischer Praktiken, wie sie uns beispielsweise aus der Antike überliefert werden (Pan, Bock von Mendes usw.). Der

Ziegenbock des Hexensabbats hatte ebenfalls die Funktion, den Teilnehmenden ursprüngliche, unverfälschte Sexualmagis zu spenden.

Der Vorstoß in frühere Evolutionsschichten, die – wie die Entwicklung eines jeden Embryos im Mutterleib zeigt – zumindest organisch noch immer gespeichert sind, lässt sich auf meditativem Weg erreichen. Wirkungsvoller ist jedoch die Arbeit mit Sigillen und entsprechenden sexualmagischen Ritualen. Pete Carroll berichtet in *Psychonautik*, wie er einst als Anfänger mit Sigillenmagie experimentierte und eine Sigil lud, »um das Karma einer Katze« zu erhalten. (Unter »Karma« wird im Spare'schen System die Summe aller Lebenserfahrungen verstanden, also nicht etwa, wie das Wort sonst üblicherweise gebraucht wird, eine Art Bilanz aller Soll- und Habenposten bzw. Ursachen, deren Wirkungen erst noch ausgelebt werden müssen.) Nachdem er die Operation schon fast vergessen hatte, begegnete Carroll eines Abends auf der Straße einer Katze. Plötzlich sprang zwischen der Katze und ihm ein Funken über, und er jagte schreiend und fauchend durch die Straßen. Seitdem hatte er übrigens sehr häufig Ärger mit Hunden!

Diese Anekdote ist ein Beispiel für einen zwar wirkungsvollen, aber ungesteuerten Atavismus. Die meisten Anfänger werden den ersten Atavismus wahrscheinlich in ähnlicher Form erleben, weshalb es sich auch empfiehlt, solche Erfahrungen zunächst nur auf der Traumebene zu suchen.

Haben Sie sich für einen bestimmten Atavismus entschieden, können Sie ihn durch Ladung einer Sigil herbeirufen. Sie können bei der autoerotischen Arbeit aber auch folgendermaßen vorgehen: In Ihrem Schutzsymbol (oder im Ritualkreis) stehend, versetzen Sie sich in eine entsprechende Tiertrance, während Sie sich zugleich sexuell stimulieren. Genau genommen handelt es sich dabei um eine Art »Doppeltrance«, was natürlich eine Menge Tranceerfahrung verlangt. Eine Schwierigkeit besteht auch darin, den Höhepunkt der sexualmagischen Operation mit dem Höhepunkt der Tiertrance zu synchronisieren. Der Effekt dieser Arbeit, sofern sie korrekt durchgeführt wurde, wird eine erhebliche Stärkung Ihrer magischen Kraft und Fähigkeit sein. In der Regel werden Sie sich dann bei sehr wichtigen Operationen der Tiertrance bedienen, um die Magis zu lenken wie gewünscht. Beherrschen Sie diese Technik erst einmal, können Sie auf die meisten anderen Tranceformen verzichten, weil sie praktisch alles abdeckt, was ein Magierherz begehrt. Beachten Sie, dass wir Ihnen hier nicht vorschreiben, mit welchen Tierformen Sie arbeiten sollen, das sollten Sie selbst entscheiden. Allgemein lehnen Schamanen die Arbeit mit Haustieren (also mit domestizierten Gattungen) ab, weil diese zu viel von ihrer ursprünglichen Wildheit verloren haben. Tatsächlich geraten die meisten Menschen beim schamanischen Krafttiertanz ausschließlich an wilde Tiere.

Der Atavismus kann behandelt und eingesetzt werden wie ein Doppelgänger, Familiargeist oder Psychogon, ist diesen aber in der Regel energetisch überlegen und besitzt vor allem eine viel größere Selbstständigkeit, sodass seine Beherrschung einen unbeugsamen Willen, aber auch eine gewisse Kompromissbereitschaft seitens des Magiers oder der Magierin verlangt. Wir werden weiter unten noch eine heteroerotische Variante der Atavismusarbeit vorstellen (s. S. 247 f.).

Heteroerotik

Bevor wir auf die heteroerotische Praxis der Sexualmagie eingehen, wollen wir noch auf ein wichtiges Thema hinweisen, das sehr oft missverstanden wird.

Es ist beachtenswert, wird aber leider selten kommentiert, dass sich in die Sexualmagie eines Aleister Crowley eine »Natürlichkeitsvorstellung« eingeschlichen hat, wie sie selbst die der katholischen Kirche in den Schatten stellt. Völlig abgesehen davon, dass Crowley eingestandenermaßen die Rolle der Frau ganz betont als Gebärerin sah und aus diesem Grund jegliche Abtreibung kategorisch ablehnte, hat sich nicht zuletzt auch durch seinen großen Einfluss bis in unsere Tage eine geradezu mittelalterlich anmutende Einstellung zur Empfängnisverhütung erhalten, die ich persönlich nur als Produkt wüstesten Aberglaubens werten kann. Da wird dann (auch vonseiten seiner Epigonen) dreist behauptet, dass Empfängnisverhütung oder vergeudeter Samen »Dämonen« erzeugt, und was der Merkwürdigkeiten mehr sind. Gewiss, dahinter stehen uralte magische Vorstellungen, wie sie sich auch in der Bibel beispielsweise mit ihrer Ablehnung der Masturbation (»Onanie«) und ihrem unheilvollen »seid fruchtbar und mehret euch« finden. Doch nicht alles, was alt und überliefert ist, ist auch unbedingt gut. Ich will die Entscheidung darüber Ihnen selbst überlassen, kann jedoch aus meiner Erfahrung, auch mit anderen Magiern, nur festhalten, dass sich Derartiges in der Praxis einfach nicht bestätigt hat.

Für historisch interessierte Leser sei hier festgehalten, dass es auch völlig gegenteilige Überlieferungen gibt. So sahen etwa die späthellenistischen Gnostiker in der Fortpflanzung das Machwerk des Demiurgen Ialdabaoth (= Jehova), der seinen Herrschaftsbereich mit diesem Gebot ausdehnen und den jedem Lebewesen eigenen »Gottesfunken« durch unkontrollierte Fortpflanzung in immer kleinere Bruchstücke aufspalten, ja atomisieren wollte. So entstanden ausschweifende gnostische Sekten wie etwa die Simonianer und andere »Sperma«- oder »Barbelo-Gnostiker«, welche teilweise ihren Mitgliedern die Fortpflanzung als widergöttlichen Frevel sogar untersagten und dem rituellen Abort einen hohen Stellenwert einräumten (bis hin zum rituellen Verzehr des Fötus, wenn man den Quellen glauben darf), was ihnen natürlich die erbitterte Feindschaft der Kirchenväter eintrug, zumal die gesamte Gnosis der schärfste Konkurrent des aufstrebenden Frühchristentums war. Mir persönlich scheint diese Haltung nicht abstruser zu sein als die gegenteilige, die unter dem Vorwand der angeblichen »Lebensbejahung« noch immer keine Lehre aus den katastrophalen Folgen einer Überbevölkerung gezogen hat – ganz und gar vom Demiurgen verblendet, wie der hellenistische Gnostiker sagen würde.

Es liegt schon eine gewisse Ironie in der Tatsache, dass selbst das heutige Papsttum zumindest in diesem Punkt ausgerechnet am »Großen Tier« Aleister Crowley seine wahre Freude gehabt hätte! Nimmt man den gerade von Crowley propagierten Satz »Deus est homo – homo est deus« (»Gott ist der Mensch – der Mensch ist Gott«) ernst, so erscheint es geradezu abartig, diesem Gottmenschen Vorschriften darüber machen zu wollen, wie er es ausgerechnet mit der Empfängnisverhütung zu halten habe, da doch gerade dieser Bereich wie auch die Sexualität im Allgemeinen stets ein bevorzugtes Instrument der Unterdrückung gewesen ist. Bei Crowley spricht daraus auch seine nicht wegzuleugnende Frauenverachtung, die freilich seinem Erfolg beim anderen Geschlecht keinen Abbruch getan hat. Wer wie er als Lebemann kopulierend durch die Gegend zog und seinen Samen auf dem ganzen Erdball verteilte, ohne sich über die Folgen Gedanken zu machen, und die Konsequenzen seines Tuns seinen Partnerinnen überließ (wiewohl er durchaus kinderlieb war), der handelte, wie ich meine, schon damals nur verantwortungslos und unreflektiert altäonisch bzw. patriarchalisch. Doch dies ist meine persönliche Einschätzung, die Sie sich natürlich nicht zu eigen machen müssen. Ich bitte Sie lediglich, sorgfältig zu bedenken, wie Sie es mit der Empfängnisverhütung halten wollen, und zwar auf möglichst angstfreie, vernünftige Weise. Bei Praktiken, die nach dem Umgang mit dem männlichen Samensekret verlangen, ist allerdings natürlich auf den Gebrauch von Präservativen zu verzichten.

Die heteroerotische Praxis der Sexualmagie kennt grundsätzlich zwei verschiedene Angänge: die Arbeit mit einem Partner, der um die sexualmagische Operation weiß, und die Arbeit mit einem Partner, dem gar nicht bewusst ist, dass er an einer solchen teilhat. (Der sprachlichen Einfachheit halber wird im Folgenden das Wort »Partner« stets für Partner beiderlei Geschlechts verwendet, wo es nicht eindeutig anders gemeint ist.)

Das mag zunächst überraschen, liegt es doch auf der Hand, dass die Arbeit in der Regel viel wirkungsvoller sein müsste, wenn beide Partner auf dasselbe Ziel hinarbeiten. Dem ist auch im Prinzip so, dennoch kommt die Arbeit mit einem nicht eingeweihten Partner sehr häufig vor, wofür uns Aleister Crowley in seinen sexualmagischen Tagebüchern zahlreiche Beispiele geliefert hat. Für ein solches Verhalten kann es mehrere Gründe geben.

Zum einen kann es einfach praktischer sein, wenn der Partner nicht in die magische Operation eingeweiht ist. Es ist schließlich nicht immer sehr leicht, einen Partner zu finden, der überhaupt zur Magie positiv eingestellt ist. Wenn es gar um die gefürchtete Sexualmagie geht, brechen bei vielen Menschen oft sämtliche Vorurteile und Ängste hervor, die man sich nur denken kann. Da der Magier nur seinem eigenen wahren Willen (Thelema) gehorchen soll, wird er sich über eventuelle moralische Bedenken gegen ein solches Vorgehen meistens hinwegsetzen. Andererseits ist dies auch eine Frage der Einstellung und der persönlichen Ethik. Es gibt eine Reihe von Magiern und Magierinnen, die dergleichen ablehnen, nicht zuletzt übrigens auch aus technischen Gründen, auf die wir gleich noch eingehen wollen.

Zum anderen kann die Übung der eigenen sexualmagischen Entwicklung und der Überwindung von eingefahrenen Verhaltens- und Angstmustern dienen. Wer beispielsweise Angst davor hat, mit Prostituierten zu verkehren, der wird dies, wenn er seine Entwicklung zum Sexualmagier ernst nimmt, gerade aus diesem Grund tun. Die damit verbundene innerseelische Spannung kann eine mächtige gnostische Trance auslösen, mit der sich exzellente Ergebnisse erzielen lassen. Oder es geht um die Überwindung von Ekelmustern. So gab Crowley etwa in seiner New Yorker Zeit Anzeigen auf, in denen er (als »Künstler, der ein Modell sucht« getarnt) Kontakt zu buckligen, verkrüppelten, tätowierten und ganz allgemein »möglichst hässlichen« Frauen suchte, um mit seiner entsprechenden Ekeltrance sexualmagisch zu arbeiten. Da eine allzu große seelische Nähe und Sympathie in solchen Fällen den (ohnehin in Wirklichkeit stets nur illusionären) Ekel nur mindern würde, wäre es nicht sehr sinnvoll, den Partner hier zuerst in die Praxis der Sexualmagie einzuweihen.

Dient der nicht eingeweihte Partner nur als Ersatz, weil kein anderer zur Verfügung steht, muss man sich allerdings fragen, weshalb man nicht gleich autoerotisch arbeitet. Meistens haben solche Operationen nämlich lediglich den Charakter eines Energievampirismus – eine Praktik, die ich unter anderem deswegen nicht empfehle, weil sie im Nachhinein bei den meisten Menschen ungewollt Schuldgefühle und ein schlechtes Gewissen weckt. Kaum etwas ist der Magie abträglicher! Es bleibt Ihrer persönlichen Ethik überlassen, wie Sie dies handhaben wollen. Auf jeden Fall sollten Sie sich aber davor hüten, daraus eine regelmäßige Praxis zu machen, weil Sie sonst erstens auf höchst subtile und unbemerkte Weise eine katastrophale Abhängigkeit davon entwickeln werden und es Ihnen zweitens unter Umständen emotionale Störungen »bescheren« könnte, die Ihre anderen sexuellen und emotionalen Beziehungen belasten dürften. Allerdings werden Sie möglicherweise feststellen, dass die Energiequalität beim heteroerotischen Akt eine völlig andere ist als beim autoerotischen. Weiter kann es sein, dass Sie diese heteroerotische Art von Energie gerade dann benötigen, wenn kein sexualmagisch aufgeschlossener und erfahrener Partner zur Verfügung steht. Dann müssen Sie das dadurch eventuell entstehende Dilemma eben meistern und sich irgendwie entscheiden! Generell sind allerdings die meisten

Magier der Auffassung, dass es sich mit dem Prinzip der weltanschaulichen und sexuellen Freiheit, welches die Magie vertritt, nicht vereinbaren lässt, einen Menschen gegen seinen erklärten oder unerklärten Willen zur Magie zu zwingen oder sich ohne sein Wissen seiner Energie zu bedienen ...

Sind beide Partner zur Sexualmagie bereit, sollte sichergestellt sein, dass sich beide auf dem gleichen Energieniveau befinden. Ist dies nämlich nicht der Fall, wird der energetisch schwächere Partner zwar meistens eine Energiesteigerung erfahren, doch die muss der stärkere dafür mit einer Schwächung bezahlen, was nicht wünschenswert ist.

Wir können hier nicht auf sämtliche Möglichkeiten heteroerotischer Praxis eingehen, nicht nur, weil dies ein ganzes Buch für sich füllen würde; es wäre auch nicht sinnvoll, weil Sie auf diese Weise nur einen ohnehin niemals vollständigen Katalog von Techniken erhielten, anstatt, wie wir es vorziehen, die Grundstrukturen zu erlernen, um alles Weitere selbst daraus abzuleiten. So wollen wir stattdessen Schwerpunkte setzen, und zwar vor allem auf den sexualmagischen Energieaustausch zwischen Partnern, auf die Intensivierung magischer Willensakte durch sexualmagische Partnerarbeit, auf die heteroerotische Arbeit mit Atavismen und auf die berüchtigte Operation zur Zeugung eines »Mondkinds«. Das meiste, was Sie in diesem Buch zu anderen Praktiken geboten bekommen, lässt sich mit etwas Fantasie und Einfühlungsvermögen sinngemäß auch für die heteroerotische Arbeit verwenden.

Sexualmagischer Energieaustausch zwischen Partnern

Eine der wohl verbreitetsten sexualmagischen Techniken ist der Energieaustausch zwischen einem kranken und einem gesunden Partner. Meist wird das Vorgehen aus der Sicht des Mannes geschildert, doch gibt es keinen Grund, weshalb der Energieaustausch von Frauen nicht ebenso praktiziert werden sollte, und tatsächlich geschieht dies oft genug – es wird eben nur nicht darüber geredet. Hier eine Schilderung aus der ehrwürdigen Bibel (1. Könige, 1, 1–4): »*Als aber der König David alt war und hochbetagt, konnte er nicht warm werden, wenn man ihn auch mit Kleidern bedeckte. Da sprachen seine Großen zu ihm: Man such unserm Herrn, dem König, eine Jungfrau, die vor dem König stehe und ihn umsorge und in seinen Armen schlafe und unsern Herrn, den König wärme. Und sie suchten ein schönes Mädchen im ganzen Gebiet Israels und fanden Abisag von Sunem und brachten sie dem König. Und sie war ein sehr schönes Mädchen und umsorgte den König und diente ihm. Aber der König erkannte sie nicht.*«

Beachten Sie die folgenden Formulierungen: »den König wärmen« und »der König erkannte sie nicht«. Mit dem »Wärmen« ist gewiss keine banale Übertragung von Körperwärme gemeint (diese Aufgabe hätte jede andere Frau auch übernehmen können). Vielmehr handelt es sich vor allem um einen Austausch von Vitalenergie oder, wie man es früher nannte, »tierischem Magnetismus«, welcher sich meistens als innere Wärme äußert. (Wie denn umgekehrt auch ein Mangel an Vitalenergie meistens mit großer innerer Kälte einhergeht, der mit gewöhnlichen Methoden der Wärmezufuhr nicht beizukommen ist.)

Das biblische Wort »erkennen« meint bekanntlich den Beischlaf. Es ist sehr wahrscheinlich, dass dieses »Nicht-erkennen« eine Grundbedingung der ganzen Therapie war. Denn nur durch die Übertragung der Sexualmagis ohne ihre Entladung durch Geschlechtsverkehr und Orgasmus kann diese Praktik den gewünschten Erfolg bewirken.

Die Praxis der Energieübertragung zur Heilung und Kräftigung eines Partners

Ist ein Partner geschwächt oder krank und sieht er keine andere Möglichkeit, seinen Energiepegel wieder zu steigern, legt er sich in unbekleidetem Zustand auf ein Lager. Der andere Partner legt sich nach einer Meditation und Kraftaufnahme ebenfalls unbekleidet zu ihm, sodass der Körperkontakt möglichst eng ist. Beide Partner finden zu einem einheitlichen Atemrhythmus, der möglichst lang und tief sein sollte. Der Kranke sollte einatmen, wenn der Heiler ausatmet, und umgekehrt. Ist die Atemsynchronisation hergestellt, konzentriert sich der Patient darauf, die Magis des Partners mit jedem Atemzug durch sämtliche Poren einzusaugen, um sie beim Ausatmen durch seinen ganzen Körper strömen zu lassen. Der energiespendende Partner konzentriert sich seinerseits darauf, seine Energie auf den anderen zu übertragen. *Jede sexuelle Betätigung ist unbedingt zu unterlassen!* Dennoch ist eine gewisse sexuelle Erregung dabei durchaus erwünscht, da sie die Energieaufnahme stark fördert. Die Übertragung wird so lange wie möglich ausgeführt, mindestens aber eine Stunde lang, es sei denn, der energiespendende Partner fühlt sich über Gebühr geschwächt. Mehrmalige tägliche Übertragungen sind, nach Maßgabe der Kondition des spendenden Partners, möglich. In schweren Fällen wird die Praktik über mehrere Wochen durchgeführt.

Empfehlung für den energiespendenden Partner

Es ist ein Gesetz jeder magischen Heiltechnik, dass Sie niemals einseitig Ihre eigene Energie abgeben sollten! Das bedeutet, dass Sie die Energie, die Sie spenden, erst woanders hernehmen müssen, bevor Sie sie weitergeben dürfen. Sie machen sich also zum Kanal für diese Energie, behalten Ihre eigene Energie aber für sich. Alles andere wäre der reinste energetische Selbstmord! Lassen Sie sich auch nicht aus Mitleid zu einer solchen Torheit überreden. Geben Sie niemals einseitig Ihre eigene Energie ab, ohne dafür im Gegenzug Kraft zu empfangen! Möglichkeiten, Heilenergie aufzunehmen, gibt es viele: Sie können sich mit Runenübungen energetisieren, Energie aus der Sonne oder aus der Erde nehmen, von den vier Elementen, von Bäumen, Tieren, Steinen usw. Entsprechende Techniken haben Sie teils schon geübt, teils können Sie sie auch jedem gutem Werk über angewandte Geistheilung entnehmen.

Wenn Sie derart verfahren, ist es keineswegs notwendig, wie im Beispiel König Davids unbedingt dafür zu sorgen, dass zwischen beiden Partnern ein großes Alters- und somit Energiegefälle besteht. Gewiss, es war und ist alter orientalischer Brauch, dass sich vor allem Männer zu sehr jungen, möglichst unberührten Mädchen legen, ohne jedoch mit ihnen sexuell zu verkehren, um sich ihrer Energie zu bedienen. (Dies wird beispielsweise auch von Mahatma Gandhi berichtet.) Ebenso häufig finden wir auch in unserer Kultur Großeltern, die aus einem ähnlichen Grund, wenn auch unbewusst, ihre Enkelkinder gern zu sich ins Bett nehmen. Dabei handelt es sich jedoch – ob bewusst oder nicht – um einen völlig unnötigen Energievampirismus. Wenn der energiespendende Partner nämlich um seine eigene Energieaufladung weiß und es auch versteht, die derart gespeicherte Energie an den anderen weiterzugeben, kann man auf derlei Manipulationen nichts ahnender Opfer getrost verzichten.

Ritueller sexualmagischer Energieaustausch als Energetisierungsübung und Vorbereitung eines magischen Willenssatzes

Beide Partner sind ausgeruht und auf der Höhe ihrer Kräfte. Die letzte Mahlzeit sollte schon einige Stunden zurückliegen. Von Alkohol und anderen Stimulanzien ist die ersten Male abzusehen. Der Arbeitsraum ist gut beheizt, das Lager ist bequem, aber nicht zu weich. Die Partner sind unbekleidet. Sämtliches Metall am Körper, mit Ausnahme von Amuletten oder Talismanen, ist zu entfernen. Es wird im magischen Schutzkreis gearbeitet.

Ein Partner legt sich auf den Rücken und entspannt sich. Der andere beginnt ihn sanft zu streicheln. Zuerst den ganzen Körper entlang wie bei der sexualmagischen Tiefentspannung beschrieben, dann an den erogenen Zonen mit Ausnahme der primären Geschlechtsorgane. Der liegende Partner soll stimuliert, doch nicht bis an den Rand des Orgasmus gebracht werden. Er stellt mit geschlossenen Augen den Kleinen Energiekreislauf her und gibt sich der Berührung durch den anderen hin, ohne dabei jedoch die sexuelle Beherrschung zu verlieren. Ist er hinreichend erregt und entspannt zugleich, gibt er dem Partner ein Zeichen. Nun setzen sich beide mit geschlossenen Augen einander gegenüber und versenken sich in ihren eigenen Atemrhythmus. Nach einer vorher vereinbarten Zeit oder Anzahl von Atemzügen tauschen die Partner die Rollen. Es kommt jedoch dazwischen zu keiner sexuellen Entladung!

Ist auch der zweite Partner hinreichend erregt (die Erregung des ersten Partners sollte inzwischen nicht wesentlich abgeflaut sein, der Mann sollte erektionsfähig – wenngleich möglicherweise mit halb schlaffem Glied –, die Frau orgasmusfähig bleiben), vereinen sich beide Partner im Sitzen und versuchen, einen aufeinander abgestimmten, versetzten Atemrhythmus herzustellen. Beide Partner halten gleichzeitig ihren Kleinen Energiekreislauf in Gang. Nun findet der eigentliche Austausch der Magis statt: Die Partner küssen einander und übertragen ihre Energie über Mund und Geschlechtsorgane. So wird also die den Rücken emporsteigende Energie des einen Partners beim Hinabströmen durch den Mund in den Energiekreislauf des anderen eingespeist, während von diesem die Energie mit den Geschlechtsorganen aufgenommen und den Rücken emporgeleitet wird. Nach einer Weile wird die Fließrichtung umgekehrt.

Ist dies erreicht, setzen beide Partner den Verkehr sanft, aber eindeutig fort, ohne jedoch einen Orgasmus herzustellen. Dies ist aus zwei Gründen wichtig: Zum einen dient die Orgasmusvermeidung einer echten und zuverlässigen Energieaufnahme, zum anderen fungiert diese Praktik beispielsweise bei der Erfolgsmagie als Einleitung für den eigentlichen magischen Willensakt (z. B. Sigillenaktivierung, Amulettladung, Fluchverhängung usw.), dem der Orgasmus vorbehalten bleibt. Bei hinreichend entwickelter Sensibilisierung wird das männliche Fluidum ganz deutlich als heiß und trocken, das weibliche dagegen als kalt und feucht wahrgenommen werden. Die Sexualmagis jedes Partners wird durch die des anderen »gefiltert« und sublimiert: Ein Übermaß an Yang wird durch entsprechendes Yin ausgeglichen und umgekehrt, wie der Tao-Meister sagen würde. Gleichzeitig erfolgt eine deutliche Höherpolung oder Intensivierung der Sexualmagis, die nicht selten in einen Tal- oder Ganzkörperorgasmus mündet. Doch auch dieser sollte im Falle einer weitergehenden Operation der eigentlichen magischen Arbeit vorbehalten bleiben.

Geht es um den Energieaustausch allein, von dem übrigens jeder der Partner gleichermaßen profitieren wird, wird die Übung nach einer Weile beendet, ohne dass ein Orgasmus stattfindet. In diesem Fall sollten Sie den nächsten Orgasmus frühestens vier Stunden nach Beendigung der Operation zulassen. Sie können aber auch damit experimentieren, beispielsweise eine Woche lang Ihrem Partner auf diese Weise beizuwohnen, ohne einen Orgasmus zu haben und ohne einen solchen zwischendurch auf anderem Wege herbeizuführen, also auch nicht autoerotisch. Schließlich erfolgt dann als Höhepunkt dieser Praktik nach einer Woche im Anschluss das gewünschte magische Ritual mit Genitalorgasmus beider Partner.

Sie werden feststellen, dass diese Übung Ihre Sexualität erheblich intensiviert, Ihren Energiepegel hebt, Ihre Gesundheit fördert, Ihre Spannkraft steigert und Ihre magische Kapazität auf Dauer vervielfacht. Das ist nicht zu viel versprochen, ein entsprechender Versuch wird Sie bald von der Richtigkeit dieser Feststellung überzeugen.

Orgasmus und Willensakt

Verwenden Sie diese heteroerotische Praxis als Einleitung zu einem rituellen magischen Willensakt, dann gehen Sie nunmehr dazu über, diesen vorzubereiten. So werden Sie etwa bei einer Invokation mit der Anrufung und dem Vortrag der Hymne beginnen, auf den Orgasmus hinarbeiten, um eine Sigil zu aktivieren usw. Dabei ist es nicht notwendig, dass beide Partner ihren eigenen Orgasmus gleichzeitig erfahren; es genügt sogar, wenn nur einer der beiden den Orgasmus erreicht, sofern es sich um eine Operation handelt, die nur ihn allein betrifft, bei der der andere also eher der energetischen Unterstützung dient. Geht es jedoch um einen gemeinsamen magischen Willensakt, so ist es zwar vorteilhaft, wenn beide Partner einen synchronen Orgasmus erfahren, doch ist dies keineswegs eine zwingende Bedingung für den Erfolg der Operation. Der in den 60er-Jahren aufgrund einer falsch verstandenen und überhasteten Aufklärung entstandene Aberglaube, beide Partner müssten möglichst immer einen gleichzeitigen Orgasmus erfahren, hat mehr Unheil angerichtet, als oft erkannt wird. Wenn nämlich krampfhaft nach dieser Gleichzeitigkeit gestrebt wird, stellt sie sich erstens nur in den wenigsten Fällen ein, und zweitens führt dies durch den künstlichen Erfolgszwang im Endeffekt zu einer neuen, andersartigen Verklemmtheit. Partner, die energetisch sehr gut harmonieren und womöglich schon lange zusammenarbeiten, können einen solchen gemeinsamen Orgasmus relativ mühelos herstellen, wenn sie wollen, doch werden auch sie sich in der Regel dagegen entscheiden und den synchronen Orgasmus für ganz spezielle Operationen aufheben.

Crowley bestand darauf, wir erwähnten es bereits, nach dem sexualmagischen Verkehr das »Elixier«, also die Mischung der Sexualsäfte beider Partner oral zu sich zu nehmen. Er weissagte sogar (allerdings leider meist nur mit sehr mäßigem Erfolg) aus seiner Konsistenz. Wir haben schon darauf hingewiesen, dass dahinter ein eher naiver Glaube an das Primat steckt, um keinen Preis den männlichen Samen zu vergeuden. Andererseits hat er dies bei autoerotischen Operationen allen Hinweisen zufolge nie (oder allenfalls sehr selten) getan, sodass man sich die Frage stellen muss, was das Ganze überhaupt soll. Wie dem auch sei: Ich will Ihnen keine Vorschriften machen, wie Sie es mit dieser Praktik halten sollen, deshalb sei sie der Vollständigkeit halber auch erwähnt. Natürlich wird das Sekret oft dazu benutzt, die Sexualmagis auf einen Gegenstand (Talisman, Amulett, Fetisch, Puppe usw.) zu übertragen. Hier hat es aber eine symbollogisch klar erkennbare Funktion, was dieses Vorgehen, wie ich meine, tatsächlich sinnvoll macht.

Die Erfahrung hat immer wieder bestätigt, dass magische Operationen nach der obigen Methode sehr häufig zu weitaus schnelleren, überzeugenderen und präziseren Ergebnissen führen als andere, auch autoerotische. Dies muss allerdings nicht bei jedem Magier der Fall sein, folglich sollten Sie diesbezüglich erst Ihre eigenen Erfahrungen sammeln, bevor Sie sich dafür oder dagegen entscheiden.

Astrale Sexualität

Sollte Ihr Partner oder Ihre Partnerin das Astralreisen bereits beherrschen, können Sie sich auch gemeinsam auf der Astralebene vergnügen, wobei Ihrer Fantasie natürlich keine Grenzen gesetzt sind … Dies ist eine gute Methode, um Trennungen zu überwinden, und es fördert andererseits die magische Selbstständigkeit beider Beteiligten sowie die magische Wirksamkeit ihrer Energien. Wenn es möglich sein sollte, können Sie dies besonders gut unmittelbar nach dem Geschlechtsakt (mit oder ohne Orgasmus) tun. Dazu legen sich beide Partner in der Totenlage nebeneinander und führen einen Astralaustritt herbei. Das liest sich natürlich einfacher, als es in Wirklichkeit ist. Es gibt auch die Möglichkeit, dass beide Partner sich noch einmal physisch vereinen und nun gemeinsam aus ihren physischen Körpern austreten, um ihr Liebesspiel im Astralkörper fortzusetzen. Sollte Ihnen dies zu fantastisch klingen, so versuchen Sie es einfach einmal. Das Ergebnis wird Sie wahrscheinlich überraschen! Dies ist auch eine hervorragende Vorübung für das Ritual der Chymischen Hochzeit, welches wir im letzten Kapitel behandeln (s. S. 366 ff.).

Der Zeitpunkt nach dem Geschlechtsakt hat sich als besonders förderlich erwiesen, weil dann vornehmlich durch die Auflösungserfahrung des Orgasmus die Bindungen des Astralleibs an den physischen Körper durch dessen Erschöpfung besonders locker sind. (Ein Psychologe könnte auch argumentieren, dass die Tendenz zu geistigen »Höhenflügen« nach dem Orgasmus besonders stark ist.)

Es ist aber auch möglich – und viele Paare empfinden

dies als sehr hilfreich – den Astralaustritt bereits mit dem Orgasmus zu koppeln, also mit diesem zeitgleich herbeizuführen.

Sollten Sie einen Tal- oder Ganzkörperorgasmus erfahren, wird der Astralaustritt zu einem Kinderspiel. Wenn Sie Ihre Sexualmagis entsprechend beherrschen, können Sie plötzlich astral aus dem physischen Körper herausschießen wie eine Rakete!

Verkehr mit dem imaginierten Partner

Eine beliebte Möglichkeit, eine große geografische oder zeitliche Trennung mit magischen Mitteln zu überwinden, ist der Verkehr mit dem imaginierten Partner. Technisch gesehen handelt es sich dabei zwar um eine autoerotische Praktik, doch wenn der Partner hinreichend kraftvoll imaginiert wird, wird er – sofern er generell dazu geeignet und willens ist – an diesem Astral- bzw. Mentalverkehr aufs Intensivste teilhaben. Viele Liebende erleben dieses Phänomen auch ohne jede magische Schulung, doch ist dies dann in der Regel eine rein zufällige Erfahrung, während der Magier es versteht, sie willentlich und kontrolliert herbeizuführen.

Heteroerotische Arbeit mit Atavismen

Sind beide Partner mit der praktischen Atavismusarbeit bereits vertraut, können Sie diese auch gemeinsam im sexualmagischen Ritual durchführen. Das Ritual unterscheidet sich nicht von dem eben (s. S. 246 ff.) geschilderten, nur dass anstelle des Astralaustritts die Tiergestalt angenommen wird. Dabei ist die gewählte sexuelle Stellung selbst unerheblich.

Jeder Partner konzentriert sich dabei auf seinen eigenen Atavismus. Versuchen Sie also nicht, den Atavismus des anderen wahrzunehmen oder gar zu »erraten«. Wenn die Operation magisch hochgepolt genug verläuft, werden sich derlei Fragen gar nicht erst stellen.

Bevor Sie heteroerotisch mit Atavismen auf bestimmte Ziele hinarbeiten, sollten Sie sich zuerst einige Male gründlich mit dieser Form der Atavismenarbeit in Gemeinsamkeit mit einem Partner vertraut machen. Es kann nämlich vorkommen, dass sich die beiden Grundatavismen der Partner nicht sonderlich gut vertragen.

Ein Grundatavismus ist gewissermaßen die atavistische Essenz eines Magiers oder einer Magierin: eine Energieform (überwiegend eine Tiergestalt), die wie eine Matrix hinter allen anderen steht und sich erst nach und nach bei entsprechender Reife des Adepten offenbart. Er ist die Urquelle aller persönlichen magischen Kraft und Macht. In der afrikanischen Magie nennt man diese Energieformen auch Clanwesen oder Clantiere.

In der christlich-jüdischen Magie des Abendlands spricht man vom »heiligen Schutzengel«, zu dem der Magier, und dies ist seine höchste Aufgabe, Kontakt herstellen muss. Dieses Wesen entspricht dem, was in vielen okkulten Lehren als »höheres Selbst« definiert wird. Zu ihm vorzustoßen ist eigentliches Ziel aller atavistischen Arbeit.

Sollte sich eine solche Unverträglichkeit individueller Atavismen als unüberwindbar erweisen, muss auf gemeinsame Atavismusarbeit leider verzichtet werden. Der eigene Grundatavismus wird dann aber bei Bedarf in der

Regel für einen geeigneten Partner Sorge tragen, falls dies wirklich erforderlich sein sollte.

Vertragen sich die Grundatavismen gut und ergänzen sie einander sogar, sind der magischen Macht des Paares im Prinzip keine Grenzen mehr gesetzt. Denn der Grundatavismus oder heilige Schutzengel ist anerkanntermaßen die höchste Stufe der magischen Einweihung. Dies heißt allerdings leider nicht, dass jeder Magier, der Kontakt zu seinem Grundatavismus hergestellt hat, dieser Stufe auch sofort gerecht wird! Doch das ändert sich durch zunehmende Auseinandersetzung mit der Energieform, die übrigens meist recht unbequem ist, reißt sie uns doch aus so manchem lieb gewonnenen weltanschaulichen, moralischen und sonstigen Trott.

Der Partner als Priester/Priesterin – die Arbeit mit Gottheiten

Grundsätzlich müssen natürlich nicht beide Partner in gleicher Weise sexualmagisch aktiv sein. So dient bei der satanistischen schwarzen Messe eine Frau (eigentlich: eine Jungfrau) als Altar, der von einem oder mehreren männlichen Teilnehmern begattet wird. Hier hat die Frau eine völlig passive Rolle. (Allerdings verkörpert sie in ähnlichen neuheidnischen Riten die Erde, die aufgebrochen und befruchtet wird.)

Weniger bekannt sind Partnerrituale des Mondes (speziell: des Neu- oder Schwarzmondes), der Erdmutter (auch: der Erdmütter), der Hekate usw. Bei diesen Ritualen ist der Mann der passive, dienende Partner. Daran ändert auch nichts die Tatsache, dass seine Erektion für das Ritual erforderlich ist. Überhaupt wird die Funktion der Erektion oft missverstanden bzw. fälschlich als Zeichen der reinen Aktivität interpretiert. So ist es beispielsweise auch ein weitverbreiteter Irrglaube, dass ein Mann nicht von einer oder mehreren Frauen vergewaltigt werden kann. Bei geschickter Handhabung und Reizung seitens der Frau (oder eben der Frauen) gibt es kaum einen Mann, der nicht ebenso vergewaltigt werden könnte wie eine Frau in vergleichbarer Situation.

Kein Mann, der Frauen nicht nur vom Hörensagen kennt oder sie nicht nur durch die Brille seiner die eigenen Minderwertigkeitsgefühle verschleiernden Vorurteile sieht, wird die gewaltige aktive Sexualkraft der Frau leugnen. Frauen selbst wissen freilich darum, und interessanterweise wissen sie meistens auch mehr über die passiven Aspekte männlicher Sexualkraft als die Männer selbst. Denn dies ist intuitives Wissen, dem sich der Mann durch seine patriarchalische Überbetonung des Verstands und der Logik (mit der es in echten Stresssituationen dann meistens doch nicht sonderlich weit her ist) sehr häufig verschließt. Es ist sicher kein Zufall, dass die meisten männlichen Adepten ausgesprochene Mondmagier sind, während gerade die Magierinnen oft besser mit dem Sonnenprinzip arbeiten können.

Priester oder Priesterin – das bedeutet, Vermittler der Gottheit zu sein, ihr Vehikel. Ist die Frau die Priesterin, leitet sie auch das Ritual. Der männliche Partner dient ihr als Erfüllungsgehilfe – und natürlich umgekehrt. Beide nehmen das Priesteramt nur dann gleichzeitig wahr, wenn sie gemeinsam ein Gruppenritual leiten (etwa den Großen Ritus im Wicca-Kult).

Zur Arbeit mit Gottheiten gehört natürlich die Invokation. Technisch gesehen handelt es sich dabei um eine gezielt herbeigeführte, zeitlich begrenzte und kontrollierte Besessenheit: Die Gottheit (oder, genauer, die als »Gottheit« personifizierte Energieform) nimmt vom Adepten Besitz; für die Dauer der Invokation weicht seine Persönlichkeit weitgehend der ihren, dafür wird er wiederum ihrer Macht und ihrer Fähigkeiten teilhaftig und kann die gewünschte magische Operation als die verkörperte Gottheit selbst durchführen, was eine erhebliche Effektivitätssteigerung bewirkt.

Der nicht invozierende Partner unterstützt die Operation dabei technisch und magisch. Technisch, indem er etwa Sorge für die Beräucherung trägt, die geforderten Glockensignale gibt, Mantras und Hymnen zusammen mit dem Invozierenden vorträgt usw. Magisch dagegen, indem er durch seine eigene Sexualmagis die gewünschte Schwingung mit herstellt und die des Priesters oder der Priesterin mit der seinen intensiviert. Der oben beschriebene Energieaustausch zwischen Partnern ist in diesem Punkt besonders hilfreich und wirkungsvoll (s. S. 241 ff.). In manchen Systemen, z. B. in der Chaos-Magie (speziell bei der Messe des Chaos), exorziert der Partner am Schluss des Rituals den Invozierenden, holt ihn aus seiner magischen Trance und stellt somit den ursprünglichen Bewusstseinszustand wieder her.

Wird der Sexualakt durchgeführt, während Priester oder Priesterin eine Gottheit invoziert haben, kann der nicht invozierende Partner durch den Energieaustausch erheblich von der magischen Kraft der Gottheit profitieren und diese seinerseits zu eigenen magischen Willensakten nutzen.

Auch sexualmagische Mischformen sind möglich. So können beide Partner beispielsweise heteroerotisch verfahren wie beschrieben, ohne einen Orgasmus herbeizuführen, um ihre jeweiligen Aktionen (beispielsweise eine Weihung von Talismanen, die Aktivierung einer Sigil, Beeinflussung einer Puppe o. Ä.) autoerotisch zu beenden.

Sie sehen also, dass Ihrem Einfallsreichtum keine Grenzen gesetzt sind. Sympathiemagisch lässt sich ein Bindungszauber auch dadurch bewirken, dass jeder der beiden Partner sich mit einer der betroffen, zusammenzuführenden Personen identifiziert und beide den Akt gewissermaßen als »lebende Puppen« vollziehen. Dies erfordert allerdings eine erhebliche Imaginationsfähigkeit und verlangt außerdem nach einem gründlichen, wirkungsvollen Schlussexorzismus. Dafür besitzt diese Operation aber auch eine beachtliche Zwingkraft.

Von der »Operation Mondkind« und vom Homunkulus

In seinem Roman *Moonchild* (dt.: »Mondkind«) beschreibt Aleister Crowley eine magische Operation, bei der es um die Herstellung eines Menschenkindes geht, das aus bestimmten Gründen eine optimale Verkörperung des Mondprinzips sein soll. Dazu wird die Mutter durch mondmagische Operationen und eine entsprechend den Mondanalogien gestaltete Umgebung beeinflusst. Auch der Zeugungsakt geschieht rituell. Tatsächlich handelt es sich dabei im Prinzip um die Herstellung eines Homunkulus, für die es auch eigens eine geheime O. T. O.-Instruktion Crowleys für den IX° gab (*De Homunculo Epistola*), aus der wir sogleich einen Auszug zitieren wollen. Zum näheren

Verständnis ist vorauszuschicken, dass Crowley die Theorie vertrat, die menschliche Seele würde erst nach drei Monaten in den Fötus im Mutterleib eintreten. Hier nun sein Text:

I

Nimm eine geeignete Frau, die willens ist, dir bei diesem Werk zu helfen. Weise sie vollständig in die zu treffenden Vorsichtsmaßnahmen sowie in die geforderte Lebensweise ein. Ihr Horoskop sollte, so möglich, zur Natur des vorgesehenen Homunkulus passen; um also einen Geist der Wohltätigkeit zu inkarnieren, sollte Jupiter in den Fischen aufsteigen und gute Aspekte zu Sol, zu Venus und zu Luna aufweisen und keine bemerkenswerten gegenteiligen Dispositionen haben; oder so weit dies eben möglich ist.

II

Nun nimm einen geeigneten Mann; dich selbst, wenn es dir bequem, oder einen anderen in die Gnosis eingeweihten Bruder; und soweit dies möglich ist, sollte auch sein Horoskop mit dem Wesen des Werks im Einklang stehen.

III

Lasse den Mann und die Frau kontinuierlich kopulieren (besonders aber zu astrologischen Zeiten, welche deinem Werk förderlich sind), und dies auf zeremonielle Weise in einem vorbereiteten Tempel, dessen entsprechende Anordnung und Dekoration deinem Werk ebenfalls förderlich ist. Und lasse sie inbrünstig und beharrlich den Erfolg deines Werks wollen und alles andere Begehr leugnen. Also fahre fort, bis die Befruchtung erzielt ist.

IV

Nun soll die Frau zurückgezogen und an einen vorbereiteten Ort gebracht werden.

Und dieser Ort sollte eine große Wüste sein; denn in einer solchen irren nur selten menschliche Seelen umher, welche nach Inkarnation streben.

Des Weiteren soll ein großer Kreis gezogen und der Sphäre des Werks geweiht werden; und es sollen die bannenden Formeln der Sephiroth und besonders Kethers oft durchgeführt werden, sogar fünf oder sieben Male täglich. Niemals soll die Frau diesen Kreis verlassen. Es soll der Geist der Frau gewappnet werden, um allen Eindrücken zu widerstehen mit Ausnahme jener des gewünschten Geistes. Der Weihrauch dieses Geistes soll ständig verbrannt werden; seine Farben, und nur diese allein, sollen zur Schau gestellt werden; und seine Formen, und nur diese allein, sollen in allen Dingen erscheinen, soweit dies möglich ist.

Des Weiteren soll er sehr ernsthaft und beharrlich in einem angemessen geweihten Tempel invoziert werden, wobei sich die Frau in einem großen Dreieck befinden soll, während du aus dem Kreis täglich die geziemende Form der Evokation zur materiellen Manifestation vornimmst. Und möge dies zweimal täglich vollbracht werden, einmal während sie wacht und einmal während sie schläft.

V

Und die erste Regung des Fötus soll ein Fest der Empfängnis des Geistes werden. Nunmehr magst du auf die Bannungen verzichten.

VI

Und während des verbliebenen Teils der Schwangerschaft soll auf folgende Weise der Befehl an den Geist ergehen (auf dass die ganze Dauer dieses vollständigen Werks gleichsam eine Lebensausdehnung der künstlerischen Formel der Evokation sei).

Die Frau soll ständig durch Worte und Bücher und durch Bilder von verwandter Art geprägt und gebildet werden, auf dass alles Streben zusammenarbeiten möge, um den Geist zu schützen und zu nähren, wie auch für seine wahrhaftige Entwicklung.

VII

Und soll die Entbindung der Frau verzögert oder beschleunigt werden, soweit dies möglich ist, um für ein solches Kind ein geeignetes aufsteigendes Zeichen zu gewährleisten.

VIII

Das Kind muss nach der Geburt entsprechend der Formel des Planeten, des Elementes oder des Zeichens gewidmet, gereinigt und geweiht werden, dessen Inkarnation es ist.

IX

Nun also hast du ein Wesen von vollkommener menschlicher Gestalt mit allen Kräften und Vorrechten der Menschheit, doch mit der Essenz einer eigens gewählten Kraft und mit allem Wissen und der Macht ihrer Sphäre; und dieses Wesen ist deine Schöpfung und dein Vasall; ihm bist du der einzige Herr und Gott, und dir muss es dienen. Daher untersteht jener Ausschnitt der Natur, zu welchem es gehört, in Gänze deiner Herrschaft; und du bist der Achtfache Meister.

X

Sei achtsam, Bruder Adept, und wähle dein Objekt gut, und scheue weder Leid noch Mühsal zu Beginn deiner Operation, denn auch nur ein Korn von solch subtilem Samen zu besitzen ist eine große Sache; es zweimal zu erlangen wäre das Zeichen einer solch wundersamen Ur-Energie, dass Wir bezweifeln, dass in zehnmal zehntausend Jahren auch nur ein Mensch geboren wird, welcher eine solche Wunderkraft besitzt.

XI

Nun möge der Allvater euer Gedeihen fördern, meine Brüder, die ihr euch erkühnt, Hand anzulegen an den Phallus des All-Einen und seine Ströme hervorzurufen, eure Felder zu bewässern. Und möge der Geist des Prometheus euer Werk erhören, und möge der Geist des Alkides es fördern. (...)

Auch in der Magie gilt: Sich etwas ausdenken und es auch wirklich zu tun, sind zweierlei Dinge. Vielleicht interessiert es Sie in diesem Zusammenhang, dass das obige Experiment tatsächlich versucht wurde, und zwar noch zu Lebzeiten des Meisters im Jahre 1945 von zwei Jüngern Crowleys: dem damals sehr bekannten Wissenschaftler und Raketentreibstoff-Experten Jack Parsons (nach dem übrigens später auch ein Mondkrater benannt wurde) und Lafayette Ron Hubbard, dem späteren Begründer der Scientology.

Als Parsons Crowley davon Mitteilung machte, war der Meister von diesem Projekt allerdings nicht eben erbaut. Er antwortete ihm in einem Brief: »Ich dachte immer, ich hätte eine ebenso krankhafte Fantasie wie sonst irgendjemand, aber anscheinend habe ich mich geirrt. Ich habe nicht die leiseste Vorstellung davon, was du da vorhaben magst.« Und an seinen amerikanischen Vertreter Saturnus schrieb er: »Anscheinend ist Parsons oder Hubbard oder sonst irgendjemand dabei, ein Mondkind zu produzieren. Wenn ich an die Idiotie dieser Einfaltspinsel denke, drehe ich bald durch.«

Der einzige erkennbare Effekt des Rituals war übrigens anscheinend die Tatsache, dass sich Parsons und Hubbard verkrachten und Hubbard mit Parsons Freundin auf einer Yacht durchbrannte. Worauf dieser sich in den Kreis stellte und eine Beschwörung des Bartzabel durchführte, die – jedenfalls seiner Schilderung nach – zur Folge hatte, dass das Schiff im Sturm gegen ein Riff prallte …

Crowleys Bemerkung macht nicht den Eindruck, als wäre es ihm mit seinem Mondkind-Ritual wirklich ernst gewesen. Doch war es dann nur das Produkt einer »krankhaften Fantasie«, wie der magieunkundige Laie vielleicht vermuten könnte? Ja und nein. Denken Sie an das, was wir über »mythische Wahrheit« gesagt haben. Im Sinne des Mythos ist das Ritual des Mondkinds sehr wohl ernst zu nehmen, und es ist auch denkbar, dass es in der geschilderten Form Wirklichkeit werden könnte. Der Grund, weshalb wir diesen Text zitiert haben, ist vornehmlich der, dass damit gezeigt werden sollte, wie leicht sich magische Wirklichkeit und Mythos verbinden und wie schnell die Grenzen zwischen beiden verschwimmen. Sich derartige Rituale auszudenken ist weniger wichtig, damit man sie tatsächlich praktizieren kann, sondern weil sie den persönlichen magischen Kosmos ausdehnen und damit auch die Grenzen der tatsächlichen eigenen Fähigkeiten und Kräfte ausweiten.

Dies ist der eigentliche Grund, weshalb auch und gerade seriöse Schamanen und Magier so oft die haarsträubendsten Geschichten und »Lügenmärchen« erzählen – nicht etwa, weil sie bewusst täuschen wollten (dann wären sie nicht seriös), sondern weil sie auf einer Stufe leben, auf der unsere herkömmlichen bürgerlichen Muster von »richtig« und »falsch«, von »wahr« und »unwahr« nicht mehr greifen – und weil oft die Täuschung dazugehört, um schließlich echte Tatsachen zu schaffen. Denn die Täuschung kann, das weiß jeder gute Bühnenmagier und Illusionist, den psychischen Zensor und den Verstand in einem solchen Ausmaß lahmlegen und ihm die unmöglichsten Dinge als durchaus machbar erscheinen lassen, bis schließlich das Unbewusste zupackt und echte Magie erzeugt, und zwar meistens beim Zuschauer.

Homoerotik

Was uns Angst macht, bindet unsere Energien, was uns ekelt, ebenfalls. Es wäre wesentlich sinnvoller, die ganze Energie, die wir oft darauf verwenden, unangenehmen Problemen wie Angst und Ekel aus dem Weg zu gehen, dazu zu nutzen, diese Probleme ein für alle Mal zu lösen; dann wären wir auf dem Weg zur Selbstfindung schon einen großen Schritt weiter.

Jahrtausendelang wurde die Homosexualität geächtet, verfolgt, bestraft, und dies ausgerechnet im Abendland, von dem man eigentlich hätte annehmen müssen, dass es aus der reichen homoerotischen Kultur des Griechentums etwas gelernt hätte! Selbst anerkannte okkulte Autoren wie Péladan und Papus ächteten die Homosexualität als »widernatürlich« – auch darin ganz Kinder ihrer Zeit. Ein weiteres Indiz für diese Ablehnung der homoerotischen Sexualmagie ist die Tatsache, dass kein einziges mir bekanntes Werk zur Sexualmagie in deutscher, englischer und französischer Sprache auf diese Form der Sexualmagie auch nur mit einer Zeile eingeht …

Bei ihrer Verfolgung kam die männliche Homosexualität meistens noch etwas schlechter weg als die weibliche – doch nur, weil man Letztere einfach totschwieg! Zwar war der sogenannte »Sapphismus« (nach der hellenistischen Dichterin Sappho, die auf der Insel Lesbos – woher sich auch die Bezeichnung »lesbisch« ableitet – eine Mädchenschule unterhielt) schon früh bekannt, doch war er in den Augen vieler eher eine geheime Sexualfantasie der Männer als eine ernst zu nehmende Realität. Interessanterweise lässt der gegenwärtige Stand der Sappho-Forschung erhebliche Zweifel an einer sexuellen Beziehung der antiken Dichterin zu den ihr anvertrauten Elevinnen entstehen. Jedenfalls wurde die lesbische Sexualität kein Straftatbestand und galt allgemein als verzeihliche Entgleisung frustrierter oder unerfahrener Frauen. Es ist klar, dass damit die Frau als sexuelles Wesen mal wieder verniedlicht und als Gefahr für die männliche sexuelle Vorherrschaft gewissermaßen »entschärft« werden sollte.

Diese Verfolgung hat die Homosexualität jedoch nicht etwa ausgerottet, sondern sie zu allerlei Verhaltensweisen und Tarnmethoden gezwungen, die dann wiederum ihrerseits zum Objekt der Ächtung und des Hohns gemacht wurden (z. B. das sogenannte »Tuntenverhalten«). Ebenso wenig wie die Heterosexualität gibt es auch die »schlecht-hinnige Homosexualität«. So muss alles, was wir an dieser Stelle dazu sagen können, leider Stückwerk bleiben.

Es bleibt die Tatsache, dass für viele heterosexuelle Menschen mit der Homosexualität die endgültige Schwelle zum Unzumutbaren erreicht ist. Frauen scheinen zwar dabei eine minimal größere Bereitschaft zum homoerotischen Experiment zu haben, doch ist diese nicht sehr ausgeprägt. Auf jeden Fall reagieren Männer in der Regel auf Homosexualität heftiger und intoleranter, als Frauen dies tun. In beiden Fällen handelt es sich bei dieser Ablehnung jedoch nicht, wie oft geglaubt, um einen »völlig natürlichen Affekt«, denn tatsächlich besitzt jeder Mensch, wenn auch in unterschiedlichem Ausmaß, eine gleichgeschlechtliche Komponente, wie es sich ja auch oft in Stress- und Notsituationen (z. B. in Gefängnissen und bei langer, erzwungener Enthaltsamkeit) zeigt, wenn die Hemmschwellen schließlich doch fallen und homoerotische Praktiken zugelassen werden.

In den meisten westlichen Ländern hat sich zumindest die gesellschaftliche Lage der Schwulen und Lesben wenigstens insofern etwas gebessert, als ihre öffentliche Ächtung weitgehend aufgehört hat, teilweise sogar juristisch unter Strafe gestellt wurde, eine annähernde Gleichstellung homosexueller Partnerschaft mit heterosexuellen Ehepartnern erfolgte, viele Prominente sich offen zu ihrer Homosexualität bekennen usw. Wie dauerhaft und belastbar eine solche Entwicklung tatsächlich ist, wird sich noch zeigen. Auch, inwieweit sie ein eher urbanes Phänomen ist, das sich möglicherweise noch nicht bis aufs »platte Land« herumgesprochen hat. Freilich ist die Diskriminierung damit noch nicht gänzlich verschwunden, denn in vielen anderen Ländern und Gesellschaftssystemen der Welt (so etwa in weiten Teilen Asiens und des arabischen Kulturraums sowie Afrikas) geht sie mit unverminderter Härte weiter.

Auch für Homosexuelle ist es aber oft eine unerträgliche Zumutung, heteroerotischen Verkehr haben zu sollen. Machen wir uns in diesem Punkt nichts vor: Jede Einseitigkeit ist schädlich für die Magie, die heteroerotische ebenso wie die homoerotische. Ich betone dies deshalb, weil ich die Feststellung machen musste, dass gerade Menschen (Hetero- wie Homosexuelle), die eine dezidierte Abneigung gegen die jeweils andere Sexualpraktik haben, dazu neigen, ihre eigenen Präferenzen zu verabsolutieren, wie dies ja auch die Geschichte des O.T.O. und seiner Imitate gezeigt hat.

Man sollte, was leider fast nie geschieht, zwei Arten der Homosexualität unterscheiden: die Homosexualität aus Neigung zum eigenen Geschlecht und die Homosexualität aus Abneigung gegenüber dem anderen Geschlecht. Erstere ist weitaus weniger problematisch als Letztere, da sie ihre Energie auf ihre eigene Erfüllung richten kann, während die Homosexualität aus Abneigung gegen die Heterosexualität starke Energien an ebendiese Abneigung bindet, ohne sie auf ihre Selbstverwirklichung richten zu können. Wer aus Lust zur Homosexualität neigt, der wird es weitaus leichter haben, im Rahmen der Sexualmagie auch mit heteroerotischen Praktiken zu experimentieren, weil er sexuell ohnehin zu seiner eigenen Mitte gefunden hat. Der Frauenhasser und die Männerverächterin jedoch müssen auch heteroerotisch arbeiten, wenn sie nicht irgendwann als Magier oder Magierin ins Messer ihrer eigenen Einseitigkeit, Unfreiheit und Bedingtheit durch Hass, Ekel und Abneigung laufen wollen.

Dies gilt natürlich umgekehrt auch für den aus Lust völlig überzeugten Homosexuellen, für die aus dem gleichen Grund fanatische Lesbierin, wenn diese aus reiner Lustverhaftung zu einer anderen als der homoerotischen Sexualität unfähig sind.

Jeder Magier und jede Magierin sollte also prinzipiell zu jeder Form der Sexualität fähig sein, erst dann ist eine wirkliche, auch sexualmagische Freiheit von Verhaftungen und Gewohnheitsmustern gewährleistet. Darüber hinaus würde ein solcher Austausch auf der praktischen Erfahrungsebene eine Menge an Vorurteilen, Abneigungen und Missverständnissen zwischen Hetero- und Homosexuellen ausräumen helfen.

Wenn Sie noch nie homoerotische Erfahrungen gesammelt haben, sollten Sie sich nach Möglichkeit einen Partner suchen, der bereits über solche Erfahrungen verfügt. Das kann Ihnen manche Anfangsschwierigkeit ersparen helfen. Achten Sie dabei eher auf Sympathie und Vertrauen als auf äußerliche Attraktivität. Inzwischen sollten Sie so weit sein, dass Ihnen derlei Äußerlichkeiten zumindest im Bereich der Sexualmagie ohnehin unwichtig geworden sind. Ein erfahrener, verständnisvoller Partner kann Sie in die technischen Feinheiten der Homosexualität einweihen und Ihnen manche Hemmschwelle nehmen.

Was sind die Vorteile der Homosexualität für die Sexualmagie? Erstens: die Spiegelung der eigenen Geschlechtlichkeit. Durch sie wird dem Magier die eigene geschlechtliche Bedingtheit und Abhängigkeit vollends deutlich.

Schon die anatomische Auseinandersetzung mit der Homosexualität zwingt zur Reflexion. Der Mann erkennt seinen eigenen Animus, die Frau ihre eigene Anima.

Zweitens: das Erkennen der eigenen Gegengeschlecht-
lichkeit. Ein großer Teil der homoerotischen Praxis richtet
sich darauf, einerseits das Rollenverhalten des anderen Geschlechts zu übernehmen und andererseits das eigene sexuelle Rollenverhalten bei einem Partner aufrechtzuerhalten, der zwar selbst in die gegengeschlechtliche Rolle
geschlüpft ist, seiner eigenen Körperlichkeit aber verhaftet
bleibt. Der Mann erkennt seine eigene Anima, die Frau
ihren eigenen Animus.

Drittens: die Möglichkeit, durch Erkennen des eigenen
Animus und der eigenen Anima jene höchste Stufe des
mystischen Seins zu erlangen, die sämtliche Gegensätze
in sich vereint, die Männlichkeit und Weiblichkeit zu einem neuen Ganzen verschmilzt, nämlich zum Androgyn,
jener schon seit Urzeiten verehrten Verkörperung der
Überwindung der Polaritäten und der Herrschaft über die
Welt der Bedingtheit und der materiellen wie spirituellen
Verhaftung. Dieser Androgynismus lässt sich allerdings in
seiner körperlich harmonischsten Form erst durch die (heteroerotische) Chymische Hochzeit verwirklichen. Dennoch geht in der Regel für den Heterosexuellen die Homo-,
für den Homosexuellen die Heteroerotik dieser letzten Stufe der Selbstverwirklichung voraus, denn nur die jeweils
entgegengesetzte Sexualität birgt das Mysterium der Befreiung von den Bedingtheiten der Sexualität im Ganzen.
Diese Befreiung führt freilich nicht zwangsläufig, wie mystisch orientierte Autoren oft etwas blauäugig behaupten,
zur Askese und Enthaltung von der Sexualität, sondern

viel eher zu einer Steigerung und Ausschöpfung derselben, die nicht selten im bewussten Verlassen des Körpers während des Sexualakts gipfelt. Selbst erfahrene Altmagier sind durch ein solches Erlebnis noch oft aus dem Konzept zu bringen – was allein schon dafür spricht!

Viertens: die völlig andere Energiequalität der homoerotischen Sexualmagie, die mit keiner anderen sexualmagischen Praxis zu vergleichen ist. (Dies gilt natürlich in erster Linie für heterosexuelle Leser; homosexuelle Leser dagegen sollten sich das Gleiche über die heteroerotische Sexualmagie vergegenwärtigen!)

Kurzer Exkurs: Anmerkungen zur Bisexualität

Hundertprozentig bisexuelle Menschen sind äußerst rar, die meisten Bisexuellen weisen doch eine leichte Präferenz für die eine oder andere sexuelle Spielart auf. Generell lässt sich aber sagen, dass Bisexuelle im Allgemeinen ein weitaus unverkrampfteres und freieres Verhältnis zur Sexualität haben. Dies erspart ihnen auch manche Mühsal in der Sexualmagie, der sich ein Nicht-Bisexueller unterziehen muss, wenn er weiterkommen will. Andererseits muss sich der Bisexuelle häufig davor hüten, real bestehende Unterschiede zu verkennen oder sie aus intellektueller Trägheit zu ignorieren. Seine sexuelle Unbekümmertheit und Freiheit bezahlt der bisexuelle Mensch oft damit, dass ihm die Schärfe der Auseinandersetzung mit eigenen Sexualängsten weitgehend versagt bleibt. Er muss gewissermaßen »viel mehr Gas geben«, um sich in jene Spannungsmomente hineinzumanövrieren, welche der Sexualmagie einen großen Teil ihrer Kraft bescheren. Auch sollte sich jeder Adept davor hüten, mangelnde Unterscheidungskraft mit dem Zustand des Chymischen Androgyns zu verwechseln! Ebenso wenig ist schon jedes Dösen eine Meditation.

Aufnahme und Harmonisierung von Yin- bzw. Yang-Energie für homosexuelle Magier

Im Prinzip lassen sich sämtliche Übungen, die zum Thema »heteroerotische Sexualmagie« behandelt wurden, auch auf die homoerotische Praxis übertragen. Allerdings empfehlen einige Tao-Meister ihren homosexuellen Schülern, die ihnen teilweise fehlende weibliche Yin-Energie (bzw. bei Frauen: die fehlende männliche Yang-Energie) auf andere als sexuelle Weise aufzunehmen. Wir wollen hier drei Methoden dieser Yin– bzw. Yang-Aufnahme beschreiben. Die Erste ist auto-, die zweite homo- und die dritte heteroerotisch. Im ersten Fall arbeiten wir mit dem vielleicht etwas ungewohnten Dualismus Erde (= weiblich) und Feuer (= männlich, hier gleichbedeutend mit »Himmel«), im zweiten und dritten mit dem von Mond und Sonne.

Aufnahme von Yin-Energie 1: die autoerotische Methode für männliche Magier

Der Magier sucht sich in der freien Natur einen Ort, wo eine Aufnahme von Erdenergie in unbekleidetem Zustand möglich ist. Der Ort sollte einigermaßen weich und feucht sein und unbedecktes Erdreich aufweisen. Zu einem geeigneten Zeitpunkt begibt er sich dorthin, zieht seinen Schutzkreis, vollführt die magische Bannung und entkleidet sich gänzlich, bis er der Natur als Kind der Natur im Urzustand der Unschuld zu begegnen vermag.

Nun legt sich der Magier bäuchlings auf die Erde und schmiegt sich dicht an sie. Er umarmt und liebkost sie, bis er sexuelle Erregung verspürt. Nun stellt er innerlich den Kleinen Energiekreislauf her und führt diesem beim Einatmen die Energie der Erde durch Glied und Mund hinzu, um sie beim Ausatmen im Körper zu verströmen. Dies tut er so lange, bis sein Bedarf an weiblicher Erdenergie gesättigt ist. Nun erhebt er sich, entbietet der Erdenergie seinen Dank und beendet das Ritual.

Aufnahme von Yang-Energie 1: die autoerotische Methode für weibliche Magier

Die Magierin sucht sich in der freien Natur einen Ort, wo eine Aufnahme von Feuerenergie in unbekleidetem Zustand möglich ist. Der Ort sollte möglichst hart und trocken sein und unbedecktes Erdreich aufweisen. Zu einem geeigneten Zeitpunkt begibt sie sich dorthin, zieht ihren Schutzkreis, vollführt die magische Bannung und entkleidet sich gänzlich, bis sie der Natur als Kind der Natur im Urzustand der Unschuld zu begegnen vermag. Sie entfacht das Feuer im Kreis und nährt es sorgfältig.

Nun kauert sich die Magierin vor das Feuer und schmiegt sich dicht daran. Ist das Feuer freundlich geworden und brennt es sie nicht, umarmt und liebkost sie es, bis sie sexuelle Erregung verspürt. Nun stellt sie innerlich den Kleinen Energiekreislauf her und fügt diesem beim Einatmen die Energie des Feuers durch Scheide und Mund hinzu, um sie beim Ausatmen im Körper zu verströmen. Dies tut sie so lange, bis ihr Bedarf an männlicher Feuerenergie gesättigt ist. Nun erhebt sie sich, entbietet der Feuerenergie ihren Dank und beendet das Ritual.

Das »freundliche Feuer« ist weitgehend eine Frage der Tiefe der magischen Trance. Durch ausgiebiges Singen von Mantras und andere Ekstasetechniken lässt sich die verbrennende, gefährdende Eigenschaft des Feuers neutralisieren, und man wird seiner unverhüllten Energie teilhaftig.

Aufnahme von Yin-Energie 2: die heteroerotische Methode für männliche Magier

Der Magier sucht sich eine Partnerin, die bereit ist, ihn bei seinem Großen Werk zu unterstützen. Die Partnerin sollte sich über einen längeren Zeitraum (mindestens eine Mondphase lang) sexualmagisch mit ihrer weiblichen Energie auseinandersetzen, z. B. durch tägliche Mond- und Venus-Rituale, durch Aufnahme von Wasser- und Erdenergie, von Mondstrahlen, durch visionäre Schau, durch geeignete Elixiere usw.

Zu einem geeigneten Zeitpunkt ziehen sich beide Magier in ihren Tempel zurück, um dort, im Schutzkreis stehend, die Mondgöttin und/oder die Große Mutter anzurufen und in die Magierin zu invozieren. Der Magier dient der Mondgöttin/Großen Mutter und ist ihr zu Willen. Beide Adepten stellen den inneren Kleinen Energiekreislauf her und tauschen miteinander Energie aus, wobei der Magier dafür Sorge trägt, die ihm zuteilwerdende weibliche Energie zu hegen und mit jeder Faser seines Körpers aufzunehmen. Die Göttin bestimmt über die Dauer der Operation. Danach wird das Ritual beendet wie üblich.

Aufnahme von Yang-Energie 2:
die heteroerotische Methode für weibliche Magier

Die Magierin sucht sich einen Partner, der bereit ist, sie bei ihrem Großen Werk zu unterstützen. Der Partner sollte sich über einen längeren Zeitraum (mindestens einen Sonnenmonat lang) sexualmagisch mit seiner männlichen Energie auseinandersetzen, z. B. durch tägliche Sonnen- und Mars-Rituale, durch Aufnahme von Feuer- und Luftenergie, von Sonnenstrahlen, durch kampfsportliche Aktivität, durch geeignete Elixiere usw.

Zu einem geeigneten Zeitpunkt ziehen sich beide Magier in ihren Tempel zurück, um dort, im Schutzkreis stehend, den Sonnengott und/oder den Großen Allvater anzurufen und in den Magier zu invozieren. Die Magierin dient dem Sonnengott/Allvater und ist ihm zu Willen. Beide Adepten stellen den inneren Kleinen Energiekreislauf her und tauschen miteinander Energie aus, wobei die Magierin dafür Sorge trägt, die ihr zuteilwerdende männliche Energie zu hegen und mit jeder Faser ihres Körpers aufzunehmen. Der Gott bestimmt über die Dauer der Operation. Danach wird das Ritual beendet wie üblich.

Aufnahme von Yin-Energie 3:
die homoerotische Methode für männliche Magier

Der Magier sucht sich einen männlichen Partner, der bereit ist, ihn bei seinem Großen Werk zu unterstützen. Der Partner sollte sich über einen längeren Zeitraum (mindestens eine Mondmonat lang) sexualmagisch mit seiner weiblichen Energie auseinandersetzen, z. B. durch tägliche

Mond- und Venus-Rituale, durch Aufnahme von Wasser- und Erdenergie, von Mondstrahlen, durch visionäre Schau, durch geeignete Elixiere usw.

Zu einem geeigneten Zeitpunkt ziehen sich beide Magier in ihren Tempel zurück, um dort, im Schutzkreis stehend, die Mondgöttin und/oder die Große Mutter anzurufen und in den Partner zu invozieren. Der Magier dient der Mondgöttin/Großen Mutter und ist ihr zu Willen. Beide Adepten stellen den inneren Kleinen Energiekreislauf her und tauschen miteinander Energie aus, wobei der Magier dafür Sorge trägt, die ihm zuteilwerdende männliche Energie zu hegen und mit jeder Faser seines Körpers aufzunehmen. Die Göttin bestimmt über die Dauer der Operation. Danach wird das Ritual beendet wie üblich.

Aufnahme von Yang-Energie 3: die homoerotische Methode für weibliche Magier

Die Magierin sucht sich eine Partnerin, die bereit ist, sie bei ihrem Großen Werk zu unterstützen. Die Partnerin sollte sich über einen längeren Zeitraum (mindestens einen Sonnenmonat lang) sexualmagisch mit ihrer männlichen Energie auseinandersetzen, z.B. durch tägliche Sonnen- und Marsrituale, durch Aufnahme von Feuer- und Luftenergie, von Sonnenstrahlen, durch kampfsportliche Aktivität, durch geeignete Elixiere usw.

Zu einem geeigneten Zeitpunkt ziehen sich beide Magierinnen in ihren Tempel zurück, um dort, im Schutzkreis stehend, den Sonnengott und/oder den Großen Allvater anzurufen und in die Partnerin zu invozieren. Die Magierin dient dem Sonnengott/Allvater und ist ihm zu Willen. Beide Adeptinnen stellen den inneren Kleinen Energiekreislauf her und tauschen miteinander Energie aus, wobei die Magierin dafür Sorge trägt, die ihr zuteilwerdende männliche Energie zu hegen und mit jeder Faser ihres Körpers aufzunehmen. Der Gott bestimmt über die Dauer der Operation. Danach wird das Ritual beendet wie üblich.

Wenn Sie diese drei Rituale durchgeführt haben, vielleicht sogar in kurzem Abstand hintereinander, werden Sie schnell feststellen, was unterschiedliche sexualmagische Energiequalitäten sein können! Selbstverständlich können Sie die Rituale auch ins Heteroerotische variieren und in der alltäglichen Praxis an Ihre persönlichen Bedürfnisse anpassen. Sie können auch beispielsweise als männlicher Magier die heteroerotische Yin-Aufnahme dadurch unterstützen, dass Sie sich selbst in der Vorbereitungsphase mit den gleichen Energien auf gleiche Weise befassen wie Ihre Partnerin usw. Ebenso gut können Sie sich aber auch ganz bewusst mit den männlichen Energien des Universums und Ihrer magischen Persönlichkeit auseinandersetzen, um den Kontrast zur Yin-Energie umso schärfer zu erfahren und aus dieser Spannung eine Aktivierung Ihrer Sexualmagis zu gewinnen. Weibliche Magier wiederum können die Rituale entsprechend ihren Bedürfnissen verändern.

Vergessen Sie nicht: Wir möchten Ihnen hier vor allem die Bausteine der Magie liefern, damit Sie damit nach Herzenslust in eigener Regie experimentieren können.

Das für homosexuelle Magier Gesagte gilt sinngemäß auch für heterosexuelle Magier und Magierinnen, wenn sie homoerotische Sexualmagie bearbeiten. Experimentieren Sie ruhig mit dem Yin- und dem Yang-Aspekt Ihrer eigenen Persönlichkeit und der Ihres homoerotischen Partners. Die Grundmatrix haben wir hier vorgegeben, variieren müssen Sie diese nach Ihren eigenen Bedürfnissen und Möglichkeiten.

Allgemein wird die homoerotische Sexualmagie vor allem für mystische und destruktive Arbeiten (Schadenszauber, Fluchverhängung, Kampfmagie usw.) verwendet. Dies stimmt natürlich nur für Heterosexuelle, welche sich allenfalls in Ausnahmefällen und aus magischen Gründen homoerotisch betätigen. Dabei gilt besonders der Analverkehr als förderlich für destruktive Operationen, was allerdings teilweise auch für die heterosexuelle Analerotik behauptet wird. Man wird freilich den Verdacht nicht los, dass es sich bei dieser Auffassung um den Ausdruck eines gewissen Widerwillens gegen den angeblich »widernatürlichen« Analverkehr handelt, der ja auch lange genug mit der Sodomie (dem Verkehr mit Tieren) in einen Topf geworfen und mit entsprechender moralischer Empörung seitens Kirche und Gesellschaft gestraft wurde. Symbollogisch spricht allenfalls die Tatsache dafür, dass beim Analakt jede Fortpflanzung bewusst verhindert wird. Tatsächlich wird auch in vielen Ländern des Mittleren und Fernen Ostens der Analverkehr als Mittel der Empfängnisverhütung verwendet. Doch gilt dies physiologisch in gleichem Ausmaß für den Oralverkehr, für die Masturbation und zahlreiche andere Spielarten der Sexualität. Insofern sind derlei »Lehren« stets mit einer gewissen Vorsicht zu genießen, spiegeln sie doch oft genug lediglich die Vorurteile ihrer Erfinder wider. Sollten Sie aber ähnliche Erfahrungen machen, können Sie sich natürlich auch daran halten, wie überhaupt in jeder Magie ein Quäntchen Praxis zehn Tonnen Theorie aufwiegt …

Für homosexuelle Magier gelten sinngemäß die gleichen Anweisungen wie für die heteroerotische Sexualmagie – allerdings mit einer wichtigen Einschränkung: Die allermeisten Homosexuellen haben heterosexuelle Erfahrungen gemacht, während nur die wenigsten Heterosexuellen über homosexuelle Erfahrungen verfügen. Von daher ist die Schwelle zur jeweils andersartigen Sexualität bei beiden Gruppen im Allgemeinen sehr unterschiedlich ausgeprägt. Doch sind diese Feststellungen natürlich nur Ungefährwerte, da die Sexualität des Menschen ebenso komplex und differenziert ist wie er selbst, sodass man sich als Autor bei einem solch umfassenden Thema stets nur mit Annäherungen zufriedengeben kann. Dennoch können die im Abschnitt über heteroerotische Sexualmagie gegebenen Empfehlungen entsprechend an die homoerotische sexualmagische Praxis angepasst werden.

Es ist bezeichnend, dass es in Crowleys O.T.O. keine schriftlichen Anweisungen zur Bearbeitung des XI°, also des homoerotischen Grads gab. Dafür gibt es eine Reihe profaner Gründe wie die gesellschaftliche Ächtung und strafrechtliche Verfolgung aller homosexuellen Handlungen usw.; aber auch einige gute magische Überlegungen sprechen dafür. Die meisten Mitglieder in Crowleys Orden waren nach allem, was wir heute noch über sie wissen, keine ausgesprochen homo- oder bisexuellen Menschen. Erst der Meister Therion brachte sie, zum Teil auf alles andere als zimperliche Weise, mit derlei Praktiken in Berührung.

Schon aus diesem Grund war die homoerotische Sexualmagie eine Disziplin von ganz besonderer Sprengkraft, was durch das Schweigen darüber noch zusätzlich verstärkt wurde.

Energiequalität homoerotischer und heteroerotischer Sexualität und Sexualmagie

Abschließend möchte ich noch eine magische Erfahrung schildern, die sehr lehrreich ist und ein Licht auf die unterschiedliche Energiequalität homoerotischer und heteroerotischer Sexualität und Sexualmagie wirft. Dieses Thema wird meines Wissens in keinem Werk zur angewandten Sexualmagie behandelt, dabei ist es für den magischen Erfolg oft von entscheidender Bedeutung.

Vor etwa fünf Jahren suchte mich ein mir bis dahin unbekannter Klient auf und bat mich, ihm einen Talisman herzustellen mit dem Ziel, Liebe, Harmonie und sexuelle Kontakte zu intensivieren. Nach kurzer Besprechung entschieden wir uns für die Weihung eines VenusTalismans. Ich berechnete das Horoskop des Klienten und bestimmte auch einen für eine rituelle Ladung geeigneten Termin. Der Klient erhielt den Talisman von mir per Post zugesandt, zusammen mit einer detaillierten Anweisung, wie er den sympathiemagischen Kontakt zu dem Talisman aktivieren sollte, wie er zu behandeln und zu pflegen sei usw.

Zwei Wochen später rief der Klient mich an und beklagte sich darüber, dass der Talisman ihm unheimlich sei, da seit seinem Erhalt einige recht unangenehme Ereignisse in seinem beruflichen und persönlichen Leben eingetreten seien. Bei genauerer Befragung stellte sich heraus, dass er sich nicht an meine Anweisungen gehalten hatte. So hatte er beispielsweise den Talisman nicht erst am vorgeschriebenen Tag auf die empfohlene Weise angelegt usw. Immerhin wollte er sich dennoch nicht von ihm trennen, und so gab ich ihm einige neue Ratschläge, wie mit dem Talisman zu verfahren sei. Daraufhin schien das Thema erledigt, und ich hörte lange Zeit nichts mehr von dem Mann.

Etwa drei Jahre (!) danach erhielt ich einen weiteren Anruf des Klienten, in dem er darum bat, etwas wegen seines Venus-Talismans zu unternehmen, am besten eine Entladung durchzuführen. Also vereinbarten wir ein Treffen. Erst jetzt stellte sich heraus, dass der Mann homosexuell war und mit einem Partner seit vielen Jahren in einer festen Beziehung lebte. Die »persönlichen Schwierigkeiten«, die ihm der Talisman beschert hatte, waren recht aufschlussreich: Die Beziehung zu seinem Liebespartner war ihm ursprünglich als etwas zu beengt erschienen, andererseits war er aber seelisch nicht dazu in der Lage gewesen, fremdzugehen und auch sexuelle Kontakte zu anderen Partnern zu knüpfen. Dazu hätte ihm der Talisman verhelfen sollen, jedenfalls hatte er sich das von ihm erhofft. Stattdessen wurde die Beziehung zu seinem eigentlichen Partner seit Erhalt des Talismans immer intensiver, die beiderseitige Liebe wuchs, und von »Fremdgehen« war überhaupt nicht mehr die Rede!

Dafür bekam mein Klient nunmehr gelegentlich Albträume von nackten Frauen, aus denen er schweißgebadet aufzuwachen pflegte. Das ist auch insofern signifikant, als er eigentlich nicht zu den Homosexuellen gehörte, die eine ausgesprochene Abneigung gegen das weibliche Geschlecht hatten. Andererseits war er aber auch nicht bise-xuell. Als wir die Natur des Venus-Prinzips besprachen, die ihm anscheinend drei Jahre zuvor noch nicht sehr klar ge-wesen war, räumte er schließlich ein, dass der Talisman tatsächlich im ursprünglich (von mir) gemeinten Sinn funktioniert hatte. Schließlich hatte er mir seine Homo-sexualität verschwiegen, während ich meinerseits den Feh-ler begangen hatte, ihn nicht danach zu fragen. Auch aus seinem Horoskop war sie nicht zu ersehen, und bis heute habe ich darin keinen ernst zu nehmenden Hinweis darauf finden können.

Diese Anekdote ist auch deshalb aufschlussreich, weil sie einen Gegenbeweis gegen die unter Laienpsychologen gängige Placebo- oder Suggestionstheorie der Magie dar-stellt. Der Klient hatte zwar gegen die »Gebrauchsanwei-sung« verstoßen, glaubte aber, ebenjene Wirkung durch den Talisman zu erzielen, die ihm im Sinne gestanden hat-te, als er ihn in Auftrag gab. Tatsächlich aber wirkte der Talisman ganz anders, nämlich genau so, wie es dem Venus-Prinzip entsprach, mit dessen Energie er ja auch geladen worden war. Von einer Suggestion oder einem Placebo-effekt im herkömmlichen Sinne kann also keine Rede sein.

Der Vorgang macht aber außerdem deutlich, dass man mit der tieferen Bedeutung der Symbole vertraut sein muss, mit denen die Magie arbeitet. Hätte mein Klient mir seine Situation offen geschildert, so hätte ich ihm stattdessen einen Merkur-Talisman empfohlen, da das Merkur-Prin-zip sowohl für die Zweigeschlechtlichkeit als auch für die Homosexualität zuständig ist. Die höhere Oktave des Mer-kur, der Uranus, gilt sogar als eine Art »Schutzpatron« der Homosexuellen, und tatsächlich nannte man diese lange

Zeit bis nach der Wende vom 19. zum 20. Jahrhundert
»Uranier«. (Ein historischer Vorläufer der heutigen »Gay-
Rights«-Bewegung war das »Uranian Movement« im vik-
torianischen England.) Da die traditionelle Planetenmagie
nur mit den sieben klassischen Planeten arbeitet, differenziert sie nicht so stark und ordnet einschlägigen Operationen eben das Merkur- und natürlich das Sonnenprinzip zu.

All dies ändert nichts an der eigentlichen Technik der
Magie, auch nicht an jener der Sexualmagie. Wiewohl
man den sexualmagischen Umgang mit den Symbolen
und Analogien entsprechend anpassen muss, bleiben die
Grundprinzipien dieselben. Der Grund, weshalb dies hier
zum dritten Mal betont wird, ist der, dass die wenigsten
Laien (aber auch erfahrene Magier!) diese Tatsache so un-
befangen annehmen und in die Praxis umsetzen, wie es eigentlich für eine erfolgreiche Arbeit gefordert wäre. Unser
Buch wendet sich nicht an Homosexuelle allein, ebenso
wenig wie es nur den Heterosexuellen berücksichtigt. Es
will vielmehr die Sexualmagie als Disziplin für alle Magier,
Anfänger wie Fortgeschrittene, Hetero- wie Homosexuelle darstellen und die verschiedenen technischen Aspekte
unterschiedlicher Angänge beleuchten. Der Aberglaube,
dass es für jedes einzelne magische Problem eine separate
Formel geben muss, hat zu einer Unzahl unförmig dicker
Rezeptbücher geführt, anstatt zu schmalen, präzise for-
mulierenden Nachschlagewerken, wie sie für die Praxis
weitaus brauchbarer wären. Es ist wie beim Einmaleins und
bei den Grundrechenarten: Man muss die Grundlagen beherrschen, dann ergibt sich der Rest der Arithmetik von allein, wird die Arbeit mit Algebra und Geometrie/Trigono-

metrie erst sinnvoll. Die meisten magischen Autoren jedoch scheinen sich damit zu vergnügen, für jede nur erdenkliche Rechnung eine Lösung vorzustellen. In unserem Bild bleibend wäre dies einem Rechenbuch vergleichbar, in dem möglichst alle nur denkbaren Rechenoperationen mit ihren vollständigen Antworten aufgeführt sind, also z. B. »3 x 9 = 27«, »3 x 543 = 1629«, »5783,48 : 14 = 413,10571«, »87 + 78 = 165«, »1234 − 987 = 247« usw. Ähnlich verfahren zahlreiche Magiebücher. Sie liefern Rezepte wie »Zauber, um das Vieh des Nachbarn zu verhexen«, »Zauber, um die Ernte des Nachbarn zu verhexen«, »Zauber, um das Gesinde des Nachbarn zu verhexen« usw., sodass sie sich schließlich lesen wie die Speisekarte eines Chinarestaurants: »Ente mit Mandeln«, »Ente mit Nüssen«, »Ente mit Ananas« usw.

Es ist klar, dass solche Versuche nicht nur von zweifelhaftem Wert, sondern sogar schädlich sind. Einerseits gaukeln sie eine Vollständigkeit vor, die nie wirklich zu erreichen ist, andererseits aber verwirren sie den Leser und verhindern erfolgreich, dass er vor lauter Einzelvorschriften jemals die eigentlichen Grundregeln magischen Handelns erkennt, um die entsprechenden Rituale selbst für sich zu entwickeln und auf diese Weise ihrer eigenen Individualität und zugleich der geradezu wunderbaren Vielseitigkeit der Magie gerecht zu werden. Der »Alte-Männer-Okkultismus« der Dogmatik stellt zwar geringere Anforderungen an den Intellekt des magisch interessierten Menschen, dafür bietet er ihm aber auch fast nur Konfektionsware von der Stange, in die der angehende Adept sich mühsam hineinzwängen muss, ob sie ihm nun passen mag oder nicht. Gewiss, das mag sich zunächst etwas bequemer ausmachen als die Mühsal, das Schneiderhandwerk selbst zu erlernen, doch ist es auch entsprechend weniger vielseitig und verhindert eine wirkliche Souveränität in der Sache durch genaueste Kenntnis der Materie. Damit aber ist nur den wenigen »Wissenden« gedient, die ihre Position nicht selten in künstlichen Hierarchien schonungslos ausnutzen und von der Dummheit und der Verdummung ihrer Anhänger profitieren. Die Geschichte magischer Orden ist reich an solchen Beispielen. Mit einem Weg zur magischen Freiheit hat dies nur wenig zu tun, deshalb sollte dem auch entgegengewirkt werden.

Sexualmagische Gruppenerotik

Rituelle Gruppensexualität und schwarze Messe

Kaum ein Gebiet der ohnehin recht umstrittenen Sexualmagie ist so sehr Thema bizarrster Fantasien, Unterstellungen und Vorurteile gewesen wie die rituelle Gruppenarbeit. Daran sind die Magier selbst freilich nicht ganz unschuldig, haben sich doch viele von ihnen weidlich Mühe gegeben, ihre Bürgerschreckpose gerade mit Reizworten aus dem Bereich der Sexualität zu spicken. Der immer wieder in Wellen emporschwappende Modeokkultismus mit seinen Salonsatanisten hat sein Übriges getan, um den Ruf sämtlicher Sexualmagier zu ruinieren.

Ein Laie, der das Stichwort »Gruppensexualmagie« hört, denkt als Erstes an die berüchtigte schwarze Messe. Darunter versteht er in der Regel eine satanistisch verbrämte

Sexorgie, bei der vielleicht noch die katholische Messe parodiert und mit blasphemischen Elementen (Urinieren in den Abendmahlskelch, Beschmieren des Kreuzes mit Kot usw.) versetzt wird. Es ist nicht zu leugnen, dass dergleichen gelegentlich vorgekommen ist und noch bis heute immer wieder mal vorkommt. Der Begriff »schwarze Messe« ist zu einem Synonym für allerlei bizarre Sexualpraktiken geworden. In der überwiegenden Zahl der Fälle verstehen die Beteiligten nicht das Geringste von Magie oder gar Sexualmagie, sie leben einfach nur ihre Fantasien aus! Dagegen ist ja auch prinzipiell nichts einzuwenden, doch hat all dies mit einer echten schwarzen Messe allenfalls den (falschen) Namen gemein.

Das gilt leider auch oft für sogenannte »echte« Satanisten. Wenn wir die klassische schwarze Messe, wie sie in Satanistenkreisen praktiziert wird, einmal betrachten, wirkt sie zunächst geradezu lächerlich: Da muss ein relegierter katholischer Priester (denn kein anderer verfügt über die erforderliche Weihe der apostolischen Sukzession und die ihr innewohnende magische Kraft der Transsubstantiation) eine Jungfrau auf dem Altar »schänden« (oft stellt diese auch den Altar selbst dar), während das Vaterunser rückwärts aufgesagt oder sogar die ganze Messe rückwärts zelebriert wird; das Kruzifix hängt umgekehrt an der Wand, die Hostie (vom Priester ordnungsgemäß geweiht und somit in »Fleisch Christi« verwandelt) wird befleckt und zertrampelt, anstelle Christi wird der teuflische Ziegenbock Satan angerufen. Das ganze Spektakel läuft also auf eine hundertprozentige Umkehrung der katholischen Messe hinaus, auf eine gezielte Blasphemie. Die Einzelheiten unterscheiden sich gelegentlich; da entlaufene Priester, die

sich zu derlei hergeben, sicher ebenso selten sind wie Jung-
frauen, die an solchen Aktivitäten Gefallen finden, nehmen die meisten Satanisten mit Ersatz vorlieb, allenfalls die
Hostie wird aus einer katholischen Kirche gestohlen, bei
der Kommunion entwendet o. Ä. Es ist einleuchtend, dass
dies nur für Katholiken mit »umgekehrten Vorzeichen«
wirken kann. Der Hass auf eine Sache ist eine der Liebe zur
selben Sache höchst ähnliche Energieform. Wem die katholische Messe nichts sagt, sei es, weil er in einer anderen
Religion groß geworden ist (man stelle sich nur einmal
vor, wie seltsam eine solche schwarze Messe auf einen Mos-
lem oder einen Buddhisten wirken muss ...), sei es aber
auch, weil er sich vom Katholizismus innerlich befreit hat,
der wird in der schwarzen Messe allenfalls einen skurrilen
Mummenschanz sehen, und sie wird ihre Wirkung gänzlich auf ihn verfehlen.

Man macht sich die Sache allerdings zu leicht, wenn
man es bei dieser Sicht der Dinge bewenden lässt. Auch
hier darf man nicht den Fehler begehen, die äußere Form
mit dem Inhalt zu verwechseln und sich an Einzelheiten
zu stoßen, ohne die allem zugrunde liegende Struktur zu
erkennen. Im Grunde ist die schwarze Messe das christli-
che Gegenstück zum schon erwähnten tantrischen Ritual
des Pancha makara, bei dem ebenfalls ganz systematisch
gegen alle möglichen Tabus des Hinduismus und Buddhismus verstoßen wird, etwa gegen das Verbot des Fleisch-
essens, des Trinkens von Alkohol, des Verzehrs von Fisch
usw. sowie natürlich gegen sexuelle Tabus, vom außerehelichen Geschlechtsverkehr bis zum Inzest und, in manchen Kaula-Sekten, auch zur Homoerotik. Unter ehemals
streng katholischen (und im Prinzip immer noch katho-

lisch gesinnten) Adepten mag die schwarze Messe in ihrer herkömmlichen Form noch die alte befreiende Wirkung zeitigen. Wenn man auch noch ihre schaurigeren Varianten bedenkt, zu denen, wie nachweislich bei der Affäre Montespan im Frankreich des Sonnenkönigs, der Kindsmord gehört (was übrigens, wohl mit einigem Recht, schon vom mittelalterlichen Gilles de Rais behauptet wurde), so erscheint es wahrscheinlich, dass diese ihre Wirkung auch in tausend Jahren wohl noch nicht verfehlen dürften. Doch müssen wir nicht erst in das finstere Gebiet des Kannibalismus eintauchen, um zu einer praktikableren und vor allem wirkungsvolleren Form der modernen schwarzen Messe zu finden.

Versetzen wir uns einmal in die Situation eines zweifelnden Katholiken der Wende zum 20. Jahrhundert, also jener Epoche, die man auch die »Dekadenz« nennt. Sein Glauben ist erschüttert, Naturwissenschaft (z. B. Darwin), Philosophie (z. B. Nietzsche), »Leben-Jesu-Forschung«, Kulturkampf usw. setzen den alten Werten zu, ohne wirklich neue, für alle verbindliche Normen zu erschaffen. Die Repression der institutionalisierten Religion wird Tag um Tag entlarvt und kritisiert, ohne dass sich die Gesellschaft jedoch gänzlich von ihr lösen würde. Die Industrialisierung hat eine neue Klasse erstarken lassen: das Bürgertum. Die Wirtschaft hat Hochkonjunktur, Expansionsdenken überall, neue Kolonien werden erobert, neue Aufstiegschancen ergeben sich. Die Künstler der Bohème leben es vor: Die »Freiheit« scheint nur noch einen Steinwurf weit entfernt.

Ein Satanist spricht ihn an, kündet ihm von dieser neuen, der wahren Ungebundenheit, spricht den empfind-

lichsten aller Punkte an, den sexuellen, verheißt unge-
ahnte Ekstasen mit Sex und Drogen (die Opium- und
Betäubungsmittelgesetzgebung liegt noch in weiter Zukunft) und die endgültige Abnabelung von dem alles beherrschenden, jede Fleischeslust verdammende Moloch
Kirche, der seine Kinder frisst und ihnen gerade als Glau-
bensdogma die Unfehlbarkeit des Papstes und die unbefleckte Empfängnis vor die Füße geschleudert hat. Was
liegt da näher, als alles, was ihn einengt und seine denke-
rische, seine sexuelle, ja seine existenzielle Freiheit be-
schneidet, mit einer wilden, pathetischen Geste zu zer-
trümmern? Hat Nietzsche es nicht vorgemacht? Haben die
Künstler es nicht schon immer gepredigt? Also der Gang
zur schwarzen Messe, zur Umkehrung der Werte. Der Skeptizismus des Zweifelnden darf umschlagen in puren, dennoch wohlgeordneten Nihilismus, darf innerhalb des
strengen Rahmens des Rituals schänden, lästern, huren –
darf, wiederum religiös überhöht, tun, was er sich ohne
diese letzte Absicherung durch eine neue Idealisierung und
Vergottung nicht getrauen würde.

Die Verneinung und Zerstörung all dessen, was den
Menschen einengt, hemmt, ihn begrenzt – das ist die eigentliche Formel der schwarzen Messe! Dies ist die Re-
chenregel, die Struktur, nach der wir alles selbst entwickeln
können.

Also würde unsere schwarze Messe des angebrochenen
21. Jahrhunderts, des von Technologie und Wissenschafts-
denken geprägten, von Umweltkatastrophen, Verrohung
der Sitten und Brutalisierung der Städte bedrohten Infor-
mationszeitalters, vielleicht folgende Elemente integrieren: das Zerschlagen und »Schänden« eines äußerst teu-

ren Computers, das Verbrennen von wissenschaftlichen Zeitschriften auf dem Altar, das Vernichten eines genauen Abbilds der Atombombe, die sexuelle Askese als Protest gegen die geistlose Verflachung der Sexualität durch die sogenannte »sexuelle Revolution« und durch die Pornoindustrie, Peepshows, Sexclubs usw.; das Rückwärtsaufsagen anerkannter Konjunkturprognosen und Börsenberichte, Regierungserklärungen, Kalorientabellen und Arbeitsamtsstatistiken usw.

Das Vorgehen ist chaotisch, durch Würfeln wird bestimmt, was als Nächstes geschehen soll. Sinnlos werden zufällig ausgewählte Telefonnummern angewählt, um sinnfreie Laute auszustoßen, Banküberweisungen werden per Computer ausgeführt und sofort wieder storniert usw.

Diese Liste stimmt nicht unbedingt mit meinen persönlichen Abneigungen überein, und das wird Ihnen möglicherweise nicht anders gehen. Doch Sie werden begriffen haben, worauf es ankommt.

Sie erkennen also die Grundstrukturen der schwarzen Messe auch in ihrer modernen Form wieder. Es kommt eben darauf an, sich mit heutigen, mit aktuellen Tabus auseinanderzusetzen, anstatt gegen die toten Götter der Vergangenheit Sturm zu laufen.

Der Umgang mit Gruppenenergien bei sexualmagischen Ritualen

Die rituell erzeugte sexualmagische Energie von Gruppen verlangt nach einer gesonderten Behandlung. Es ist auch ein Unterschied, ob eine Gruppe beispielsweise aus drei oder dreißig Magiern besteht. Es gibt Magier, die sich weigern, mit mehr als zwei oder drei Kollegen auf einmal zusammenzuarbeiten. Andere wiederum, vor allem solche, die in einer schamanischen Tradition arbeiten, wünschen sich am liebsten Dutzende oder gar Hunderte von Teilnehmern. Und schließlich wird die sexualmagische Energie einer Gruppe auch vom Entwicklungsstand ihrer einzelnen Mitglieder bestimmt. Nicht immer ist es »besser«, nur erfahrene Magier dabeizuhaben, manchmal bringt gerade der Anfänger frische Energien ein, die vieles möglich machen, was sonst nur unter großen Mühen zu verwirklichen ist. Andererseits können Anfänger durch ihre unberechenbaren Reaktionen das ganze Unternehmen auch empfindlich stören. All dies macht wohl deutlich, dass es keine präzisen Empfehlungen für die sexualmagische Gruppenarbeit geben kann. Daher können die folgenden Ausführungen auch nur als Faustregeln gelten, als Ungefährwerte, die vor allem zur Orientierung dienen, im Einzelfall aber entsprechend variiert werden müssen.

Grundsätzlich gibt es zwei Möglichkeiten, mit ritueller Gruppenenergie umzugehen: mit einem Ritualleiter und ohne. Beides ist nicht sehr einfach und verlangt eine große Erfahrung, sowohl mit gewöhnlichen magischen als auch speziell mit sexualmagischen Gruppenritualen.

Sexualmagische Gruppenrituale mit einem Leiter

Der Ritualleiter wird in der Regel vor der Vorbereitung auf das Ritual bestimmt. Gelegentlich wird ihm auch erst während des Rituals sein Amt spontan verliehen. Selbstverständlich kann der Ritualleiter männlichen oder weiblichen Geschlechts sein. Er sollte über reiche Ritualerfahrung verfügen, sowohl in der Einzelarbeit als auch mit Gruppen. Auch Erfahrung auf dem Spezialgebiet der Sexualmagie ist unabdingbar. Ferner muss der Ritualleiter dazu in der Lage sein, Gruppenenergien wahrzunehmen, sie gegebenenfalls zu bündeln und auf das gewünschte gemeinsame Ziel zu lenken.

Die sorgfältige Auswahl der Gruppenmitglieder ist von allergrößter Bedeutung. Da die in einer Gruppe erweckte Sexualmagis außerordentlich kraftvoll ist, muss sichergestellt sein, dass jeder Teilnehmer derartige Energien auch tatsächlich verkraften kann. Es ist nicht erforderlich, dass alle Teilnehmer über das gleiche sexualmagische Erfahrungsniveau verfügen, doch sollte jeder von ihnen wenigstens ausgiebige autoerotische Erfahrung mit Sexualmagie nachweisen können, evtl. durch Vorlage seines magischen Tagebuchs, abhängig auch davon, ob der Ritualleiter die Zusammensetzung der Gruppe bestimmt, was meistens nur innerhalb von hierarchisch gegliederten Zusammenschlüssen (Lehrer-Schüler-Verhältnisse, Orden und Bruderschaften usw.) der Fall sein wird.

Es ist nicht unbedingt wünschenswert, dass sich alle Mitglieder der Gruppe bereits vorher kennen, im Gegenteil: Die Erfahrung zeigt, dass ein gewisses Maß an Unvertrautheit die Hemmschwellen eher senkt (man sitzt ja »im gleichen Boot«) und die Energien ungehinderter und machtvoller strömen. Zumindest bei der ersten gemeinsamen Operation scheint es oft sinnvoller, wenn die Partner sich gegenseitig nur flüchtig kennen. Doch das ist natürlich situativ bedingt, deshalb wird sich jede Gruppe an die jeweiligen Gegebenheiten anpassen müssen.

Auch die Frage, ob nur Paare bzw. Lebenspartner zugelassen werden sollten, lässt sich nicht pauschal beantworten und ist oft eher eine Sache der persönlichen Neigung.
Man kann sich nicht gegen alles absichern, aber es dürfte
wohl klar sein, dass ein sexualmagisches Gruppenritual
eines großen gegenseitigen Vertrauens bedarf und keine
Eifersüchteleien duldet. Oft wird die erste gemeinsame Arbeit allein den Schwerpunkt »Hemmschwellensenkung«
zum Inhalt haben, sodass erst bei den folgenden Treffen sexualmagisch wirklich in die Tiefe gegangen werden kann.

Dennoch sollte der Ritualleiter dafür Sorge tragen, dass
sich die Gruppe nicht ausschließlich mit psychologischen
Übungen, Sensibilisierungspraktiken und »geistiger Sexualität« aufhält. Gerade die vorgebliche »Vergeistigung«
ist oft nichts anderes als eine idealisierte Flucht vor den
»Niederungen des Fleisches«. Sexualmagie aber findet –
anders als manche sogenannte »weiße« Tantra-Richtun-
gen – stets auf allen Ebenen zugleich statt, auf der physischen ebenso wie auf der geistigen und natürlich der magischen. Damit ist nichts gegen eine echte Vergeistigung
gesagt, die auf der tatsächlichen Erfahrung des Fleisches
aufbaut und sowohl Himmel als auch Hölle der Sinnlichkeit durchlebt hat.

Ferner ist der Ritualleiter für den ordnungsgemäßen Ablauf des Rituals verantwortlich, oft schreibt er dieses sogar
selbst vor, wenn es nicht von der Gruppe gemeinsam entwickelt wird. Er verteilt die Aufgaben, sorgt für ihre korrekte Durchführung und kümmert sich um die allgemeine
Organisation. Meistens wird er auch das Amt des Hiero-
phanten oder der Hierophantin (Hohepriester bzw. Hohe-
priesterin) ausüben. Im Ritual selbst ist das Wort des Ritu-

alleiters oberstes Gesetz! Dies dient nicht nur der Disziplinierung, sondern hat vor allem den Vorteil, eine Instanz zu schaffen, an der die Gruppenmitglieder sich orientieren können. Das nimmt etwaigen Einwänden des Egos mit seinen zahlreichen Ängsten und Verhaftungen, seinen Vorurteilen und kleinlichen Einwänden von vornherein die Macht, die Kontrolle an sich zu reißen.

Traditionelle Rituale nutzen die Funktion des Leiters vornehmlich dazu, dass dieser nach dem Aufbau der Gruppenenergien diese gebündelt selbst aufnimmt und den magischen Akt stellvertretend für alle ausführt. Dies kann ein sexualmagischer Akt sein wie etwa beim Großen Ritus des Wicca-Kults, auf den wir noch eingehen werden (s. S. 291 ff.), es kann sich aber auch um eine andere magische Operation handeln, von der Invokation über die Dämonenbeschwörung bis zur Belebung eines Psychogons, der Ladung eines Amuletts, der Heilung eines Patienten usw. Dann dient der Ritualleiter als Kanal. Während er als solcher fungiert, wird ein Stellvertreter für ihn einspringen und vorübergehend die Leitung der Gruppe übernehmen.

Eine andere Ritualrichtung baut unter der Aufsicht des Leiters die gewünschte magische Energie auf, die dann von den Teilnehmern einzeln und unabhängig voneinander für ihre jeweiligen magischen Ziele genutzt wird. In diesem Fall gibt der Ritualleiter zum entscheidenden Zeitpunkt ein entsprechendes Zeichen, wie er ja überhaupt die einzelnen Ritualphasen einleitet und beendet.

Eine weitere, vielleicht sogar die wichtigste Aufgabe des Ritualleiters besteht darin, das Energieniveau der einzelnen Teilnehmer in regelmäßigen Abständen zu überprüfen und eventuelle Blockaden mit entsprechenden Mitteln zu beheben, z. B. durch magnetische Striche, durch Anleitung zum richtigen Atmen, durch Behandeln mit Mantras, Zimbeln, Glocken, magischen Waffen, Fetischen usw. Es versteht sich, dass er dabei stets die Harmonie des Ganzen im Auge behalten muss und nur dann eingreift, wenn es absolut erforderlich ist.

Wird in der Gruppe heteroerotisch gearbeitet, sollte in der Regel sichergestellt sein, dass die Zahl der weiblichen und männlichen Teilnehmer auch ausgewogen ist. Zwar gibt es auch Varianten, bei denen nur ein oder zwei Teilnehmer eines bestimmten Geschlechts anwesend sein müssen (etwa bei der satanistischen schwarzen Messe herkömmlicher Prägung), doch das sind Ausnahmefälle. Allerdings wird auch relativ häufig zu dritt gearbeitet, was freilich eine völlig andere Energiequalität aufweist als die Arbeit mit vier und mehr Teilnehmern.

Es gäbe noch viel zu diesem Thema zu sagen, doch sollen diese Hinweise genügen, da sie die wesentlichen Punkte behandeln. Wenn sie befolgt werden, steht einer erfolgreichen Arbeit mit der Sexualmagis der Gruppe nichts mehr im Wege.

Sexualmagische Gruppenrituale ohne Leiter

Dieser Typus Ritual gilt allgemein als der schwierigste. Besteht die Gruppe ausschließlich aus sexualmagisch erfahrenen, aufeinander eingespielten Magiern, sollte es keine Probleme geben. Anders jedoch, wenn dies nicht der Fall ist, vor allem dann, wenn es sich auch mehr um ein sogenanntes Spontanritual handelt. Auch Spontanrituale lassen sich in zwei Hauptgruppen unterscheiden: erstens, das

Ritual, das sich situativ ergibt, ohne jede vorhergehende Planung, etwa wenn eine Reihe von Sexualmagiern mehr oder weniger zufällig zusammengekommen ist; zweitens das Ritual, das zwar vorab vereinbart wurde, dessen Verlauf aber weitgehend sich selbst überlassen wird. Auch hier können sich gelegentlich Ritualleiter herauskristallisieren, die, häufig nur vorübergehend, der Gruppe die Richtung des Rituals vorgeben.

Spontanrituale haben den entscheidenden Vorteil, dass sie sich besser an die jeweilige Zusammensetzung der Gruppe, an die Zeitqualität usw. anpassen, mithin dass die Sexualmagis ihren eigenen freien Lauf nimmt. Gerade aus diesem Grund aber verlangen sie den Teilnehmern ein Höchstmaß an innerer Mittigkeit und Reife ab, zumal selten Vorkehrungen für den Fall getroffen werden können, dass einer oder mehrere Teilnehmer zwischendurch eine Krise durchmachen sollten. Die weiter oben geschilderte Form der modernen schwarzen Messe (s. S. 278 ff.) ist ein Beispiel für ein solches Spontanritual. Hier erweisen sich »blutige Anfänger« oft als sehr störend, und auch der Grad der Vertrautheit der Teilnehmer untereinander wird meistens höher sein als bei den geregelten Ritualen.

Bei aller Spontaneität sollte jedoch auch diese Form des Rituals ein bestimmtes Ziel haben und nicht allein um seiner selbst willen durchgeführt werden. Denn sonst fehlt der geweckten Sexualmagis unter Umständen das nötige Ventil, durch welches sie sich gefahrlos entladen kann.

Energievampirismus

Ein viel zu wenig beachtetes Problem jeder Sexualmagie ist das des Energievampirismus. Dieser kennt viele verschiedene Spielarten: Die Palette reicht vom allgemeinen Energieverlust an einen anderen Partner, der dafür seinerseits mit erheblichem Energiegewinn aus dem Ritual hervorgeht, bis zu einem erheblichen, deutlich spürbaren Energieabfall, z. B. bei der heteroerotischen Penetration. Dieser kann von der Frau gleichermaßen erlitten werden wie vom Mann, es ist also keineswegs so, wie es in älteren Büchern oft behauptet wird, dass lediglich die Frau Energie absaugen würde und nur der Mann sich davor hüten müsste! (Bei dieser Auffassung handelt es sich um eine überzogene Umsetzung der an sich für die meisten magischen Systeme und Magier ja durchaus korrekten symbolischen Gleichsetzung von »weiblich = passiv = empfangend = aufsaugend« und »männlich = aktiv = gebend = ausstoßend«. Wir sehen an diesem Beispiel, dass auch die Analogien mit Vernunft und Gleichmaß angewandt werden wollen.)

Meist geschieht dieser Energieraub völlig unbewusst, ja er ergibt sich oft sogar fast zwangsläufig, nämlich wenn der absaugende Partner ein niedriges Energieniveau aufweist, während sein »Opfer« über ein Mehr an Vitalenergie verfügt, wenn also ein Gefälle vorliegt. Im Übrigen ist das »Opfer« keineswegs nur zu bedauern, denn dergleichen kann nur durch Unachtsamkeit, Selbstüberschätzung und nachlässigen magischen Schutz geschehen. Wenn Sie im Hara bleiben, Ihr Schutzsymbol aktiviert haben und Ihren Kleinen Energiekreislauf aufrechterhalten, kann Ihnen nichts dergleichen widerfahren.

Machen Sie aber den Energieräuber auf freundliche Weise darauf aufmerksam, und unterweisen Sie ihn in Möglichkeiten, sich seine fehlende Energie anderweitig zu beschaffen. Begehen Sie vor allem nicht den Fehler, in Verfolgungswahn zu verfallen und überall Feinde zu wittern, die es auf Ihre kostbare Magis abgesehen haben! Hüten Sie sich vor Misstrauen, und gehen Sie nicht gleich davon aus, dass der andere Sie absichtlich als Energiequelle missbraucht. Sollte dies allerdings, was freilich sehr selten ist, tatsächlich der Fall sein, so brechen Sie fürs erste jeden magischen Kontakt mit der betreffenden Person ab, erst recht natürlich den sexualmagischen. Sie können in einem solchen Fall den Spieß auch umdrehen und Ihrerseits angreifen, doch müssen Sie schon zum Kampfmagier geboren sein, um eine derartige Belastung und Nervenanspannung zu verkraften. Im Übrigen ist ein magischer Krieg selbst in einem solchen Fall möglichst zu vermeiden, da er ein höchst unökonomisches Unterfangen ist, das nicht selten in Wahnsinn, Krankheit oder Tod endet …

Der Große Ritus

Der Große Ritus stellt das Ritual des sogenannten »3. Grads« des Wicca-Kults dar, des neuheidnischen Hexenkults also. Dieser Kult ist sehr vielfältig. Manche seiner Richtungen kennen überhaupt kein Gradsystem, doch gilt der Große Ritus allgemein als seine höchste Stufe. Er wird zunächst in der Gruppe (im »Hexencoven«) zelebriert, doch ziehen sich die Gruppenmitglieder meistens zurück, nachdem die erforderlichen Energien aufgebaut wurden, sodass Priester und Priesterin den Akt in ungestörter Zweisamkeit vollführen können.

Es gibt aber auch Varianten, in denen der Große Ritus von allen Beteiligten vollzogen und somit zu einer sakralen Orgie wird. Im Mittelalter wurde er gelegentlich in großen Gruppen auf den Feldern praktiziert, um die Fruchtbarkeit zu steigern und für gute Ernten zu sorgen.

Wir wollen hier ein Zitat anführen, welches den Großen Ritus beschreibt. Es stammt aus dem Werk von Jörg Wichmann, *Wicca – Die magische Kunst der Hexen*:

Der Große Ritus ist die Vereinigung von Gott und Göttin, von Himmel und Erde, die Verschmelzung der Polaritäten. Der Gehörnte und die Erde vereinen sich in Ekstase und Verzückung. Der Große Ritus wird von Priester und Priesterin vollzogen, die sich mit den Gottheiten identifiziert haben. Er kann körperlich oder symbolisch vollzogen werden.

Der symbolische Vollzug geschieht durch Stab und Kelch, wobei die Priesterin den gefüllten Kelch, der Priester den Stab führt. Die Priesterin nähert sich von Westen, der Priester von Osten, und sie vereinen sich schwelgend im Zentrum des Kreises.

Der symbolische oder körperliche Vollzug des Großen Ritus ist in seiner magischen und heiligen Bedeutung offenbar. Er bedarf keiner Begleitung durch Worte, wenn er mit Klarheit und Intensität vollzogen wird. Wichtig ist, dass Priester und Priesterin auch in der körperlichen Ekstase ihr magisches Bewusstsein durchhalten. Achtet darauf, anschließend die Energie an die Erde oder ein bestimmtes Ziel abzuleiten, wenn das magische Paar sie nicht für sich benötigt.

Der Große Ritus kann aber auch an den Jahresfesten (besonders Walpurgis) durchgeführt werden. Das Rahmenritual des Großen Ritus ist das übliche Grundritual. Er ist der Höhepunkt magischer Kunst, Ekstase und Meditation, das heiligste Ritual. Vergesst nicht: die Götter sollen sich darin vereinigen.

Der Große Ritus kann auch vom Paar allein, also ohne Gruppe vollzogen werden. Er besitzt übrigens eine große strukturelle Ähnlichkeit mit der Chymischen Hochzeit, wie wir sie im letzten Kapitel vorstellen werden (s. S. 366 ff.).

Mit dem symbolischen Vollzug des Großen Ritus ist die Grenze zur Sexualmystik bereits überschritten. Beachten Sie vor allem eins: Während die schwarze Messe vom Ausgangspunkt her eine *Verneinung der Fesseln* darstellt, ist der Große Ritus vor allem eine *Bejahung des Lebens*. Das ist zwar nur ein sehr grobes Schema, weil echte schwarze Messen ja auch der Sinnlichkeit huldigen und diese bejahen, dient aber doch der Grundorientierung. Für Leser, die keine Wicca sind, folgen nun zwei andere Rituale, von denen das erste den männlichen, das zweite den weiblichen Teil der Sexualmagis verstärkt aktiviert. Wie alle unsere Empfehlungen sind auch diese eher ein Gerüst, das Sie nach Ihren Bedürfnissen modifizieren und anpassen sollten.

Die Nacht des Pan

Dieses Ritual lässt sich zwar zu jeder Jahreszeit durchführen, am besten aber, wenn es warm ist. Man kann es auch zum Frühlingsanfang begehen. An einem geeigneten Ort (am besten in der freien Natur), wo jede Störung ausgeschlossen ist, sammeln sich die Magier und Magierinnen am späten Nachmittag eine Zeit vor Sonnenuntergang. Jeder bringt eigene Opfergaben in Form von Speisen mit, welche dem Pan-Prinzip zugeschrieben werden (z. B. Weißbrot, Ziegenkäse, Oliven, Zwiebeln, Zitronen, Harzwein), alles möglichst reichlich und frisch. Die Gaben werden auf einen mit Blumen geschmückten Altar gelegt, auf dem auch etwaige zu ladende Gegenstände (magische Waffen, Talismane, Amulette, Fetische) liegen. Ein großes Lagerfeuer sollte vorbereitet werden, es genügen aber auch große Fackeln in entsprechender Menge. Das Ritual kann recht lange dauern, daher sollte das Brennmaterial für einige Stunden reichen. Mitzubringen sind ferner Musikinstrumente wie Flöten (besonders: Panflöten), Trommeln, Rasseln, Schlaghölzer und ähnliche.

Die Teilnehmer haben sich mindestens eine Woche lang vorher gründlich auf das Ritual vorbereitet, indem sie beispielsweise über das Pan-Prinzip und seine mythologischen Inhalte meditierten und tägliche Anrufungen des Pan mit einer Hymne durchführten und sich sexuell stimulierten. Allerdings sollte die Sexualität während der Vorbereitungszeit ohne Orgasmus stattfinden, da dieser für das Ritual selbst aufgehoben wird.

Mit untergehender Sonne beginnt die einleitende Meditation. Danach wird der Kreis mit einem Schutzritual geweiht und geschützt. Anschließend erfolgt wiederum eine kurze Meditation, danach Musik und das Vortragen von Hymnen und Texten, die für die Anrufung Pans geeignet sind. Die Hymnen sollten nach Möglichkeit selbst getextet sein, Reime und rhythmische Sprache unterstützen den Vortrag. Sollten Sie sich das Verfassen solcher Hymnen nicht zutrauen, arbeiten Sie am besten mit Anrufungen aus der orphischen Tradition, die Sie im einschlägigen Buchhandel erhalten. Sehr geeignet ist auch folgende Kombination zweier Texte des Altmeisters Crowley: Zuerst wird das *Liber A'ash vel Capricorni Pneumatici* vorgetragen, danach die *Hymne an* Pan, Letztere so oft wie möglich, bis die gewünschte Energie aufgebaut ist. Synchron dazu wird Musik gemacht, die Teilnehmer tanzen und rufen das Pan-Prinzip. Dazu sprechen Sie eine sehr häufig verwendete Anrufungsformel:

IO PAN! IO PAN!
IO PAN PAN! PAN!
IO PANGENITOR! IO PANPHAGÉ!
IO PAN! IO PAN!
IO PAN PAN! PAN!

Das Ritual kann mit oder ohne Leiter stattfinden. Wurde ein Leiter bestimmt, ruft die Gruppe die Pan-Energie in diesen hinein. Ist Pan spürbar eingetreten, überträgt der Leiter die Pan-Energie tanzend und durch Handauflegen usw. auf die anderen Teilnehmer. Arbeitet die Gruppe ohne Leiter, ruft jeder das Pan-Prinzip in sich selbst hinein.

Für die nächste Phase des Rituals Vorschriften machen zu wollen, wäre widersinnig: Pan ist das All-Prinzip und duldet keine Fesseln! Pan wird dann schon selbst bestimmen, wie es weitergehen soll. Die Teilnehmer geben sich der orgiastischen (»panischen«) Energie des Pan hin, vollziehen den sakralen Akt und führen dabei auch ihren magischen Willensakt durch. Meist lässt sich ein solches Ritual ab einer gewissen Stufe rein äußerlich von einem Gruppensextreffen kaum unterscheiden, doch die Beteiligten selbst wissen sehr gut um die völlig andersartige, immens hoch gepolte Energie, von der sie dabei durchflutet werden und die ihnen gewaltige magische Kräfte verleiht.

Nach dem Ausklingen des Ritualhöhepunkts folgt eine erneute Meditation, die meist aus dem ruhigen Wahrnehmen der pulsierenden Körperenergie besteht. Danach werden die Opfergaben eingenommen. Pan lacht gern, daher sind Witze (auch schmutzige!) durchaus angezeigt. Also keine Leichenbittermienen!

Abschließend kann je nach Energiepegel das orgiastische Pan-Prinzip zu erneuter sexualmagischer Betätigung aktiviert werden, oder das Ritual wird nach kurzer Danksagung und Meditation mit der Bannung samt Entlassungsformel beendet.

Stellt der etwaige Ritualleiter fest, dass einer oder mehrere Teilnehmer Schwierigkeiten damit haben, die erforderliche gnostische Trance zu erreichen, muss er sich um diese kümmern, sofern sie bereit sind, das zuzulassen (unbedingt vor dem Ritual absprechen!). Im Übrigen wird jeder Teilnehmer das Ritual anders erleben – und doch werden meistens zahlreiche Koinzidenzen und Synchronizitäten vor allem nach dem Ritual auftreten, die von allen wahrgenommen werden.

Das Ritual kann hetero- oder homoerotisch durchgeführt werden. Notfalls geht es zwar auch allein, doch ist die Gruppenarbeit schon wegen der erheblich gesteigerten Energie auf jeden Fall vorzuziehen.

Die Nacht der Hekate

Bei diesem Ritual geht es um die Verbindung mit dem Prinzip der Hekate, der Urmutter, der Unterweltsherrscherin, die über Tod und Wiedergeburt gebietet. Sie ist eher für die dunkleren Aspekte der Magie zuständig, symbolisiert sie doch auch die Schattenseite des Weiblichen. Es sollte ebenfalls vorzugsweise im Freien stattfinden, am besten zu Neumond, da zu dieser Zeit die dunklen Energien im Allgemeinen vorherrschen. Auch die Winter- und Herbstperioden sind besonders dafür geeignet, was allerdings in unseren Breiten Probleme bei der Durchführung in der freien Natur mit sich bringt. Vorzugsweise sollte eine unterirdische Höhle als Ritualort dienen.

Das Ritual ist im Prinzip ähnlich wie das vorhergehende strukturiert, weshalb hier auch nur die Unterschiede aufgelistet werden.

Opfergaben könnten sein Getreideprodukte, Feldfrüchte, Mohn, Feigen, Granatäpfel, Wasser, Gerstensaft mit Minze, Bier, Schweinefleisch, Schinken, Kürbis. Der Altar kann geschmückt werden mit Kornblumen, Ährenkränzen, Misteln, aber auch mit Giften, da Hekate unter anderem auch die Herrin der Giftmischerei und der Vernichtungsmagie ist. Die verwendete Musik sollte etwas schwermütig und dumpf sein, wenngleich sich nach Aktivierung der Hekate-Energie eine Art getragener Heiterkeit hineinmischen dürfte.

Die Teilnehmer bereiten sich durch Geistreisen in die Unterwelt sowie durch sexuelle Enthaltsamkeit und Fasten auf das Ritual vor, ebenfalls durch alle kleineren Akte der Schadensmagie, die ihnen gerade ein aktuelles Anliegen sein sollten. Sie beschäftigen sich auch mit den mythologischen Aspekten der Gottheit.

Der Ritualablauf ist, wie erwähnt, im Prinzip identisch mit dem des Pan-Rituals (s. S. 293 ff.). Wieder sollten Sie die Hymnen eigentlich selbst schreiben, doch zur Anregung will ich hier ein eigenes Beispiel wiedergeben, das Sie selbstverständlich nach Belieben verändern können:

Hymne an Hekate

schwarzmond, lilith, dunkle schwester
nimmst die höllen in die hand
ob als schwächster, ob als bester
stets bin ich aus dir gebrannt.
weist das finstre in der seele
zeigst mir meine schattenfrau
ob ich leide, ob ich quäle
was und wen, trinkst dunklen tau

bluterin der sternenwälder
bist vermählt mit deinem feuer
stirbst im herrn der lichten felder
stets ein alter, stets ein neuer.

stirbst und gibst den spiegel preis
dumpf befleckt im walde wann
ach, die sonne lodert heiß
fordert, nimmt und packt – und dann?

schwarzmond, lilith, dunkle mutter
gibst aus einem wurf der erde
dass sie lebe, wacher werde
dass sie bebe, mahre, pferde,
traumgesang vom gottesfutter.

mondin, tote, höre mich!
mondin, dunkle, kose mich!
mondin, finstre, würge mich!
mondin, herbe, stürze mich!

stürze mich in deine tiefen
die mich lockten, die mich riefen
lockten seit die zeit begann
riefen in den zauberbann
deiner küsse eisenhand.
durch meine adern rieselt sand.

und ödefruchtbar sei das land!
und ödefruchtbar sei das land!

Eine allgemeine Formel, die zur Anrufung der Großen Göttin im Wicca-Kult ebenso gebraucht wird wie bei fast allen Ritualen, in denen weibliche Gottheiten angerufen werden, lautet:

ISIS ASTARTE DIANA
HEKATE DEMETER KALI INNANA

Während sich die Ekstase der Teilnehmer langsam steigert, bereiten sie sich innerlich auf einen geistigen Abstieg in die Unterwelt vor, wo die Göttin herrscht. In dieser Unterweltstrance beginnt die sexualmagische Arbeit wie beschrieben.

Täuschen Sie sich nicht: Der düstere Unterton des Hekate-Prinzips hat durchaus seine orgiastischen Aspekte. Bei richtiger Invozierung wird es beim heteroerotischen Akt in der Regel dazu kommen, dass die männlichen Teilnehmer unten, die Frauen dagegen oben liegen – aber das soll keine starre Vorschrift sein.

Auch dieses Ritual kann hetero- oder homoerotisch ausgeführt werden. Eine autoerotische Operation ist ebenfalls möglich, doch auch hier gilt, dass die Gruppenarbeit unbedingt vorzuziehen ist.

Der astrale Sabbat

Wir haben die Sexualmagie auf der Astralebene bereits kennengelernt. Der astrale Sabbat findet nach demselben Prinzip statt, nur eben mit einer ganzen Gruppe von Magiern.
Die Teilnehmer müssen allerdings bereits über ausgiebige
Erfahrungen mit dem Astralaustritt verfügen, wenn die
Operation ein Erfolg sein soll. Dazu ist es nicht unbedingt
erforderlich, dass sich alle Teilnehmer physisch am selben
Ort befinden, doch wird dies am Anfang vorzuziehen sein,
weil es sich leichter koordinieren lässt. Auch ist zu empfehlen, den astralen Sabbat unmittelbar im Anschluss an
ein anderes, physisches Ritual sexualmagischer Art durchzuführen, z. B. beim obigen Pan-Ritual (s. S. 293 ff.) nach
dem Verzehr der Opfergaben, wenn sich die Sexualmagis
erneut regt. Dies kann auch experimenthalber geschehen,
vielleicht um die Fähigkeiten des Astralaustritts bei allen
Teilnehmern zu prüfen, sie zu verstärken usw.

Im Übrigen hat der astrale Sabbat keinen festgelegten
Inhalt, Sie können also jedes beliebige Gruppenritual auf
diese Weise praktizieren – vorherige Absprache ist freilich
erforderlich. Das Ritual läuft im Prinzip ohnehin auf die
gleiche Weise ab, wie auf der grobstofflichen Ebene. Es werden also auch astrale Opfergaben dargebracht, astrale Räu-
cherungen durchgeführt usw.

Es bedarf wohl keiner gesonderten Erläuterung, dass der
astrale Sabbat nur für sehr erfahrene Sexualmagier geeignet ist. Er stellt höchste Anforderungen an die Selbstbeherrschung und an die magischen Fähigkeiten überhaupt.
Seine Energiequalität ist allerdings mit keiner anderen zu
vergleichen. Die meisten Magier werden freilich einen sol-

chen astralen Sabbat nur selten in ihrem Leben erleben. Als besonders förderlich gelten dabei sogenannte »Hexen«- oder »Flugsalben«, was freilich nicht nur illegal, sondern auch alles andere als ungefährlich ist, da die hochgiftigen Nachtschattenbestandteile dieser Salben nach einer äußerst sorgfältigen Dosierung verlangen. (So soll übrigens der wirkliche »Hexensabbat« des Mittelalters verlaufen sein.)

Kleiner philosophischer Exkurs zur Magie

Ist die bisherige Literatur über Sexualmagie schon auffallend schweigsam, wenn es um homoerotische Praktiken dieser Disziplin geht, so verstummt sie vollends, sobald ihr Blick noch weiter über diese Spielart der Sexualität hinausgeht. Das ist umso verwunderlicher, als wir doch eine Fülle von Beispielen aus der Geschichte kennen, in denen auch andere Formen der Sexualität in sexualmagischen Kulten und Ritualen eine Rolle spielten.

Sicher ist es nicht immer die schlechteste Taktik, vieles in der Magie der Fantasie des Schülers zu überlassen: Das spornt ihn dazu an, einen Blick hinter den Schleier des Mysteriums zu werfen – nur damit er am Ende feststellt, dass sich hinter dem Schleier nichts verbirgt außer einem Spiegel, der ihm sein eigenes Antlitz zeigt, und dass er erkennt, dass die Suche selbst wichtiger war als das Finden. Dadurch bekommt der Adept das Gefühl, sich im Grunde doch alles selbst erarbeitet zu haben, was ja auch stimmt, nur dass dies ewig und immer der Fall ist, also auch dann, wenn wir es gar nicht wahrhaben wollen.

Dennoch ist es andererseits unklug, nicht mit der Zeit zu gehen, und zwar sowohl quantitativ als auch qualitativ.

Die Fantasie und der Einfallsreichtum des heutigen Menschen haben sich weitgehend auf andere Bereiche verlagert, haben andere Formen angenommen und andere Bedürfnisse entwickelt als in der Vergangenheit. Deshalb erscheint es einerseits nicht mehr sinnvoll, diese Fantasie immer nur in die alten Bahnen zu lenken, während sich andererseits auch und gerade in der Magie neue Aufgaben stellen, die nur vom Menschen unserer Zeit bewältigt werden wollen und können.

Mit anderen Worten: Es geht weniger darum, einmal mehr die Zeit für angebrochen zu erklären, da »endlich und für immer, zum ersten und einzigen Mal in der ganzen Geschichte« die Mysterien »schonungslos enthüllt« werden oder so ähnlich. Das haben zahllose andere Magier schon vor uns getan, und keineswegs immer ungeschickt! Die wahren Mysterien haben sich schon immer geschützt und werden es auch weiterhin immer tun. Wir werden sie nie völlig ergründen, und jede Epoche nähert sich ihnen auf eigene Weise. Wer weiß, vielleicht bedürfen sie tatsächlich des Menschen nicht und erschaffen diesen nur zu ihrem eigenen Vergnügen, auf dass er ihnen als Zerstreuung diene? Jedenfalls ist die Zeit vorbei, da es genügte, mit einigen vagen Andeutungen von wahren Schätzen an Weistum hausieren zu gehen, die man allerdings leider aus allerlei Gründen »noch« in der Schublade aufbewahren müsse, bis der erforderliche Dispens von oben erteilt oder »die Zeit reif« sei usw. Der Magier von heute steht vor der schwierigen Aufgabe, das fortzusetzen, was seine Vorgänger vor etwa hundert Jahren begonnen hatten: die Erforschung der Magie und ihres Verhältnisses zum psychologischen Menschen des Zeitalters der Technokratie.

Es geht darum, die Magie von all dem Gerümpel zu befreien, von den Spinnweben und Stockflecken, die auch sie sich im Laufe der Jahrzehntausende immer wieder zugezogen hat wie alles andere auch. Es geht darum, den penetranten Griff des Mittelalters, einer großen Epoche der Magie, aber nicht ihrer größten, abzuschütteln und sich frei zu machen vom Mief ihrer judäo-christlichen Umgebung, der noch immer an ihr haftet wie ein giftiger Pesthauch. Es ist eine Sache, sich darüber zu mokieren, dass die Magier ebendieses Mittelalters ihre Fluchformeln und Todeszauber stets mit christlichen Floskeln, ja mit nicht enden wollenden Gebeten und Anrufungen des biblischen Sklavengottes und seiner bigotten Nachfolger verfälschten, verstümmelten – und verbargen. Diese Kritik übt jeder Materialist auch aus.

Doch es ist etwas völlig anderes, wenn man den wirklichen Grund für diese Verschleierungsmanöver erkennt und lernt, seine Struktur auch in unserer vermeintlich viel liberaleren Zeit zu entdecken. So stellen wir fest, was wir vom Wissen unserer Vorgänger tatsächlich auch heute noch brauchen, und das ist so manches. So begreifen wir vielleicht auch, dass es unseren Vorfahren nicht so sehr darum ging, sich auf opportunistische Weise der allgegenwärtigen, alles bestimmenden Kirche anzudienen, sondern vielmehr darum, dass es für jeden Magier *aller Zeiten* wichtig ist, in Harmonie mit seiner Umwelt zu leben, um unnötige Reibung zu vermeiden, die nur Energie kostet, ohne welche einzubringen.

Eine banale Erkenntnis, vielleicht, und doch musste sie immer wieder aufs Neue formuliert werden, weil die Magier nicht davon ablassen konnten, sie in den Schatten ihres bewussten Wissens zu drängen und sie zu missachten. Und dieses Beispiel ist nur eins von vielen, wie man alten Sachverhalten mit neuen Betrachtungsweisen neue Aspekte abgewinnen kann, auch wenn man sie wahrscheinlich niemals wird völlig entziffern können. Schließlich soll der Magier auch ein Weiser sein, nicht nur ein Mensch der reinen Tat, und ein Weiser definiert sich nicht zuletzt dadurch, dass er aus der Geschichte lernt und es zu vermeiden weiß, die alten Fehler immer wieder aufs Neue zu begehen und festzuschreiben. Wir alle sind weit, weit von diesem Ziel der endgültigen Weisheit entfernt. Das wird wohl auch immer so bleiben. Doch auf dem Weg dorthin sammeln wir Erfahrung. Dies tun wir so lange, bis wir schließlich erkennen, dass wir uns im Kreis drehen. Dann aber werden wir vielleicht zu jenen Göttern, von denen die Schriften der Alten uns künden.

Beseitigen wir also das Brett vor unserem Kopf, stellen wir uns unentwegt und immer wieder selbst infrage, entlarven wir jede neue Maske, bis sich endlich entpuppt, »was die Welt im Innersten zusammenhält« – nämlich wir selbst. Homo est deus – der Mensch ist ein Gott, doch ein schlafender, der aber auch als Einziger dazu fähig ist, sich selbst zu wecken. Dieses Brett vor dem Kopf heißt »kulturelle Trance«, heißt »Scheuklappen« und »historische Bedingtheiten«, heißt »die Ketten der Bequemlichkeit«. Es hilft uns zwar dabei, die Stöße der Außenwelt, des Universums, in dem wir wider jede Wahrscheinlichkeit überleben (auch wenn wir dieses Überleben ständig aufs Spiel setzen), abzufedern. Doch es hindert uns andererseits daran, den Horizont zu schauen, unser Gesichts- und Wahrnehmungsfeld auszudehnen, so weit es nur geht.

Das hört sich alles so lange sehr schön und vielleicht sogar begeisternd an, wie es uns nicht wirklich im Innersten berührt. Denn damit ernst zu machen heißt, sein ganzes Leben umzustellen, in ein neues Universum einzutreten, das einerseits fremd und bedrohlich ist, andererseits aber auch von einem solchen Reiz, dass nur sehr wenige, die es einmal erlebt haben, den Weg zurück suchen. Um dies zu schaffen, bedarf es zunächst der Opfer, und zwar jener schwierigsten aller Opfer, der *Gewohnheiten* nämlich: der Gewohnheiten des Denkens und Fühlens, des Glaubens und Wissens, des Begehrens und der Ablehnung, die uns zwar Willensfreiheit vorgaukeln, in Wirklichkeit aber unsere Kettenmeister sind.

Derlei philosophische Erwägungen sind gelegentlich notwendig, um die Magie in die richtige Perspektive zu rücken. Magie zu überschätzen ist ebenso gefährlich, wie es gefährlich ist, sie zu unterschätzen. Der wirkliche Hebelpunkt, von dem alles abhängt, ist jedoch der Mensch allein. Auch aus diesem Grund ist es für den Magier so wichtig, sich selbst zu erkennen, wie es ja auch schon als Ermahnung über dem Eingang zum Orakel von Delphi stand. Auch die Sexualmagie vermag die drei gnostischen Fragen »Wer bin ich?«, »Woher komme ich?«, »Wohin gehe ich?« nicht endgültig und allgemein verbindlich zu beantworten, aber sie vermag Geistes- und Fleischeswege aufzuzeigen, auf denen jeder aus eigener Kraft zu seiner persönlichen Antwort gelangen kann.

Ausblick auf andere, sogenannte »deviante« Praktiken der Sexualmagie

In manchen Sex-Kontakt-Anzeigen findet man Formulierungen wie »Mache alles mit, außer pervers«, bei denen man sich kopfschüttelnd fragt, was der Inserent wohl unter »pervers« verstehen mag. Ursprünglich bedeutete das Wort »verdreht« und hat im Laufe der Zeit einen sehr abwertenden Beigeschmack bekommen. Eigentlich meint es lediglich »von der allgemeinen Norm abweichend«, aber es ist eben etwas anderes, ob wir es so gebrauchen oder im Sinne von »abartig, krankhaft abweichend«, wie das immer noch häufig geschieht.

Die moderne Sexologie ist deshalb dazu übergegangen, das neutralere Wort »deviant« zu gebrauchen, das zwar ebenfalls »abweichend« bedeutet, aber weniger durch moralisierende Abwertung belastet ist. Derlei ist keineswegs nebensächlich, im Gegenteil: Das Beispiel der oben zitierten Anzeige macht deutlich, wie wenig reflektiert wir oft sowohl mit der Sprache als auch mit der Sexualität umgehen. Was jedoch *noch* als »normal« und *schon* als »deviant« zu gelten hat, ist lediglich eine Frage der Konvention und der persönlichen Einstellung. Es gibt Gemüter, die würden ein Werk wie das vorliegende bereits in Bausch und Bogen als »pervers« brandmarken; andere mögen sich vielleicht fragen, weshalb die homoerotische Praxis der Sexualmagie nicht unter »Devianzen« eingereiht wird. Wiederum andere werden es vielleicht als sehr seltsam empfinden, etwas so »Normales« wie den Fetischismus in diesen Abschnitt einzureihen usw. Wir halten uns bei unserer Einteilung daher an die zurzeit gängige Norm, ohne diese für absolut erklären zu wollen. Deshalb ist hier auch nur von »sogenannten« Devianzen die Rede.

Vielleicht meinen Sie, mit den bisher geschilderten Übungen und Praktiken die Grenzen des Zumutbaren ohnehin schon übertreten zu haben, vielleicht vermissen Sie aber auch bestimmte persönliche Präferenzen.

Nun ist die Sexualität, wir sagten es schon, so vielseitig, dass wir hier unmöglich ihre sämtlichen Spielarten auch nur aufzählen, geschweige denn unter sexualmagischen Gesichtspunkten behandeln können. Es ist auch weitgehend eine Temperamentfrage, wie viel man an Unbekanntem noch versuchen möchte. Wir können daraus nur die Konsequenz ziehen, einige weitere sogenannte »deviante« Praktiken im Hinblick auf ihre sexualmagische Verwertbarkeit darzustellen, ohne dabei allzu sehr ins Detail gehen zu dürfen.

Dabei stoßen wir unter anderem auch auf juristische Schwierigkeiten. Manche sexuelle Devianzen sind verboten und werden strafrechtlich verfolgt, beispielsweise die Sodomie und die Nekrophilie. Sie werden daher verstehen, dass wir keine Empfehlungen geben können, die gegen geltendes Recht verstoßen. Doch das dürfte inzwischen auch nicht mehr nötig sein: Der ernsthafte Magier lässt sich ohnehin keine Grenzen mehr von außen aufzwingen, er weiß auch in solchen Fällen zwischen den Zeilen zu lesen, seine eigenen Schlüsse zu ziehen und seine sexualmagische Praxis so zu gestalten, wie er es braucht. Vieles von dem, was wir nun schildern, mag dennoch allenfalls von theoretischem Interesse sein und lediglich die geistige und technische Spannbreite der Sexualmagie beleuchten.

Sexualmagischer Fetischismus

Der heilige Fetisch – ein sexualmagischer Kraftspeicher

Es dürfte wohl klar geworden sein, dass wir einen Fetisch hier als magischen Gebrauchsgegenstand betrachten und nicht, wie sonst in der Sexologie üblich, als Objekt der ausschließlichen oder schwerpunktmäßigen Lustübertragung. Es ist also nicht vom »pathologischen« oder krankhaften Fetischismus die Rede, bei dem die Sexualität nur noch auf ausschließlich fetischistische Weise stattfinden kann. Auch verstehen wir unter Fetischen stets konkrete Gegenstände und Dinge, nicht aber auch, wie in der Sexologie ebenfalls gängig, Körperteile, bestimmte Perspektiven oder erotische Situationen.

Von der sexualmagischen Ladung von Fetischen war im Zusammenhang mit Talismanen und Amuletten schon ausführlich die Rede (s. S. 181 f.). Wir haben den Fetisch als magischen Energiespeicher bezeichnet und wir haben beschrieben, wie ihm sexualmagisch Kraft übertragen werden kann. Nun dürfte es wohl einleuchten, dass ein Energiespeicher nur dann sinnvoll ist, wenn man ihm die gespeicherte Energie bei Bedarf auch wieder entziehen kann. So wie der Fetisch sexualmagisch geladen wird, lässt sich die in ihm gespeicherte Magis auch mit sexualmagischen Mitteln wieder entnehmen. Dies geschieht durch Verkehr und Kraftaufnahme, ähnlich wie beim heteroerotischen Energieaustausch zwischen Partnern.

Dazu allerdings folgender Hinweis: Beim sexualmagischen Umgang mit einem Fetisch kommt es weniger auf einen vollständigen Sexualakt an als vielmehr auf eine durch den Fetisch ausgelöste oder von diesem bestärkte Erotisierung. Der erotische Umgang mit dem Fetisch ist wichtiger als der sexuelle! Gelegentlich ersetzt der Fetisch den Partner, dieser kann ihn mit Energie laden, die man selbst später bei Bedarf dem Fetisch sexualmagisch entnimmt. Ebenso kann der Magier selbst beispielsweise einen Heilfetisch laden und den Patienten anweisen, wie er ihm sexualmagisch die Heilenergie entnimmt. Das ist für viele Magier, vor allem für Anfänger, einfacher als eine rein geistige oder astrale Kraftübertragung, hat also auch technische Vorteile.

Gelegentlich werden auch verschiedene spezielle Energien zuerst nacheinander in einen Fetisch gebannt und darin dann vermischt. Später nimmt der Magier die neue »Energie-Legierung« dann in ihrer fertigen Form sexualmagisch auf. Die sexualmagische Energieaufnahme hat den Vorteil, am schnellsten und wirkungsvollsten zu sein, oft macht sie aufwendige Meditationen, Vorbereitungsübungen und schwierige sympathiemagische Energieanpassungen überflüssig.

Gelegentlich kann es geschehen, dass sich ein fremdes Wesen oder eine feinstoffliche Energie eines Fetischs bemächtigt und den Magier mehr oder weniger unsanft dazu zwingt, mit einem dieser Energie zugehörigen Fetisch sexuelle Handlungen zu vollziehen. Dies ist eine sehr gefährliche Situation, in der man als Magier äußerste Vorsicht walten lassen sollte. Einerseits kann es sich um eine Einweihung allerhöchster Güte handeln, denn dergleichen geschieht in der Regel nur dann, wenn der Magier sich in einem magisch hochgepolten Zustand befindet, in dem er für eine derartige Einweihung bereit und empfänglich ist.

Andererseits liegt in einem solchen Fall oft auch der Versuch eines dämonischen Wesens oder eines anderen Magiers vor, sich des Körpers des Magiers zu bemächtigen, was die unterschiedlichsten Gründe haben kann. Sollte Ihnen Derartiges widerfahren, so gehen Sie mit äußerster Behutsamkeit an die Sache heran und sorgen Sie dafür, dass Sie stets eine wirklich magische Trance aufrechterhalten und nicht in die völlige Willens- und Bewusstlosigkeit abgleiten.

Verschiedene weitere Praktiken

Das Ritual des Bocks von Mendes

Bei diesem sodomitischen Ritual handelt es sich um eine bereits im alten Ägypten geübte Praktik, die durch Aleister Crowley zu einer etwas zweifelhaften Berühmtheit gelangt ist.

Im unterägyptischen Kultort Mendes, der Hauptstadt des 16. unterägyptischen Gaus, der in der Spätzeit seine Blüte erlebte, wurde vornehmlich der namenlose Widdergott verehrt, den die Griechen später mit ihrem Pan gleichsetzten. Dort wurden auch Mumien des verehrten Tieres gefunden, wie auch an anderen Orten. Der Widder galt als Herr der Fruchtbarkeit und wurde als »Begatter in Anep, Besamer im mendesischen Gau« gefeiert, der den Frauen auch Kindersegen bescherte. So entblößten sie sich vor seinem Kultbild, und sowohl Pindar als auch Herodot berichten uns davon, dass sie mit ihm sogar rituellen Geschlechtsverkehr pflegten. Anstelle eines Widders wurde im Ritual häufig auch ein Ziegenbock verwendet.

Crowley veranstaltete in seiner sizilianischen Abtei Thelema ein ähnliches Ritual, bei dem seine damalige scharlachrote Frau von einem Ziegenbock begattet werden sollte, dem während des Höhepunkts der Kopf abgeschlagen werden musste. Leider wollte der Bock sexuell nicht performieren, und so musste der Meister den sexualmagischen Akt nach dem Ritual persönlich nachholen, wie er genüsslich vermerkte.

Interessanterweise ist die rituelle Sodomie fast ausschließlich auf den Verkehr zwischen männlichem Tier und einer oder mehreren Frauen beschränkt, während die rein sexuelle Sodomie auch bei Männern wohlbekannt ist. Der Sinn solcher Operationen ist nicht zuletzt auch die Arbeit mit den Tieratavismen und die Aufnahme ihrer Urkräfte. Sie lassen sich aber auch auf der Astralebene durchführen, wenn nötig.

Bedenken Sie allerdings, dass Sodomie in den meisten Ländern verboten ist und einen Straftatbestand darstellt!

Sadismus/Masochismus und Sexualmagie

Dem Sadismus/Masochismus kommt in der Sexualmagie allenfalls eine Grenzen sprengende Funktion zu. Von Crowley sind einige stark masochistisch geprägte Praktiken überliefert, doch reiht er sie weitgehend kommentarlos unter die Arbeiten des XI° ein, ohne ihnen einen eigenen theoretischen Stellenwert einzuräumen. (Das gilt übrigens auch für den Analverkehr, den er, anders als Kenneth Grant, keineswegs mystisch überhöhte.)

Oft nehmen sadomasochistische Orgien die Gestalt von schwarzen Messen an, doch hat dies eher etwas mit der sexuellen Fantasie ihrer Teilnehmer zu tun als mit real-kultischen Bezügen zu dieser »angewandten Blasphemie«. Im Interesse einer »Zurechtstutzung« oder gar Vernichtung des falschen Ego werden in der Sexualmagie gelegentlich sadomasochistische Operationen durchgeführt, bei denen der Magier oder die Magierin sich einem Partner völlig unterwirft, wobei dieser seinerseits zuvor eine bestimmte magische Energie invoziert haben muss. In diesem Fall handelt es sich um einen Akt absoluter Hingabe, der lediglich äußerlich dem Masochismus gleicht.

Der invozierende Partner wiederum verkörpert die gerufene Gottheit oder Energie und handelt nach *deren* Maßgabe – nicht etwa nach der seines falschen Ego. Dies kann, muss aber nicht unbedingt sadistische Aktionen zur Folge haben. Viel mehr lässt sich über derartige Operationen nicht sagen, da sie ihrer eigenen Gesetzmäßigkeit folgen und sich konkreten Anweisungen weitgehend entziehen.

Generell ist allerdings zu bemerken, dass der Gebrauch von Schmerz und Folterqual zum Zwecke des Herbeiführens einer gnostischen Trance nur in absoluten Ausnahmefällen, und auch dann stets nur unter kundiger Anleitung zu empfehlen ist. Denn häufig begeht man sonst den Fehler, für ein Minimum an Wirkung schwere körperliche Schäden zu provozieren. Zudem stumpft diese Waffe meistens sehr schnell ab, sodass der Schmerzpegel immer höher geschraubt werden muss. Wie für alle sexualmagischen Praktiken gilt ganz besonders auch hier, dass jede Abhängigkeit von einer bestimmten Operationsweise auf jeden Fall zu vermeiden ist! Im Übrigen ist der

Sadismus/Masochismus eine sehr differenzierte sexuelle Disziplin, in die man sich einarbeiten muss wie in viele andere, weniger bekannte Praktiken auch.

Koprophagie und ihre Spielarten

Die Koprophagie, also der Verzehr von Kot, zu der wir hier der Einfachheit halber auch die Aufnahme anderer Exkremente und Körperabsonderungen wie Urin, Schweiß usw. zählen wollen, wurde schon früh auch rituell praktiziert. Dahinter steht der sympathiemagische Gedanke, dass die Absonderungen eines Wesens auch Teile seiner Magis enthalten. So offerierte Crowley seinen Eleven auf Cefalú gelegentlich Ziegenkot zum rituellen Verzehr, was bei diesen freilich nicht immer auf Gegenliebe stieß.

In der Sexologie kennt man die Koprophagie und ihre Varianten einerseits als pathologisches Phänomen bei Schizophrenen, andererseits aber spielt es auch beim Sadismus/Masochismus eine gewisse Rolle, wie auch natürlich als eigenständige sexuelle Richtung. Dies gibt auch Hinweise für ihren Gebrauch in der Sexualmagie. So kann sie beispielsweise als Grenzerfahrung eingesetzt werden, zumal sie bei vielen Adepten zur Ekeltrance führen dürfte. Andererseits stellt sie auch die fleischliche Extremform der Hingabe an den anderen dar, da der Mensch vor allem durch seine Erziehung im Allgemeinen eine starke Abneigung gegen den Kontakt sowohl mit den eigenen als auch vor allem mit den Exkrementen anderer hat. Auch hier sind wohl keine speziellen, detaillierten Angaben erforderlich.

Rituelle Nekrophilie

Die Nekrophilie, also der Verkehr mit Leichnamen oder Leichenteilen ist ebenfalls eine uralte Praktik, die schon in den altägyptischen Pyramidentexten und anderen Papyri erwähnt wird, etwa wenn Isis den erschlagenen Osiris besteigt, um von ihm zu empfangen und seine Seele in sich eindringen zu lassen, die dann später als Horus wiedergeboren wird. Da derartige Schilderungen in der ägyptischen Sakralliteratur häufiger vorkommen, haben wir es mit Sicherheit nicht mit einem vereinzelten Phänomen zu tun. Inwieweit dieser Akt freilich fleischlich, symbolisch oder rein feinstofflich gemeint war, ist strittig.

Einen anderen Aspekt der Nekrophilie finden wir im indisch-tibetischen Kaula-Tantra. Hier hat sie vor allem die Funktion einer Einweihung durch Schrecken, etwa wenn der Adept mit der Yogini auf einem Leichnam kopuliert, der freilich in der Regel nicht selbst in den eigentlichen Akt einbezogen wird, sondern vor allem zur Förderung des Entsetzens dient, wie natürlich auch als Katalysator der Erkenntnis um die Vergänglichkeit allen Seins und der Einheit von Sexus und Tod.

Auch hier muss darauf hingewiesen werden, dass die Nekrophilie strafbar ist und aus diesem Grund nicht empfohlen werden kann!

Es wäre ein Leichtes, die Liste möglicher und tatsächlicher sexualmagischer Varianten ins Endlose fortzusetzen. Doch wäre unserer Sache damit nicht gedient. Mit den hier behandelten Grundprinzipien können Sie jede beliebige

Spielart der Sexualität mit der Sexualmagie verbinden. Ein Studium der Sitten- und Kulturgeschichte zeigt schnell, dass es auch in dieser Hinsicht nichts Neues unter der Sonne gibt. Sexualität und Magie haben das Leben des Menschen schon immer geprägt. Wenn er sie auch oft beide mit wahrer Gründlichkeitswut zu verdrängen versucht hat, offenbart doch selbst dieser Akt der Unterdrückung, wie ungeheuer wichtig sie ihm stets waren. Gerade die Angst vor der Sexualität und der Magie belegt ihre gewaltige Bedeutung und ihre Wirksamkeit. Es liegt, auch dies muss einmal mehr wiederholt werden, ausschließlich an Ihnen, welche Wege Sie gehen wollen und wie viel oder wie wenig Sie sich zutrauen. Sie selbst geben das Tempo und die Marschrichtung vor und niemand sonst!

Erforderliche Schutzvorkehrungen

Die Gefahren der Sexualmagie und Sexualmystik

Die wirklichen Gefahren der Sexualmagie unterscheiden sich kaum von den Gefahren der Magie und der Sexualität im Allgemeinen. Da die Sexualmagie jedoch von gewaltiger Durchschlagskraft ist, ist es auch einleuchtend, dass man sich als Praktikant dieser Disziplin umso größere Mühe geben muss, den Gefahren aus dem Weg zu gehen oder hinreichend auf sie vorbereitet zu sein, wenn sie sich nicht gänzlich vermeiden lassen. Wie gesagt, Magie ist nicht gefährlicher als das Autofahren. Dennoch wäre es töricht, die einfachsten Vorsichtsmaßnahmen zu missachten, da dies in beiden Fällen zu katastrophalen Folgen führen kann.

Dieser kurze Abschnitt dient dazu, Ihnen einerseits etwaige Bedenken gegenüber der Sexualmagie zu nehmen, Ihnen aber andererseits auch nützliche Ratschläge für den Umgang mit möglichen Schwierigkeiten und Gefahren zu geben.

Angst

In der okkulten Literatur findet sich gelegentlich der Hinweis, dass man sich beim praktischen Okkultismus vor allem vor einem hüten müsse: vor der Angst. Tatsächlich ist die Angst der schlimmste Feind des Magiers, sobald sie ihn beherrscht und er unfähig ist, sie sich als Trancemittel zunutze zu machen (Stichwort: Einweihung durch Schrecken). Eine genaue Kenntnis der eigenen Ängste (der magischen ebenso wie der sexuellen) und ihrer Ursachen ist daher Grundvoraussetzung für jede erfolgreiche Sexualmagie und -mystik.

Doch das liest sich leichter, als es sich in die Tat umsetzen lässt. Zum einen sind viele Ängste nur latent vorhanden und werden erst in bestimmten Situationen aktiv, sodass das Bewusstsein von ihrer Existenz häufig gar nichts ahnt. Zum anderen sind die Ursachen von Ängsten oft derart komplex, dass wir nie ernsthaft darauf hoffen können, sie jemals alle zu ergründen. Dennoch müssen wir es versuchen, so gut wir nur können. Persönliche Lehrer und Meister, die ihr Pulver wirklich wert sind, manövrieren ihre Schüler häufig in die entsetzlichsten Situationen, gerade um ihre Angstreserven zu mobilisieren.

Es geht allerdings nicht in erster Linie darum, sämtliche Ängste pauschal für schädlich zu erklären und mit Gewalt zu versuchen, sie abzubauen. Erstens ist das schon überlebensbiologisch von zweifelhaftem Wert, da manche Ängste für das körperliche Überleben einfach unabdingbar sind. Zweitens stellen Ängste durch ihr seelisches Spannungspotenzial eine gewaltige Kraftquelle dar. Oft wird von Menschen berichtet, die im Augenblick allerhöchster Todesangst zu geradezu übermenschlichen Leistungen körperlicher wie seelischer und magischer Art fähig waren. »Angst macht Beine« – das gilt auch in der Magie.

Es geht also viel eher darum, seine Ängste zu erkennen, damit beschaffen wir uns auch größere Klarheit über die eigenen Stärken und Schwächen. Schließlich dürfen Ängste nie die alleinige Herrschaft an sich reißen, das magische Bewusstsein muss stets die Oberhand behalten. Dies geschieht in beschränktem Umfang dadurch, dass man sich praktisch mit seinen Ängsten vertraut macht und ihnen etwas von ihrer Schärfe nimmt, indem man die Situationen, vor denen einem graut, bewusst herstellt und sie übersteht. Unbedingte Ehrlichkeit sich selbst gegenüber ist dabei allerdings oberstes Gebot! Es ist völlig wertlos, jede Menge mehr oder weniger raffinierter Ausreden zu erfinden, weshalb man eine bestimmte Situation, vor der man sich fürchtet, nun doch vermeiden sollte. Von der angeblichen Krankheit über das uralte »Keine Zeit!« bis zur bigotten Übersteigerung der eigenen »Fähigkeiten« (»Das habe ich doch nicht mehr nötig!«) reicht gewöhnlich das Spektrum der Angstvermeidung. Derlei Muster sind ausgesprochen schädlich und lähmen den Organismus in Augenblicken echter Gefahr.

Andererseits darf man sich der Angst und dem Grauen natürlich auch nicht völlig ausliefern. Der beste Schutz dagegen ist die magische Trance und die Mittigkeit des Magiers.

Größenwahn

Eine Spiegelung der Angst ist der magische Größenwahn, ein Phänomen, das bei Magiern leider eher die Regel als die Ausnahme ist. Gelegentlich wird der Größenwahn beim Ritual eingesetzt, etwa wenn es gilt, Kraft durch Selbstbehauptung und Selbstdarstellung zu gewinnen. Dann kündet der Magier wie ein wahrer Prahlhans von seinen Erfolgen und zählt seine Trophäen auf. Doch der eigentlich gefährliche Größenwahn ist die Überheblichkeit gegenüber anderen Menschen und Lehren. Gewiss, die Magie ist vor allem in ihren sogenannten »niederen« Stufen nicht eben dazu angetan, den Magier zur Demut zu erziehen. Doch ist das andere Extrem, die völlige Selbstüberschätzung, nach meiner Beobachtung die wohl häufigste Ursache magischer Katastrophen. So wie die Angst den Menschen lähmt und seine Urteilsfähigkeit beeinträchtigt, macht der Größenwahn den Magier nachlässig und überaktiv, sodass er oft Risiken eingeht, denen er noch gar nicht gewachsen ist. Besonders der Energieverlust an andere Menschen ist in der Regel auf Unachtsamkeit und eine falsche »Mir-wird-schon-nichts-passieren«-Einstellung zurückzuführen. So wie Misserfolge den Geist bedrücken und im schlimmsten Fall zu Depressionen und Minderwertigkeitsgefühlen führen, können Erfolge den Übermut und unbewusste Selbstbestrafungsmuster anstacheln, bis der

angehende Adept sich »endlich« seinen Nasenstüber ge-
holt hat.

Die beste Methode, etwaigem Größenwahn vorzubeugen, besteht in einer peinlich genauen Erfolgskontrolle
und einer schwerpunktmäßigen Beschäftigung mit den
eigenen Schwächen und Fehlern bei gleichzeitigem Aus-
schauhalten nach Erfahrungen, Menschen und Lehren,
die den eigenen Horizont erweitern helfen können. Natürlich ist gegen ein gesundes, fundiertes Selbstvertrauen in
die (erwiesenen) eigenen Kräfte nichts einzuwenden, es
beugt zudem der Überwältigung durch Angst vor und zen-
triert die Sexualmagis.

Eine sehr subtile Spielart des Größenwahns ist es freilich
auch, wenn man sich von aller Welt verfolgt wähnt und
sich als »armes Opfer der Umstände« bejammert: Einerseits liegen darin zwar Verfolgungswahn und Selbstunterschätzung, andererseits aber auch der Größenwahn, wichtig
genug zu sein, um im Mittelpunkt einer vermeintlichen
Verschwörung zu stehen.

Selbstbetrug

Das zum Größenwahn Gesagte gilt sinngemäß auch für
den Selbstbetrug. Er wird hier nur der Vollständigkeit halber gesondert aufgeführt und weil er eine wirklich ernst zu
nehmende Gefahr der Sexualmagie darstellt. Dies umso
mehr, als die Magie etwas derart Subjektives ist, dass es leider keine zuverlässigen Regeln zu seiner Vermeidung gibt.
Wenn sich Selbstbetrug mit Größenwahn zu paaren beginnt, ist das Desaster meistens vorprogrammiert. Gerade
in der Magie sollte ein gesunder Skeptizismus vorherr-

schen. Damit ist freilich nicht der Pseudoskeptizismus des bornierten Materialisten gemeint, dessen sogenannte »Objektivität« in der Regel nur aus einem Wust unreflektierter Vorurteile besteht, die er im »Experiment« lediglich zu bestätigen sucht. Vielmehr empfehlen wir einen Skeptizismus, der jedes magische Geschehen aufs Genaueste seziert und sich immer erst möglichst absolute Gewissheit verschafft, bevor er sein Urteil fällt. Seine Überprüfungen müssen übrigens, was oft falsch gesehen wird, keineswegs rein materialistischer Natur sein. Vielmehr wird die Kontrolle auch mit magischen Mitteln erfolgen. Es geht also nicht darum, den »wissenschaftlichen« Parapsychologen oder Paraphysiker gegen den »unwissenschaftlichen« Magier auszuspielen.

Ein sehr gutes Beispiel für eine solche Haltung ist Aleister Crowleys Überprüfung des ihm offenbarten Buchs des Gesetzes. Als er es 1904 in Kairo empfing, erkannte er, wie er selbst sagte, seinen (für ihn) wahren Wert zuerst nicht. Erst jahrelange weitere Offenbarungen über die inneren Zusammenhänge des Textes und gründlichste kabbalistische Berechnungen konnten ihn davon überzeugen, dass er in diesem Buch seinen eigenen wahren Willen, seine Bestimmung gefunden hatte. Seine Tagebücher geben reichen Aufschluss über die Art, wie man als Magier mit derlei umgehen sollte. Aber auch für das Gegenteil bieten sie uns viele Beispiele. Deshalb sei jedem Leser ein gründliches Crowley-Studium angeraten, der sich sowohl für die Meister der Magie und ihre Lehren interessiert als auch ganz allgemein für die Psychologie des Magiers.

Beziehungswahn

Der magische Beziehungswahn ist ein zweischneidiges Schwert: Einerseits bedarf der Magier seiner in gewissem Ausmaß, um überhaupt die Erfolge magischer Operationen überprüfen und als solche wahrnehmen zu können. So muss er beispielsweise jedes auch noch so scheinbar »zufällige« Ereignis deuten und balanciert unentwegt auf dem schmalen Grat zwischen wirklicher Erleuchtung und ebenso wirklichem Wahnsinn. Ein Hauch von Beziehungswahn ist immer vonnöten, ja er ist ein göttlicher Akt, stellt er den Menschen doch in den Mittelpunkt seines Universums, was seine magischen Kräfte wiederum steigert.

Andererseits gibt es auch hier so etwas wie ein Zuviel des Guten. Wieder können wir aufgrund der großen Subjektivität dieses Phänomens leider keine verbindlichen Regeln dafür aufstellen, wie man dieser Gefahr aus dem Weg gehen kann. Vielleicht lässt sich die Sache besser an einem Beispiel verdeutlichen, das auch die anderen bisher beschriebenen Gefahren sowie einige weitere illustriert. Es ist nicht einmal an den Haaren herbeigezogen, sondern eher typisch für eine magische Fehlentwicklung: Der Magier erhält eine »Offenbarung«, welche ihm kundtut, dass er dazu auserkoren sei, die Welt vor irgendwelchen drohenden kosmischen Katastrophen zu retten, weil er angeblich makellos ist und endlich den »gerechten« Lohn für seine Mühen bekommen soll (= Größenwahn + Selbstbetrug).

Natürlich wird dies mit Demut kaschiert (»Ich bin nur ein Werkzeug«, »Nicht ich bin wichtig, sondern die Sache« usw. = Angst vor der Verantwortung + Selbstbetrug). Aus der Tatsache, dass alle Verkehrsampeln immer auf »Grün« schalten, sobald er eintrifft, schließt er, dass das Universum auf seiner Seite ist (= Beziehungswahn). Dies lässt ihn sich immer mehr in seine Rolle des Welterlösers hineinsteigern (= Fanatismus). Er verkündet seinen Freunden und Bekannten seine »neue« Lehre und versucht, sie zu einer neuen Heilslehre zu bekehren. Als diese sich spottend von ihm abwenden, fühlt er sich zunächst als »verkannter Prophet«, doch schlägt dieses Gefühl bei zunehmenden Misserfolgen nach und nach in tiefe Depression um, bis sich der Magier von aller Welt verfolgt wähnt (plötzlich, siehe da, sind die Verkehrsampeln auch immer rot!) und eine Art »Märtyrer«-Syndrom entwickelt (= Verfolgungswahn + Selbstbestrafungsmechanismen + Selbstunterschätzung).

Sie mögen nun einwenden, dass diese Kurzbiografie doch ebenso gut die eines beliebigen religiösen Fanatikers sein könnte, und das stimmt auch. Tatsächlich ist dies so gut wie immer zu beobachten, wenn die Magie zur Religion wird. Wir können hier aus Platzgründen leider nicht auf die zahlreichen nachweisbaren magischen Elemente in allen Weltreligionen eingehen und unsere alte These belegen, dass jede Religion im Grunde eine verwässerte Form der Magie für die Volksmassen darstellt, auch wenn sie einst vielleicht als »Minderheitenprogramm« angefangen haben mag. Doch so, wie sich auf der konstruktiven Seite Magie und Mystik miteinander paaren und zur Transzendenz führen, so paaren sich auf der destruktiven Seite auch Magie und Religion, um zur bloßen inhaltsleeren Hülse einer irrationalen Ideologie zu werden.

In der Sexualmagie aber ist dieses Phänomen besonders schlimm, da Ehrlichkeit in sexuellen Dingen eine sehr schwierige und heikle Sache ist. Es hat in der Geschichte eine wahre Unzahl magischer und pseudomagischer Sexualkulte gegeben, die lediglich dazu gegründet schienen, den sexuellen Fantasien ihrer Stifter ein religiöses Alibi zu verschaffen und sich selbst wie andere dadurch hinters Licht zu führen. Deshalb ist stets Vorsicht geboten, wenn man mit derlei Richtungen in Kontakt kommt: Auch in der Magie gibt es so manchen Wolf im Schafspelz (allerdings aber auch so manches Schaf im Wolfspelz!).

Fanatismus

Der Fanatismus ist oft das Ergebnis einer Verschmelzung der oben geschilderten Gefahren der Sexualmagie (s. S. 315 ff.). Er lässt sich ebenfalls nur sehr schwer ausmachen. Denn einerseits sollte jeder Magier unverbrüchlich zu seiner Sache stehen und sich darin nicht beirren lassen, andererseits gibt es magische Entwicklungsphasen, die beinahe jeder Magier einmal in seinem Leben durchmacht, in denen er nämlich überall und jeden zu missionieren versucht. Verläuft die eigene Magie erfolglos, wird dies wohl kaum auf Dauer geschehen. Kommt es aber zu echten Erfolgen oder bildet man sich diese auch nur ein, sieht die Angelegenheit schon anders aus. Fanatismus ist stets eine üble Sache, ist er doch immer von der unbewussten und uneingestandenen Angst gespeist, vielleicht doch im Irrtum zu sein. Ein Übermaß an Beglückungsabsichten verbirgt als Schattenseite stets auch einen erheblichen Zerstörungstrieb, wie jeder Kreuzzug und alle vermeintlich »heiligen« Kriege immer wieder aufs Neue zeigen.

Sollten Sie Fanatismus bei anderen begegnen, kann ich Ihnen nur empfehlen, sich von ihnen fernzuhalten. Erfahrungsgemäß führen Diskussionen mit Fanatikern zu nichts, tragen einem aber möglicherweise eine Menge Ärger ein, der bis zu ausgesprochenen Kriegen gehen kann.

Oft dient der Fanatismus auch, allerdings meistens unbewusst, dem Energievampirismus. So zehren Führer häufig von der Kraft ihrer Anhänger, was übrigens auch einer der Gründe ist, weshalb führende Politiker mit magischen Mitteln nur sehr schwer zu beeinflussen sind. Verfügt der Kontrahent gar über sexuelles Charisma, so wird es vollends unmöglich, ihm etwas anzuhaben, weil er mit den allerkraftvollsten Ur-Energien seiner Jünger und Gefolgsleute arbeitet.

Jeder Fanatismus ist einseitig, und eben davor muss sich der Sexualmagier um jeden Preis schützen, denn er kann es sich nicht erlauben, die hochbrisanten Energien, mit denen er so häufig arbeitet, nur aus einer einzigen Perspektive zu sehen und womöglich ihre wahre, polare Natur zu verkennen.

Schuldprojektionen

Wenn wir als Magier Aleister Crowleys Gesetz von Thelema eines verdanken, so die Tatsache, dass es uns die Augen dafür geöffnet hat, dass alles, was uns im Leben widerfährt, unsere eigene Entscheidung war, dass wir niemandem außer uns selbst die Schuld für alle erlittene Unbill zuschreiben dürfen.

Einer der Gründe, weshalb jeder wissende Magier vor dem Anzetteln eines magischen Kriegs warnt, ist der, dass ein solcher sehr leicht zum Verfolgungswahn führen kann. Da die Nerven durch ihre ständige Anspannung überreizt werden – magische Kriege finden schließlich rund um die Uhr statt, und es gibt keine vereinbarten Kampfpausen! –, kommt es zu manchen Fehlreaktionen. Das Prinzip, die Schuld an etwaigen Misserfolgen dem anderen zuzuschieben, ist sehr alt, der Sündenbock der alten Hebräer war nur eine sehr anschauliche Art des Umgangs damit. Begehen Sie nie den Fehler, in der Sexualmagie die Schuld zuerst beim anderen zu suchen, wenn Ihnen eine Operation tatsächlich einmal misslingen sollte! Damit graben Sie sich das eigene Wasser ab, denn Sie zweifeln auf unterschwellige Weise lediglich Ihre eigene Entscheidungsfähigkeit und -richtigkeit an. Wenn Ihnen ein anderer einmal tatsächlich Unrecht angetan haben sollte, dann überlegen Sie erst sorgfältig, weshalb Sie sich diese Situation ausgesucht haben, bevor Sie zurückschlagen.

Viele Magier verwechseln die Fehlersuche bei gescheiterten Operationen mit einer Schuldzuweisung. Dies aber bindet die Energien an der falschen Stelle, weil sie sich eher darauf konzentrieren müssen, irgendwelche Hass- und Vorwurfsmuster aufrechtzuerhalten, anstatt sich an die Bewältigung des eigentlichen Problems zu machen. »In dir selbst suche den Sklaven!«

Ritualfehler

Besonders in der dogmatischen Tradition der Magie spielen Ritualfehler meistens eine große Rolle. Weil die Rituale oft bis in die allerkleinste Einzelheit vorgeschrieben sind und laut Dogma schon der leiseste Verstoß gegen die Vorschriften schlimmste Folgen haben soll, gibt es einen überreichen Schatz an Fehlermöglichkeiten.

Dahinter steht, wie ich meine, ein im Kern richtiger Gedanke, der nur falsch weitergedacht wurde. Denn nicht so sehr auf die Ritualeinzelheiten kommt es an, also weniger darauf, ob das Vollmondritual minutengenau anfängt oder die Venuskerzen vielleicht eine Spur zu grün sind, sondern auf die Qualität der magischen Trance des Operierenden. Wenn Sie sich also in ein solches Regelkorsett zwängen, und dafür mag es oft durchaus gute Gründe geben, dürfen Sie sich nicht wundern, wenn Ihnen die kleinste Verfehlung unter den Händen zur Katastrophe gerät – Sie wollten es ja nicht anders!

Andererseits ist nachlässiges Arbeiten wohl nirgendwo so gefährlich wie in der Sexualmagie! Nur dass die eigentlichen Gefahrenpunkte im Ritual eben nicht die winzigen Einzelheiten der angeblich »korrekten« Betonung eines hebräischen Gottesnamen o. Ä. sind, sondern vielmehr die Art und Weise, wie der Magier oder die Magierin mit den durch das Ritual geweckten Kräften umgeht. Konzentrationsmangel und niedriger Energiepegel können fatale Folgen haben, vor allem wenn die innere Mittigkeit fehlt.

Ein wirklicher Magier kann auch auf einer öffentlichen Toilette oder in einer Tiefgarage zaubern, wenn es sein muss. Er kann auf alles schmückende und sicher oft sehr nützliche Beiwerk notfalls auch verzichten. Nicht verzichten kann er jedoch auf seine magische Trance, seinen Willen und seine Imagination sowie auf die gründliche Schulung derselben. Dies ist der richtige Gedanke, den

auch die dogmatische Magie im Ansatz kennt und verkündet. Doch wird meistens der Fehler begangen, die Lehre »Alles Zubehör ist nur Hilfsmittel« entweder geradehe-
raus zu leugnen oder sie zu ignorieren. Manchmal wird sie
zwar sogar ausgesprochen, doch hat dies unter dogmatischen Magiern fast immer nur den Charakter eines reinen
Lippenbekenntnisses.

Gegen etwaige Fehler im Ritual helfen nur große Aufmerksamkeit, Konzentration, Erfahrung und sorgfältige
innerliche Vorbereitung. Eine ebenso sorgfältige regelmäßige Dokumentation der magischen Arbeit und eine
peinlich genaue Erfolgskontrolle steuern das Ihre dazu bei,
Rituale erfolgreich verlaufen zu lassen. Natürlich gehört
die Praxis auch dazu: Wenn Sie allenfalls ein oder zwei Rituale pro Jahr durchführen, fehlt es Ihnen in der Regel an
der erforderlichen Erfahrung und Sicherheit, die vom Ritual verlangt werden. Das bedeutet am Anfang natürlich
einen Sprung ins kalte Wasser, doch das ist ja nicht nur in
der Sexualmagie so.

Der Fehler der Vergeistigung

Selbstverständlich hat auch die Sexualmagie ihre rein geistigen Aspekte. Doch ist es ein großer Fehler, Sexualmagie
ausschließlich oder überwiegend auf der »geistigen Ebene« stattfinden zu lassen. Diese »Vergeistigung« erweist
sich nämlich in neun von zehn Fällen als reine Verkopft-
heit. Deren Ursache aber ist Verklemmung und nicht etwa
Erleuchtung. Die unter Okkultisten aller Richtungen so
häufig zu beobachtende »Flucht in die Geistigkeit« wird
von Materialisten völlig zu Recht angeprangert. Dahinter

stecken Angst vor der Welt der Polaritäten und ihren Anforderungen (sogenanntes »Zivilversagertum«), aber auch die Furcht vor der eigenen Triebnatur.

Oft wird die vorgebliche »Vergeistigung« der Sexualmagie im Allgemeinen und der Sexualität im Besonderen als reiner Vorwand, als Alibi für das Ausleben geheimster Wünsche und Triebe benutzt. Ein solcher Magier wird sich beispielsweise folgendermaßen um Kontakt zu einem Geschlechtspartner bemühen:

»Ich bin Abgesandter einer im Geheimen arbeitenden Loge, welche über uraltes Wissen verfügt, das allerdings nur wenigen würdigen Eingeweihten preisgegeben werden darf« (= eine schon fast klassisch zu nennende Einleitung). »Nun habe ich festgestellt, dass du für die geheimen Künste ungewöhnlich begabt bist« (gelegentliche Varianten: ›Nun sagt mir deine Aura/Schwingung/dein Horoskop o. Ä.‹). »Ich bin befugt, im Namen unserer Loge einige wenige geeignete Menschen anzusprechen und mit ihnen die Möglichkeit einer Aufnahme in unsere Gemeinschaft zu erörtern. Da wir über geheimstes Gralswissen verfügen« (ebenfalls ein beliebter Topos, oft ausgeschmückt mit einigen passenden Geschichten über die Verfolgung des Templerordens und über den grausigen Fluch Jacques de Molays auf dem Scheiterhaufen, der seinen Widersachern, dem König von Frankreich und dem Papst, schon bald den Garaus machte), »ist es allerdings erforderlich, dass wir beide zuvor eine ›Geistige Ehe‹ eingehen.

Es ist nicht, was du jetzt vielleicht denkst. Vielmehr …« usw.

Es erscheint fast zu absurd, um glaubwürdig zu sein, dennoch ist dieses Beispiel aus dem wirklichen Leben gegrif fen! Natürlich stellt sich dann später unweigerlich heraus, dass es eben doch genau das ist, was man zuerst dachte. Das eigentlich Fatale daran ist, dass diese »Magier« meistens so unbewusst leben, dass sie oft selbst an das glauben, was sie da erzählen, weshalb sie auch sehr häufig Erfolg damit haben. Natürlich spricht eine solche Methode vor allem Menschen an, denen die »Vergeistigung« wichtiger ist als alles Körperliche (»schließlich ist der Geist ja auch unvergänglich«)

Wie gesagt: Nichts gegen echte Vergeistigung! Doch wo sie lediglich zur feigen Flucht aus der Verantwortung gegenüber der eigenen Körperlichkeit wird, wo sie durch ihre sinnliche Unverbindlichkeit die Funktion eines doppelten Bodens auf dem Trapez der Triebe und Begierden wahrnehmen soll, dort richtet sie nur Unheil an und zementiert bestehende Disharmonien, Schwächen, Mängel und Ängste umso fester.

Ebenso zu meiden ist natürlich das entgegengesetzte Extrem: Der Sexualmagie jede geistige Komponente absprechen zu wollen wäre gleichermaßen verfehlt und gefährlich. Es reduziert sie allenfalls auf einen sexuellen Gaumenkitzel mehr und hat mit Magie ebenso wenig zu tun wie die »schwarzen Messen« gewisser Sexclubs mit dem echten Satanismus.

Energieverlust

Ein sehr reales Problem der Sexualmagie ist der Energieverlust, der bei allen Praktiken, also autoerotischen wie auch bei der Arbeit mit Partnern auftreten kann. Daran muss übrigens nicht unbedingt ein unbewusster Vampirismus des Partners schuld sein, wie aus der Erwähnung der Autorerotik in diesem Zusammenhang hervorgeht.

Wer sich nach einem sexualmagischen Akt völlig ausgelaugt fühlt, womöglich sogar auf Tage und Wochen, der hat etwas falsch gemacht. Gewiss, Rituale, besonders sexualmagische, sind oft anstrengend und erfordern eine bestimmte Regenerationspause. Doch wirken sie dennoch bei richtiger Durchführung fast immer belebend, oder sie befördern den Magier sogar in einen Zustand der Hyper-Luzidität.

Energieverlust wird am besten durch sorgfältiges Achten auf die eigene Mittigkeit vermieden. Wenn Sie Ihren Kleinen Energiekreislauf aufrechterhalten, sich im Hara befinden und möglichst auch noch Ihr Schutzsymbol aktiviert halten, dürfte keinerlei Energieverlust stattfinden.

Natürlich gehört dazu auch, dass Sie mit Ihren körperlichen Kräften haushalten. Die sind individuell aber sehr verschieden, weshalb sich dafür nicht einmal Faustregeln aufstellen lassen. Und selbst wenn Sie tatsächlich Energie verloren haben sollten, geraten Sie auf keinen Fall in Panik, sondern achten Sie lieber fortan genauer auf Ihren Energiehaushalt. Sorgen Sie auch dafür, dass Sie sich vor jeder sexualmagischen Operation entsprechend mit zusätzlicher Energie aufladen.

Meistens ist kein vampirisierender Partner schuld, sondern vielmehr ein Leck im eigenen Energiestrom. Anfällige Stellen dafür sind bei beiden Geschlechtern vor allem die Geschlechtsorgane, weshalb Sie Ihren Energiestrom vor allem in diesem Bereich ständig kontrollieren und durch geistige Befehle harmonisieren sollten. Sollten Sie dennoch weiterhin bei sexualmagischen Operationen unter Energieverlust leiden, so empfiehlt es sich, für längere Zeit jeden Genital- oder Gipfelorgasmus zu vermeiden. Einen Ganzkörper- oder Talorgasmus sollten Sie dagegen begrüßen und voll auskosten, da dieser immer energiespendend wirkt. Bei hetero- und homoerotischen Operationen kann es auch sinnvoll sein, für eine Weile auf die vaginale oder anale Penetration zu verzichten.

Der magische Querschläger

Abschließend sei noch ein weiteres magisches Phänomen erwähnt, gegen das zwar kein Kraut gewachsen ist, mit dem aber bei bestimmten Operationen gelegentlich zu rechnen ist: der sogenannte magische Querschläger. Er tritt vor allem bei kampfmagischen Operationen auf, genauer beim Angriffs-, Schadens- und Todeszauber, und zwar in beide Richtungen. Um zwei Beispiele zu geben: Sie greifen einen Gegner an, doch an seiner Stelle trifft es vielleicht seine Frau, sein Kind oder einen anderen, ihm sehr nahestehenden Menschen. Oder Sie selbst werden angegriffen, sind aber hinreichend geschützt, sodass Ihre Umgebung die ganze Wucht der Attacke abbekommt, meist zu ihrem erheblichen Schaden.

Nach gegenwärtigem Wissensstand können Sie nur den zweiten Fall mit einiger Sicherheit ausschließen, beispielsweise durch den Gebrauch einer Deflektionspuppe, oder indem Sie die Ihnen nahestehenden Personen in die Schutzmagie einweihen oder sie selbst separat schützen.

Der erste Fall bringt schon mehr Probleme mit sich. Es ist leider wenig bekannt, aber entwicklungsmäßig befindet sich die Magie nach heutigen Anforderungen immer noch in der Steinzeit. Der magische Präzisionstreffer kommt zwar immer wieder mal vor, doch ist er die Ausnahme, die »Streuschüsse« bestimmen nach wie vor das Feld. Das liegt zum Teil mit Sicherheit an der Unschärfe der Symbole, die keine übergenaue Präzisierung dulden.

Sollte diese Annahme stimmen, so wird die Magie in diesem Punkt wohl kaum jemals die Genauigkeit und Reproduzierbarkeit der Naturwissenschaft erlangen. Dafür ist sie allerdings auch wesentlich mächtiger als diese, wenn auch in anderen Schärfegrenzen. Beim magischen Angriff müssen Sie dieses Risiko jedenfalls von vornherein mit einkalkulieren, sonst ertragen Sie hinterher die unerwünschten Folgen nur mit Mühe. Sicher lässt sich durch fleißiges Training und sorgfältiges Arbeiten manches verhindern, doch selbst erfahrensten Magiern widerfährt gelegentlich ein solcher »Ausrutscher«, besonders bei sexualmagischen Operationen mit einem oder mehreren Partnern. Insofern sollte man meiner Meinung nach Angriffs- und Fluchrituale möglichst allein (also autoerotisch) ausführen, das Risiko der Partnerarbeit lohnt sich erfahrungsgemäß nur in außerordentlich schwierigen Ausnahmefällen.

Abhängigkeit von Sexualmagie und Sexualmystik

Jeder, der einmal für gewisse Zeit ernsthaft und erfolgreich mit Magie gearbeitet hat, weiß, dass sie geradezu süchtig machen kann. Das gilt insbesondere für die Sexualmagie, schon aufgrund ihrer starken Stimulierung und ihrer hohen Erfolgsquote. Nun ist aber keine Form der Abhängigkeit zu akzeptieren. Wenn es Ihnen auch in der Regel als Vollblutmagier oder -magierin kaum gelingen dürfte, die

Magie jemals wirklich abzuschütteln (wozu auch?), so können Sie doch Ihrer übergroßen Vorliebe zu bzw. Abneigungen gegen bestimmte magische Unterdisziplinen gegensteuern. Magische Meister verbieten ihren Schülern gelegentlich für längere Zeit jegliche magische Betätigung. Bekanntlich sind die Anfechtungen gerade in solchen Phasen die größten, andererseits lernt der Schüler in derartigen Perioden oft binnen kürzester Zeit mehr über die hohe Kunst der Magie als in Zeiten intensivster Schulung und Unterweisung.

Wechseln Sie also Phasen konzentrierter und häufiger sexualmagischer Operationen gelegentlich mit Perioden der Enthaltsamkeit von dieser Disziplin ab, wenn Sie feststellen sollten, dass Sie ohne die Sexualmagie nicht mehr auskommen können.

Es gibt einen magischen Eid, bei dem der Adept schwört, alles, was ihm im Leben widerfährt, als direkte Mitteilung an ihn persönlich, mithin als »sinngeladen« zu begreifen, und sei es auch das allerkleinste Alltagsdetail. In Crowleys Orden A∴A∴ konnte beispielsweise jeder Neophyt durch Ableistung dieses Eids sofort den X°, den allerhöchsten Grad erlangen. Allerdings galt und gilt es nach wie vor als sehr gefährlich, einen derartigen Eid unbedacht abzuleisten, läuft er doch – psychologisch gesehen – auf einen Entschluss zum permanenten magischen Beziehungswahn hinaus, was labile Naturen schnell zerstören kann. Sollten Sie diesen oder einen ähnlichen Eid bereits abgeleistet haben, so gelten für Sie sowieso andere Gesetze, und Sie werden unsere Warnungen wohl abzuwägen wissen. Falls nicht, sollten Sie allerdings dafür Sorge tragen, dass nicht Ihre gesamte nicht magische Sexualität unter Ihrer Sexualmagie leidet und durch diese völlig »verbogen« wird. Missverstehen Sie das Ritual nicht als bloßen Gaumenkitzel sonst gleiten Sie nicht nur sehr schnell in die Abhängigkeit hinab, sondern verlieren obendrein möglicherweise auch noch einen großen Teil Ihrer magischen Kräfte!

Dies sind also die Hauptgefahren, die wir bei einer Ausübung der Sexualmagie sehen, und die meisten von ihnen gelten auch für die Magie ganz allgemein. Wer sich nun immer noch verunsichert fühlen sollte, kann sich erst eine Zeit lang mit Schutzmagie befassen und die entsprechenden Übungen praktizieren, bevor er sich an die Sexualmagie wagt. Dieses Buch dürfte wohl deutlich gemacht haben, dass die Sexualmagie nichts für zimperliche Gemüter ist – und völlig ohne Risiko geht es nie!

Sexualmagische Rituale: Invokation und Evokation

Sexualmagische Ritualistik und Bannung

Im Gegensatz zu vielen anderen magischen Autoren bin ich der Meinung, dass die Ritualmagie erstens nicht die Magie schlechthin und zweitens auch keineswegs ihr bedeutendster Zweig ist. Gewiss, sie ist im Abendland recht entwickelt und weit verbreitet, und ich will nicht leugnen, dass sie von großer Kraft und Macht ist. Ich selbst verdanke ihr einiges und habe sie extensiv betrieben. Doch habe ich auch eine interessante Beobachtung gemacht: Je weiter fortgeschritten ein Magier ist, desto weniger Rituale führt er durch. Die Techniken der leeren Hand, wir sagten es schon, sind das Zeichen des wahren Adepten, und das gilt auch für den Verzicht auf das Ritual. Gerade in den letzten Jahren, da die magische Kraft und die Magie im Allgemeinen eine große Intensivierung (und damit ist keineswegs Popularisierung gemeint) erfahren, zeigt sich immer wieder, dass es auch ohne aufwändige Rituale und bombastische Zeremonien geht.

Dennoch ist das Ritual keineswegs überholt und wird es auch nie sein, denn es ist eine archetypische Handlung des Menschen, vielleicht sogar eine der ersten überhaupt, die ihn einst vom Tier unterschieden. Ursprünglich wohl vor allem als Mittel der Organisation und der Energiekonzentration gedacht, geriet es schon bald in die Hände von an Macht und Einfluss interessierten Naturen, die es für das Priestertum beschlagnahmten. Ohne rituelle Grundstruktur ist eine geordnete Arbeit (vor allem von mehreren Magiern zugleich) so gut wie unmöglich. Dies gilt insbesondere für Anfänger und Gruppen, die entweder überwiegend aus Anfängern bestehen oder etwaige, auch einzelne Anfänger nicht schnell genug auf ihr Gruppenniveau anheben können. Ohnehin ist das Ritual ein ideales Mittel zur Kanalisierung von Energien und hilft auch, vor allem durch seine Wiederholung, die gewünschten Energien selbst dann noch zu wecken, wenn der allgemeine reduzierte Energiepegel dies eigentlich erschwert. Deshalb soll jedem Anfänger, wie auch manchem Fortgeschrittenen, dringend anempfohlen werden, sich intensiv mit der Ritualmagie zu beschäftigen. Spätestens wenn Sie mit einem oder mehreren Partnern sexualmagisch arbeiten wollen, benötigen Sie diese ritualmagische Erfahrung, um wirkungsvoll arbeiten zu können. Doch bis dahin können Sie gleichzeitig mit den hier beschriebenen Praktiken arbeiten bzw. diese so lange praktizieren, bis Sie dazu in der Lage sind, sich der Ritualmagie zu widmen.

Die Grundstruktur eines westlichen Rituals sieht in der Regel im Wesentlichen folgendermaßen aus:

a) Vorbereitung der magischen Operation
b) Reinigung und Bannung
c) Konzentration/Meditation auf die gewünschte Energie
d) Anrufung/Invokation der gewünschten Energie

e)   Durchführung des magischen Willensakts
f)   Meditatives Ausklingenlassen der Energie, Danksa-
     gung
g)   Bannung und Reinigung
h)   Dokumentation der magischen Operation

Die Punkte a) und h) sind selbsterklärend und bedürfen
keiner gesonderten Erläuterung. Auf Punkt b) gehen wir
weiter unten noch gesondert ein. Ab Punkt c) kann auch
die rituelle Sexualmagie zum Tragen kommen, etwa indem
der oder die Magier sich sexuell stimulieren und die erforderliche Spannung herstellen. Danach wird mit d) die
Zielenergie herbeigeholt, etwa durch eine entsprechende
Hymne und Imagination, mit der dann unter e) der Orgasmus in den eigentlichen Willensakt mündet. Danach
wird das ursprüngliche Energiegleichgewicht in Phase f)
wiederhergestellt, und Punkt b) wird als g) wiederholt. Diese Struktur gilt für magische wie für mystische Rituale, unabhängig vom Ziel der Operation. Das Ganze wird durch
Formeln und Gesten, durch magische Waffen und Fetische
usw. unterstützt oder symbolisch durchgeführt.
    Zu Punkt d) wäre noch zu sagen, dass Anrufungen, spe-
ziell solche von Gottheiten und Elementherrschern, in der
Regel mit (am besten selbst verfassten) Hymnen erfolgen.
Diese haben wiederum ihre eigene typische Grundstruktur: 1) Anrufung der betreffenden Energie; 2) Schilderung
ihrer Eigenarten, ihres Ruhms usw.; 3) Erklärung der (meist
ekstatischen) Einswerdung mit der Energie; 4) Bestätigung
dieser magischen Identifikation während der Durchführung des magischen Willensakts; 5) Danksagung und
Entlassung der angerufenen Energie. Während beispiels-

weise die Phasen 1 und 2 von der Du-Form (z. B. »Ich rufe dich, Merkur!« oder »Du aber bist prachtvoll, Jupiter!« usw.) bestimmt werden, tritt in den Phasen 3 und 4 häufig die Ich-Form in den Vordergrund (z. B. »Ich nun bin Mars!« oder »Ich, Venus, befehle hiermit ...«), um in der Schlussphase 5 wieder der Du- oder Anrufungsform zu weichen.

Speziell in der Sexualmagie werden die einzelnen Phasen durch entsprechende Stufen sexueller Stimulierung begleitet, wobei der Orgasmus, sofern man mit ihm arbeitet, in der Regel in die Phase 4 fällt.

Wenngleich es gelegentliche Ausnahmen von dieser Struktur gibt, gilt sie in dieser oder sehr ähnlicher Form für fast alle magischen Rituale und Zeremonien westlicher Tradition. Manchmal wird noch eine Einlasszeremonie vorangestellt, vor allem bei den eher freimaurerisch orientierten Richtungen. Es kommt aber auch vor, dass auf jeden Schutz verzichtet wird (z. B. bei der sogenannten »Spontan-Magie«) oder die Reihenfolge umgekehrt wird (etwa bei blasphemischen Messen, z. B. in der Chaos-Magie, die der Abschaffung überholter Verhaltens- und Erwartungsstrukturen auch in der Magie selbst entgegenwirken sollen) usw. Nicht alle Magier sind sich dieser Ritualstruktur wirklich bewusst, befolgen sie aber intuitiv und sind gern dazu bereit, sich daran zu halten, wenn sie mit Kollegen und Kolleginnen aus anderen Richtungen zusammenarbeiten sollen.

Für technisch gesinnte Leser: Ein klar gegliedertes magisches Ritual hat die gleichen Vorteile wie ein klar strukturiertes Computerprogramm. Tatsächlich weist es überhaupt eine sehr große Ähnlichkeit mit einem solchen auf. Es ist gewissermaßen die »Software«, mittels derer die »Hardware« (Körper, Magis, Energiepotenzial) funktionstüchtig gemacht wird und zielgerichtet eingesetzt werden kann. Oft ist die Ritualstruktur auch eine Art roter Faden, der den Magier selbst in sehr tiefen Trancen immer noch sicher ans Ziel führt. Die Bannung ist, wie wir schon früher ausführten, zunächst einmal eine Konzentration aufs Wesentliche, eine Ausschaltung störender Einflüsse. Sie besteht meistens aus einer Errichtung eines Schutzsymbols bei gleichzeitiger Energieaufladung und Herstellung eines harmonischen Gleichgewichts (z. B. durch Anrufung aller Elementherrscher bzw. Erzengel wie beim bekannten Kleinen Bannenden Pentagrammritual) und einer Abschreckung ungewollter Energien oder Wesenheiten durch entsprechende Symbole und Mantras. Mit anderen Worten: Der/die Magier/Magierin stellt eine Grenze her, grenzt sein Universum ein, innerhalb dessen er jedoch von unendlicher Macht (weil in die Gesetze der Magie eingeweiht) ist.

Die Bannung ist ein magischer Schutz, und wie bei jedem magischen Schutz sollten Sie darauf achten, dass Sie selbst im Hara sind und dass Ihr Kleiner Energiekreislauf intakt ist. Alles andere ist eigentlich nur ein Hilfsmittel, um dies zu garantieren! Dies erklärt auch, weshalb der wirkliche Adept oder Meister der Magie nur noch selten physisch ausgeführter Rituale bedarf: Wenn er in seiner Mitte ist, ist er auch im Einklang mit seinem Universum, sodass er nichts mehr zu tun braucht, als dieses wahrzunehmen, da ihm ohnehin alles zufällt, was seinem Willen entspricht. Es ist dies ein Zustand, der mit dem der wahren Mystik identisch ist, in dem Magier und Mystiker eins werden. Nur gelegentlich greift er mit physischen und rituellen Hilfsmitteln ins Geschehen ein, etwa wenn er für andere arbeitet oder in ein anderes Universum eintreten will, um dort zu einer neuen oder anderen Mitte zu finden.

Wer die Grundstrukturen der Magie erst einmal verstanden hat, der bedarf keines allzu großen Detailwissens mehr, weil er aus ihnen alles andere mühelos und korrekt ableiten kann. Gerade der Anfänger ist sich dieser seiner Freiheit oft am allerwenigsten bewusst: Anstatt selbstständig weiterzudenken, was ihm als Einweihung angeboten wird, sucht er verzweifelt nach immer mehr Regeln und vermeintlichen Grenzen, an die er sich klammern kann. Dies sollte kein magischer Lehrer unterstützen. Die Überheblichkeit, mit der vornehmlich frühere Autoren auf den »dummen, unwissenden Nichteingeweihten« herabschauten, um ihm erst den Mund wässrig zu machen und ihm dann das entscheidende Wissen doch vorzuenthalten, ist ein spätpubertärer Sadismus, der endlich der Vergangenheit angehören sollte.

Man macht es in der Magie jedem Menschen schwer, wenn man es ihm zu leicht macht, aber andererseits ist die Magie von ihren Anforderungen an Disziplin und Flexibilität her schon schwierig genug, sodass keinerlei Notwendigkeit besteht, dem angehenden Adepten auch noch absichtlich Stolpersteine in den Weg zu legen. Die wahren Geheimnisse schützen sich selbst und können überhaupt nicht verraten oder entweiht werden – im Gegenteil: Nur dadurch, dass man sie ständig »enthüllt«, bewahrt und erhält man sie wirklich. Alles andere führt zu Verfälschungen und Verstümmelungen des ursprünglichen Wissens. Es ist Zeit, dass die Magie endlich wieder zu der einheitlichen

Kunst und Wissenschaft wird, die sie einst gewesen ist, zu einer Kunst und Wissenschaft, die derart umspannend ist, dass in ihr auch die scheinbar widersprüchlichsten Richtungen Platz haben.

Die sexualmagische Invokation 1

Mit diesen Übungen begeben wir uns auf das Feld der zeremoniellen Invokationsmagie, wobei wir wiederum mit einem Minimum an Zubehör auskommen wollen.

Für männliche Magier

Meditieren Sie eine Woche lang über das Prinzip Sonne. Dazu gehört, dass Sie sich mit allen Aspekten dieses Prinzips sowie mit seinen Analogien auseinandersetzen. Beobachten Sie die physische Sonne am Himmel und richten Sie Ihren Tagesablauf danach aus. Tauchen Sie ganz ins Sonnenprinzip ein, etwa indem Sie viel Goldschmuck tragen, auf gelbe Farbtöne achten, »sonnenhaftes« Verhalten an den Tag legen usw. Wichtig ist ferner, dass Sie sich während Ihrer Vorbereitungszeit jeglicher sexueller Betätigung enthalten!

Hierzu einige Anregungen, die Ihnen stichwortartig präsentiert werden, damit Sie daraus Ihren eigenen einwöchigen »Sonnenkosmos« erschaffen können.

Korrespondenzen der **Sonne**: Gold, Feuer, Phallus, Licht, Gelb, die Zahl Sechs, Wärme, Zeugung, Reichtum, Verstand, Bewusstsein, männlich, Licht, Tag, aktiv, sengen, brennen, körperliche Gesundheit …

Haben Sie sich eine Woche intensiv in eine Dauer-Sonnentrance gebracht, so sorgen Sie dafür, dass Sie für einen Mittag ungestört sind und sich möglichst in die freie Natur begeben können, um dort Ihre Sonneninvokation durchzuführen. Falls die Arbeit im Freien unmöglich ist, können Sie auch im Gebäude arbeiten, doch sollten Sie die Sonne dabei optisch sehen können.

Stellen Sie sich mit dem Gesicht zur Sonne auf und heben Sie die Arme, die Handflächen zum Himmel emporgestreckt. Lassen Sie sich von den Strahlen der Sonne durchfluten und nehmen Sie sie durch die Handflächen (die Sie vorher wieder durch kräftiges Gegeneinanderreiben sensibilisieren können) mit jedem Einatmen in sich auf, um sie beim Ausatmen im Hara zu konzentrieren. Tun Sie dies mindestens eine Viertelstunde lang, auf jeden Fall aber so lange, bis Sie sich gänzlich von der Sonnenenergie durchflutet fühlen. Wenn Sie wollen, können Sie das Ganze mit einer Anrufung an die Sonne verbinden, die Sie allerdings möglichst selbst texten sollten.

Auf dem Höhepunkt der Energieaufnahme erregen Sie sich sexuell, was masturbatorisch geschehen sollte; allerdings sind fremde Hilfsmittel wie Fantasien, Pornografie usw. dabei untersagt, beim ersten Mal sollten Sie auch auf den Gebrauch von Aphrodisiaka verzichten. Ihre einwöchige sexuelle Enthaltsamkeit wird Ihnen dies erleichtern. Nach und nach sollten Sie selbst zum Sonnengott werden, was mit dem Orgasmus einen Höhepunkt erfahren soll.

Bitte beachten Sie: Ziel dieser Übung ist es nicht, bestimmte erfolgsmagische Ziele zu erreichen. Vielmehr sollen Sie das Sonnenprinzip in sich wecken und verankern, weil dies bei der späteren rituellen Sexualmagie und Sexualmystik von großer Wichtigkeit ist. Bannen Sie diesmal nicht durch Lachen, sondern lassen Sie nach dem Höhepunkt die Erfahrung in sich ausklingen, was unter Umständen mehrere Tage dauern kann.

Es versteht sich von selbst, dass Sie während der Sonnenarbeit magisch geschützt arbeiten, etwa indem Sie in Ihrem persönlichen Schutzsymbol stehen o. Ä. Versierte Zeremonialmagier werden die Operation vielleicht mit einem Kleinen Bannenden Pentagrammritual beginnen und beschließen. Sollten Sie ähnlich verfahren, so vergessen Sie nicht die abschließende Entlassungsformel! Diese können Sie selbst formulieren, sie sollte aber etwa folgenden Inhalt haben: »Ich entlasse alle Wesen, die durch dieses Ritual gebannt wurden.« Das dient der »astralen Ökologie« und sorgt dafür, dass unliebsame Besucher wieder verschwinden.

Achten Sie in den folgenden Tagen und evtl. Wochen auf alles, was mit dem Prinzip der Sonne zusammenhängt, und führen Sie darüber sorgfältig Buch.

Für weibliche Magier

Meditieren Sie eine Woche lang über das Prinzip Mond. Dazu gehört, dass Sie sich mit allen Aspekten dieses Prinzips und mit seinen Analogien auseinandersetzen. Beobachten Sie den physischen Mond am Himmel und richten Sie Ihren Tagesablauf danach aus. Tauchen Sie ganz ins Mondprinzip ein, etwa indem Sie viel Silberschmuck tragen, auf weiße und silberne Farbtöne achten, »mondhaftes« Verhalten an den Tag legen usw. Wichtig ist noch, dass

Sie sich während Ihrer Vorbereitungszeit jeglicher sexueller Betätigung enthalten! Hierzu einige Anregungen, die Ihnen stichwortartig präsentiert werden, damit Sie daraus Ihren eigenen einwöchigen »Mondkosmos« erschaffen können:

Korrespondenzen des **Mondes:** Silber, Wasser, Vagina, Dunkelheit, Weiß, die Zahl Neun, Kühle, Empfängnis, Vision, Intuition, Traum, Weichheit, Unbewusstes, weiblich, Nacht, passiv, löschen, streicheln, seelische Gesundheit …

Haben Sie sich eine Woche möglichst intensiv in eine Dauer-Mondtrance gebracht, so sorgen Sie dafür, dass Sie um Mitternacht ungestört sind und sich möglichst in die freie Natur begeben können, wo Sie (ebenfalls ungestört) Ihre Mondinvokation durchführen können. Sollte die Arbeit im Freien unmöglich sein, können Sie auch im Gebäude arbeiten, doch sollten Sie den Mond dabei optisch sehen können.

Stellen Sie sich mit dem Gesicht zum Mond auf und heben Sie die Arme, die Handflächen zum Himmel emporgestreckt. Lassen Sie sich von den Strahlen des Mondes durchfluten und nehmen Sie sie durch die Handflächen (die Sie vorher wieder durch kräftiges Gegeneinanderreiben sensibilisieren können) mit jedem Einatmen in sich auf, um sie beim Ausatmen im Hara zu konzentrieren. Tun Sie dies mindestens eine Viertelstunde lang, auf jeden Fall aber so lange, bis Sie sich voll von der Mondenergie durchflutet fühlen. Wenn Sie wollen, können Sie das Ganze mit einer Anrufung an den Mond verbinden, die Sie allerdings möglichst selbst texten sollten.

Auf dem Höhepunkt der Energieaufnahme erregen Sie sich sexuell, was masturbatorisch geschehen sollte; allerdings sind fremde Hilfsmittel wie Fantasien, Pornografie usw. dabei untersagt, beim ersten Mal sollten Sie auch auf den Gebrauch von Aphrodisiaka verzichten. Ihre einwöchige sexuelle Enthaltsamkeit wird Ihnen dies erleichtern. Nach und nach sollten Sie selbst zur Mondgöttin werden, was mit dem Orgasmus einen Höhepunkt erfahren soll.

Bitte beachten Sie: Ziel dieser Übung ist es nicht, bestimmte erfolgsmagische Ziele zu erreichen. Vielmehr sollen Sie das Mondprinzip in sich wecken und verankern, weil dies bei der späteren rituellen Sexualmagie und Sexualmystik von großer Wichtigkeit ist. Bannen Sie diesmal nicht durch Lachen, sondern lassen Sie nach dem Höhepunkt die Erfahrung in sich ausklingen, was unter Umständen mehrere Tage dauern kann.

Es versteht sich von selbst, dass Sie während der Mondarbeit magisch geschützt arbeiten, etwa indem Sie in Ihrem persönlichen Schutzsymbol stehen o. Ä. Versierte Zeremonialmagierinnen werden die Operation vielleicht mit einem Kleinen Bannenden Pentagrammritual beginnen und beschließen. Sollten Sie ähnlich verfahren, so vergessen Sie nicht die abschließende Entlassungsformel! Diese können Sie selbst formulieren, sie sollte aber etwa folgenden Inhalt haben: »Ich entlasse alle Wesen, die durch dieses Ritual gebannt wurden.« Das dient der »astralen Ökologie« und sorgt dafür, dass unliebsame Besucher wieder verschwinden.

Achten Sie in den folgenden Tagen und evtl. Wochen auf alles, was mit dem Mondprinzip zusammenhängt, und führen Sie darüber sorgfältig Buch.

Die sexualmagische Invokation 2

Mit dieser Invokation leisten Sie echte sexualmystische Integrationsarbeit. Dies ist die magische Entsprechung zur Arbeit mit Animus/Anima, wie wir sie aus der Tiefenpsychologie C. G. Jungs kennen. Gleichzeitig dient diese Arbeit als Vorbereitung auf die zielorientierte sexualmagische Invokationsmagie.

Für männliche Magier

Verfahren Sie wie bei der sexualmagischen Invokation 1 (s. S. 341 ff.), nur dass Sie diesmal den Teil für weibliche Magier bearbeiten. Sie arbeiten also nicht mit dem Sonnen-, sondern mit dem Mondprinzip. Dabei handelt es sich um eine Auseinandersetzung mit Ihrer eigenen Weiblichkeit, die Ihrer gesamten Sexualität förderlich ist und Ihre magische Kraft verstärken und stabilisieren wird. Denken Sie daran, dass der Magier stets mit Licht und Schatten arbeitet, mit männlichem und weiblichem Prinzip, mit Yin und Yang!

Wichtig ist auch, dass Sie das Weibliche physisch in sich spüren, bis hin zu einer scheinbaren Veränderung der Geschlechtsorgane!

Für weibliche Magier

Verfahren Sie wie bei der sexualmagischen Invokation 1 (s. S. 341 ff.), nur dass Sie diesmal den Teil für männliche Magier bearbeiten. Sie arbeiten also nicht mit dem Mond-, sondern mit dem Sonnenprinzip. Dabei handelt es sich um eine Auseinandersetzung mit Ihrer eigenen Männlichkeit, die Ihrer gesamten Sexualität förderlich ist und Ihre magische Kraft verstärken und stabilisieren wird. Denken Sie daran, dass der Magier stets mit Licht und Schatten arbeitet, mit männlichem und weiblichem Prinzip, mit Yin und Yang!

Wichtig ist auch, dass Sie das Männliche physisch in sich spüren, bis hin zu einer scheinbaren Veränderung der Geschlechtsorgane!

Die sexualmagische Invokation 3

Für männliche Magier

Verfahren Sie wie bei der sexualmagischen Invokation 1 (s. S. 341 ff.), doch diesmal arbeiten Sie nicht mit dem Sonnen-, sondern mit dem Marsprinzip. Da Sie den Mars nicht immer am Himmel ausmachen können, müssen Sie ihn imaginieren. Es folgt nun zur Anregung eine kleine Liste der traditionellen Korrespondenzen des Mars.

Korrespondenzen des **Mars**: Eisen, Feuer, Rot, trocken, heiß, die Zahl Fünf, Trieb, aggressive, durchbohrende Sexualität, Krieg, Wille, Durchsetzungskraft, Heftigkeit …

Für weibliche Magier

Verfahren Sie wie bei der sexualmagischen Invokation 1 (s. S. 341 ff.), doch diesmal arbeiten Sie nicht mit dem Mond-, sondern mit dem Venusprinzip. Da Sie die Venus nicht immer am Himmel ausmachen können, müssen Sie

sie imaginieren. Es folgt nun zur Anregung eine kleine Liste der traditionellen Korrespondenzen der Venus.

Korrespondenzen der **Venus**: Kupfer, Wasser, Grün, feucht, kühl, die Zahl Sieben, Empfinden, passive, auflösende Sexualität, Sanftheit, Ahnen, Hingabe, Sanftheit …

Die sexualmagische Invokation 4

Diese Übung entspricht im Ansatz der sexualmagischen Invokation 2 (s. S. 346 ff.).

Für männliche Magier

Verfahren Sie wie bei der sexualmagischen Invokation 3 (s. S. 347), nur dass Sie diesmal den Teil für weibliche Magier bearbeiten, also mit dem Venusprinzip operieren.

Für weibliche Magier

Verfahren Sie wie bei der sexualmagischen Invokation 3 (s. S. 347), nur dass Sie diesmal den Teil für männliche Magier bearbeiten, also mit dem Marsprinzip operieren.

Haben Sie den Unterschied zwischen Sonne und Mars, zwischen Mond und Venus bemerkt? In manchen Aspekten gleichen sich diese Energien. Es ist wichtig, dass Sie die Gemeinsamkeiten und Unterschiede der Energiequalitäten am eigenen Leib spüren, damit Sie lernen, differenziert damit umzugehen. Wir wollen auf diese Unterschiede und Gemeinsamkeiten hier nicht im Einzelnen eingehen. Dem erfahrenen Planetenmagier sind sie ohnehin vertraut, der Anfänger wird sich erst in der einschlägigen Literatur mit der astrologischen Symbolik vertraut machen müssen.

Noch viel wichtiger aber ist Ihre persönliche Erfahrung. Fürs Erste genügt die prinzipielle geschlechtliche Dualität männlich/weiblich, doch sollten Sie auf jeden Fall bemerken, dass Sonne und Mond eher einen übergeordneten, abstrakteren und geistigeren, Mars und Venus dafür eher einen spezielleren, konkreteren und körperlicheren Aspekt der jeweiligen Prinzipien verkörpern.

Sie können und sollten die Invokationen dadurch unterstützen, dass Sie sich selbst beim Herabrufen der Energien und bei der Einswerdung damit in der entsprechenden Gestalt imaginieren: als Sonnengott also etwa mit strahlendem blondem Haar und von kräftiger, bronze schimmernder Statur, als Mondgöttin dagegen mit langem silbrigem Haar, mit ätherischen, schimmernden Zügen. Dies gehört ganz allgemein zur magischen Invokationstechnik und schult zudem die Imagination, ja die Imagination dient nicht zuletzt zur Verbesserung der Invokationstechnik.

Hinweis für die fortgeschrittene Praxis

Selbstverständlich sind Invokationen kein Selbstzweck. Am Anfang wird der Adept sie vornehmlich praktizieren, um sich mit den jeweiligen Energien aufs Engste vertraut zu machen. Später jedoch wird er selbst zur entsprechenden Gottheit werden, um als diese zu handeln und sein magisches Werk zu vollbringen. Wenn Sie ein magisches

Ziel haben, das einem bestimmten Planetenprinzip zugeordnet wird, so werden Sie natürlich mit diesem arbeiten. Durch eine korrekte (will sagen: gelungene) Invokation werden Sie zur Verkörperung der jeweiligen Energie und können sie als ihr Herrscher bzw. ihre Herrscherin ans gewünschte Ziel lenken.

Dies ist die Magie des Willens im Gegensatz zur Mystik des Gebets. Es ist eben ein Unterschied, ob Sie das Jupiterprinzip darum anflehen, Ihnen etwas Bestimmtes zu gewähren, oder ob Sie selbst zu Jupiter werden, der das Gewünschte kurzerhand befiehlt. Beide Methoden haben natürlich ihre Vor- und Nachteile. Oft ist es eine Frage der jeweiligen Zeitqualität, welche dem Magier geeigneter erscheint. Zum sexualmagischen Aspekt der Invokationsmagie ist noch zu bemerken, dass natürlich nicht jede invokatorische Arbeit unbedingt sexualmagisch erfolgen muss. Es ist jedoch sehr sinnvoll, die betreffenden Energien auf sexualmagische Weise in der magischen Persönlichkeit zu verankern; dies kürzt erfahrungsgemäß eine oft monate- und jahrelange Arbeit auf wenige Wochen ab, da sich die Sexualmagis als besonders kraftvoll und wirksam erwiesen hat und das Unbewusste des Magiers gerade die sexualmagischen Assoziationen am gründlichsten und schnellsten aufnimmt.

Psi-Phänomene sowie sexualmagische Heilungs- und Energetisierungspraktiken

Telepathie und andere Psi–Phänomene

Oft wird Magie mit Psi-Fähigkeit verwechselt. Da bittet der Laie (vor allem der Journalist!) den Magier darum, ihm doch bitte etwas »vorzuzaubern«, und meint tatsächlich damit, dass er »Wunder« sehen will: Das Glas soll mit Gedankenkraft zerbrochen werden, der neugierige Beobachter will den »Meister« levitieren sehen, Materialisationen werden gewünscht und was des ähnlichen Unfugs mehr ist. Ich persönlich kenne keinen seriösen Magier, der sich auf derlei einlassen würde, und dies bestimmt nicht aus irgendeiner Versagensangst heraus. Es liegt vielmehr daran, dass sich ein wirklicher Magier nur selten für solche Phänomene interessiert, weil sie allenfalls eine Begleiterscheinung, nicht aber den Inhalt der magischen Kunst darstellen.

Tatsächlich kommen die sogenannten »paranormalen Fähigkeiten« in der Magie gelegentlich vor, vor allem die Divination und die Präkognition. Jeder erfahrene Magier wird von ihnen berichten können, doch sind sie nicht das Ziel magischer Praxis. Eigentlich lenken sie den Magier eher ab, als dass sie ihm nutzten. Sicher ist es auch kein Zufall, dass im Yoga die Psi-Fähigkeiten (Siddhis genannt) ebenfalls als Ablenkung geächtet werden, wiewohl jeder wirkliche Guru über einige von ihnen verfügt. Vielleicht ist gerade die Nichtbeachtung, die der Magier ihnen schenkt, die Ursache dafür, dass sie gelegentlich doch auftreten. Dafür spricht übrigens auch, dass sie sich oft spielerisch am leichtesten erwecken lassen, während alles verbissene Streben nach ihrer Meisterung in der Regel im Misserfolg enden muss. Selbstverständlich sollten Sie stets auf solche Phänomene aufmerksam werden, sobald sie auftreten, doch sollten Sie nicht daran kleben und schon gar nicht den Fehler begehen, krampfhaft darauf zu warten.

Immerhin gelingen gerade Telepathie und Präkognition bzw. Divination unter sexualmagischem Einfluss weitaus leichter als ohne, was sich vor allem bei der Partnerarbeit immer wieder zeigt. Speziell weibliche Magier scheinen von der sexualmagischen Sensibilisierung auf den Bereich der Divination zu profitieren. Eine für die Magie relevante Variante der Telepathie und der Telekinese ist allerdings die magische Fernbeeinflussung, auf die wir im nächsten Abschnitt eingehen wollen.

Sexualmagische Fernbeeinflussung: Puppenmagie, Heilungs- und Schadenszauber

Eines der wichtigsten Gebiete der Magie ist die magische Fernbeeinflussung. Diese kann verschiedenen Zwecken dienen, konstruktiven wie bei der Heilung und Segnung, aber auch destruktiven wie beim Schadens- und Todes-

zauber. Bei der sexualmagischen Arbeit besteht der »Trick«
darin, im Augenblick des Höhepunkts die zu beeinflus-
sende Person möglichst plastisch vor dem inneren Auge zu
imaginieren. Noch während des Orgasmus wird dann die
gewünschte Energie auf den Betreffenden gelenkt, welches
ein Akt der Imagination ist.

Dies funktioniert erfahrungsgemäß am besten zwischen
Personen, die eine starke emotionale Beziehung zueinander haben, sei es Liebe oder Hass. Notfalls müssen solche
Gefühle vom Magier oder von der Magierin künstlich erzeugt werden, beispielsweise dann, wenn die Operation
im Auftrag eines Klienten durchgeführt wird und die zu be-
einflussende Person persönlich nicht bekannt ist.

Berühmt ist auch die sogenannte Puppenmagie. Diese ist
übrigens keineswegs, wie häufig geglaubt wird, allein dem
haitianischen Voodoo bekannt. Schon im Mittelalter wurden häufig Lumpen- und Holzpuppen verwendet, welche
die Zielperson darstellten. Auch wird die Puppenmagie keineswegs nur beim Schaden- und Todeszauber verwendet,
vielmehr kann die Zielperson Opfer oder Patient sein, da
sich die Puppenmagie ebenso für die sympathiemagische
Heilung eignet. Die Puppe kann aus beliebigem Material
sein, am häufigsten werden Bienenwachs, Holz oder Lum-
pen verwendet, doch auch Leder und sogar Stein sind
nicht selten.

Wichtig ist, dass die Puppe auf sympathiemagische Weise mit der Zielperson identifiziert wird. Das kann rein mental geschehen, doch ist dies vergleichsweise schwierig, deshalb befestigt man meistens Haarlocken, Nagelabschnitte,
Blut oder andere Sekrete des Betreffenden an oder in der
Puppe. Heutzutage bedienen sich die Magier auch gern

einer Fotografie der Zielperson, die in die Puppe integriert wird, beispielsweise, um das Gesicht darzustellen. Nach dem Gesetz des »wie oben – so unten« ist die Puppe damit zur Zielperson selbst geworden; alles, was mit ihr geschieht, widerfährt auf der feinstofflichen Ebene somit auch dem Opfer oder dem Patienten. Leidet der Patient an einer bestimmten Krankheit, kann der Magier die Puppe entsprechend behandeln. Gleichermaßen kann der Puppe Vitalenergie entzogen werden.

Sogar ein Verkehr mit der Puppe ist möglich, was sich vor allem als machtvoller Liebes- bzw. Bindungszauber erwiesen hat. Seltener dient die Puppe als materielle Basis beim Umgang mit Sukkubi und Inkubi. Wird dazu eine Puppe verwendet, geschieht dies entweder am Anfang als Evokationshilfe oder als Energiespeicher, wodurch sie zu einem echten sexuellen und sexualmagischen Fetisch wird.

Für die Puppenmagie gilt nur eine Regel: Ist die Puppe erst mit der Zielperson identifiziert worden, verfährt man genauso mit ihr, wie man es mit der Zielperson selbst täte. Von daher erübrigen sich Schilderungen spezieller Rituale und Techniken, solange wir die Grundvoraussetzung (»Wille + Imagination + magische Trance«) beherzigen, ohne die keine wirkungsvolle Magie möglich ist. Um also eine Puppe zu bearbeiten oder um anders auf fernmagischem Weg auf eine Person einzuwirken, müssen Sie einen einspitzigen Willen haben, Ihre Imagination muss die gewünschte magische Wirkung plastisch wahrnehmbar machen, und Sie müssen sich dabei in einer magischen Trance befinden. In diese Trance kommen Sie durch die sexuelle Reizung und den Orgasmus gewissermaßen automatisch, weshalb die Sexualmagie ja auch so besonders machtvoll ist.

Sehr beliebt bei der magischen Fernbeeinflussung ist auch die Arbeit mit dem magischen Spiegel. Dabei wird die gewünschte Energie entweder in den Spiegel hineingebündelt, worauf dieser wie ein Strahler in die Richtung der Zielperson gelenkt wird; oder die Zielperson wird im Spiegel durch Imagination sichtbar gemacht, worauf man ihr Abbild entsprechend behandelt. Da sich die Sexualmagie gerade bei visionären Techniken als besonders wirkungsvoll erweist, bietet sich diese Praktik geradezu an.

Hinweis für Kampfmagier

Sollten Sie einen magischen Krieg führen oder magisch angegriffen werden und mit einem Gegenangriff antworten wollen, müssen Sie sich bei der sexualmagischen Fernbeeinflussung zunächst darauf konzentrieren, einen möglichen magischen Schutz Ihres Gegners mental »abzutasten« (das geht hervorragend mit dem magischen Spiegel) und Ihren ersten Angriff nicht gegen die Person selbst, sondern gegen ihren magischen Schutz richten! Das ist von größter Wichtigkeit, denn meistens ist ein magischer Schutz – oft sogar unbewusst – so aufgebaut, dass er die Energie eines Angreifers auf diesen zurückwirft. Daher müssen Sie diesen Schutz erst entschärfen (beispielsweise durch Energieentzug), bevor Sie zum eigentlichen Angriff übergehen. Je nachdem, wie viel Ihr Gegner von der Materie versteht, kann das Auflösen des magischen Schutzes oft zehnmal so lange dauern und gleichermaßen größere Mühe machen als der eigentliche Angriff selbst.

Ein ausgezeichneter sexualmagischer Schutz vor Fernbeeinflussung ist die Deflektionspuppe. Dabei kehren Sie das Prinzip der Puppenmagie um: Sie fertigen eine Puppe an, welche Sie selbst darstellt und die dazu dienen soll, bei magischen Angriffen an Ihrer Stelle als Ziel zu fungieren. Am wirkungsvollsten laden Sie diese Puppe masturbatorisch und durch Beigabe von Sexualsekreten, wobei Sie durch Ihren Willenssatz oder Ihre Suggestion die Puppe darauf »eichen«, sämtliche gegen Sie gerichtete magische Energie aufzunehmen und zu speichern. (Letzteres ist sehr wichtig, damit die Puppe die Angriffsenergie nicht treu und brav per sympathiemagischen Kontakt an Sie weiterleitet.) Damit erschaffen Sie sich also einen »Strohmann«, der für Sie die Keile abbekommt!

Die Deflektionspuppe wird an exponierter Stelle (etwa im Tempel) aufbewahrt. Nach einer Weile sollte sie entladen werden, z. B. indem man sie eine halbe Stunde mit einer Entladungsimagination unter fließendes Wasser hält. Erfahrene Magier zapfen allerdings auch die Angriffsenergien ihrer Gegner aus der Deflektionspuppe, um sie weiterzuverarbeiten und ihrerseits zu einem Angriff zu nutzen. Denn gegen seine eigene Energie kann sich der Gegner am schlechtesten schützen.

Wenn Sie die Kunst der magischen Vollabschirmung beherrschen sollten, was einem astralen Unsichtbarkeitszauber gleichkommt, können Sie sogar mehrere solcher Deflektionspuppen anfertigen und auf dem Höhepunkt eines magischen Krieges als Ablenkungsmanöver in der Gegend herumschicken, um Ihre eigenen Aktionen zu verschleiern. Das hat den Vorteil, dass Ihr Abschirmungszauber nicht sofort als solcher erkannt wird, der Gegner also irregeleitet wird und auf das falsche Objekt zielt, was ihn seinerseits wieder exponiert. Sie erschaffen sich auf solche Weise also gleich eine ganze Schar »stummer Verbündeter«, denen Sie zudem noch Angriffsglyphen als Ausrüstung dazugeben können, was die Sache vollends kompliziert. Doch eine solche Vernebelungstaktik erfordert sehr viel Kampferfahrung und ist nicht ohne ihre eigenen Risiken, da Sie durch die Entfernung von den Deflektionspuppen einen Teil Ihrer Magis binden und entsprechend achtsam sein müssen, um nicht plötzlich in irgendwelche gegnerischen Fallen zu stolpern. Immerhin hält Sie dies auf Trab, und es wird Ihnen dabei bestimmt nicht langweilig werden.

Hinweis für den Heilungszauber

Auch wenn es nicht jedem sofort einleuchten mag – einen Menschen heilen zu wollen, der einen nicht darum gebeten hat, ist der Gipfel der sogenannten »schwarzen« Magie. Denn die Krankheit ist nicht nur etwas Böses, Lästiges, sie ist auch weit mehr als ein »Betriebsunfall des Organismus«, sie ist eine Chance und eine Entscheidung. Zwar ist diese Entscheidung bei den meisten Menschen, die ohnehin wie unbewusste Roboter vor sich hin vegetieren, nicht bewusst gefällt worden, dennoch hat jeder Kranke auf seine Weise darauf hingearbeitet, krank zu werden, um etwas Bestimmtes zu lernen. Häufig werden Sie feststellen, dass Kranke gar nicht wirklich gesund werden wollen. Vielleicht verhilft ihnen die Krankheit zu Erfahrungen, die sie sonst nicht machen würden, z. B. zu Aufmerksamkeit seitens der Umwelt, zu Mitleid usw.; vielleicht brauchen sie aber auch eine bestimmte Energieumlenkung, als welche man die Krankheit schließlich auch sehen kann, selbst wenn diese schmerzhaft oder sogar tödlich ist.

Seien Sie also nicht so töricht, ungefragt zu heilen! Es gibt kaum etwas Schlimmeres als Menschen, die es so gut mit anderen meinen, dass sie ihnen ständig in die Parade fahren und sie mit ihrer angeblichen »Liebe« ersticken. Darüber hinaus wäre ein solches Vorgehen auch unter sexualmagischen Gesichtspunkten höchst unratsam, da es in seiner Wirkung (wenn auch nicht in seiner Intention) einem Angriff gleichkommt und folglich auch unbewusste magische Abwehrmechanismen auslösen kann. Es ist also nicht damit getan, aus irgendeinem alten, unreflektierten inneren Moral- und Sentimentalitätsprogramm heraus um jeden Preis »Gutes« tun zu wollen. Vergewissern Sie sich dementsprechend vorher, dass der Patient Ihre magische Hilfe auch wirklich will und annehmen wird.

Sie müssen Ihr magisches Vorhaben natürlich nicht unbedingt als solches bezeichnen: Sie können auch von »Heilgebet« oder von »paramedizinischer Fernsuggestion« sprechen, wenn das Wort »Magie« den Patienten überfordern würde. Die Hauptsache ist, dass er wirklich will, dass Sie ihm helfen.

Etwas anders verhält es sich natürlich z. B. bei Unfällen, wenn der Patient bewusstlos ist oder wenn er über längere Zeit im Koma liegt. Dann müssen Sie selbst entscheiden, ob Sie diese Verantwortung übernehmen und das geschilderte Risiko eingehen wollen.

Bedenken Sie stets, dass Gleiches auf Gleiches folgt: je stärker die Energien, mit denen Sie arbeiten, desto stärker auch die Reaktionen – die gewünschten wie die unliebsamen! Da wir es gerade bei der Sexualmagie mit einem hochenergetischen Machtpotenzial zu tun haben, müssen wir auch die entsprechende Vorsicht walten lassen.

Doppelgängermagie und Astralwallen ·

Astralreisen und Doppelgängerarbeiten werden durch die Sexualmagie besonders intensiviert und erleichtert. Um einen Astralaustritt zu erreichen, ist es sehr dienlich, entweder durch längere sexuelle Enthaltsamkeit oder durch Herstellen einer eroto-komatosen Luzidität per Überreizung und Erschöpfung eine Sexualtrance herbeizuführen. Auch die Partnerarbeit ist hier zu empfehlen. So kann ein Partner, der ebenfalls unbekleidet sein sollte, den anderen beispielsweise durch Hautmassage und Streicheln erogener Zonen sexuell stimulieren, um sich kurz vor dem Höhepunkt wieder zurückzuziehen. Dies geschieht mehrmals hintereinander, bis die Spannung das gewünschte Ausmaß erreicht hat.

Nun stellt oder setzt sich der aktivierende Partner ans Fußende des liegenden, stimulierten Partners und streckt die Arme vor, die Handflächen in rechtem Winkel emporgestreckt, sodass sie auf den Liegenden zeigen. Der Liegende schließt die Augen und versucht zu spüren, wie der stehende Partner ihm beim Einatmen mit seinen Handflächen, von denen ein entsprechender Sog ausgeht, den Astralleib aus dem Körper zieht. Der Stehende führt natürlich die entsprechende Imagination durch. Es ist darauf zu achten, dass der Astralleib des liegenden Partners beim Einatmen angesaugt wird, während er beim Ausatmen und Anhalten dort, wo er sich gerade befindet, stabilisiert wird. Diese Stabilisierung ist mindestens ebenso wichtig wie das eigentliche Herausziehen des Astralleibs, weil sie die Erfahrung einerseits verankert und dem Astralleib andererseits mehr Substanz verleiht.

Der Austritt kann an unterschiedlichen Stellen erfolgen. Am häufigsten hebt sich der Astralleib waagerecht zum physischen Körper aus diesem heraus; oft verlässt er den liegenden Körper aber auch im Kopf- oder Fußbereich.

Lassen Sie sich nicht von irgendwelchen Autoren ins Bockshorn jagen, die darauf beharren, dass zwischen Astralleib und physischem Körper eine wahrnehmbare Verbindung bestehen muss, nämlich die sogenannte »Silberschnur«. Diese soll entweder zwischen Nabel und Nabel oder zwischen Hinterkopf des Astralleibs und Stirn des physischen Körpers verlaufen. Dies ist tatsächlich aber die absolute Ausnahme! Befragungen von Menschen in Australien und England, die von sich angaben, das Astralreisen zu beherrschen, haben ergeben, dass nur etwa 3 Prozent aller Astralreisenden die Silberschnur wahrnehmen! Sollte dies bei Ihnen also der Fall sein, so nehmen Sie es hin; wenn nicht, so brauchen Sie sich keine Sorgen zu machen, dass irgendetwas nicht in Ordnung wäre.

Hat der Liegende das Gefühl, ausgetreten zu sein, verlagert er sehr langsam und sorgfältig sein Bewusstsein in jeden Teil des Astralleibs. Begehen Sie dabei nicht den Fehler, zuerst mit den Augen des Astralleibs umherzublicken! Ist dieser nämlich noch nicht hinreichend stabilisiert, und das ist er bei einem ersten Austritt in dieser Phase fast nie, so bricht die ganze feinstoffliche Wahrnehmung schnell zusammen, und alles war umsonst. »Bauen« Sie Ihren Astralleib vielmehr von unten nach oben auf, angefangen bei den Füßen bis empor zum Kopf. Dabei sollten Sie dieselbe Reihenfolge einhalten wie bei der sexualmagischen Tiefentspannung (s. S. 55 ff.), nur dass Sie diesmal nicht Entspannung und Wärme suggerieren, sondern Festigkeit und Bewusstsein.

Erst wenn Sie den gesamten Astralleib entsprechend »beseelt« haben, können Sie sich auf die astral-sinnliche Wahrnehmung konzentrieren. Versuchen Sie, mit Ihrem Astralleib zu hören, zu schmecken, zu riechen, zu fühlen – und schließlich auch zu sehen. Mustern Sie kommentarlos Ihre Umgebung mit geschlossenen physischen Augen durch den Astralleib, bis sich Ihre Wahrnehmungsschärfe gesteigert hat. Zu Anfang werden Sie vielleicht eine Empfindung haben wie beim schon bekannten 180°-Blick, also eine etwas unscharfe, dafür aber wesentlich vielseitigere optische Wahrnehmung. In diesem Fall sollten Sie sich zunächst auf die Aura des stehenden Partners konzentrieren (der währenddessen seine Anstrengungen des Herausziehens immer noch fortsetzt!) und diese »abtasten«, um die Aufmerksamkeit schließlich auf den physischen Körper des Partners zu richten. Diesen betrachten Sie astral in allen Einzelheiten. Wenn Sie schon so weit gekommen sind, wird sich Ihre astrale Sehfähigkeit nun genügend stabilisiert haben. Dennoch muss der stehende Partner seine Bemühungen weiterhin aufrechterhalten, denn nun folgt eine Phase, die Ihre ganze Kraft kosten kann.

Jetzt drehen Sie nämlich Ihren Astralleib herum und mustern sich selbst, also Ihren reglos daliegenden physischen Körper. Diesen betrachten Sie zuvor wie Ihren Astralleib auch, also bei den Füßen beginnend bis hinauf zum Kopf. Erst jetzt betrachten Sie Ihr liegendes Gesicht!

Dies ist nämlich aus zwei Gründen der entscheidende Test: Erstens wissen Sie dann mit hundertprozentiger Sicherheit, dass Ihr Astralaustritt tatsächlich gelungen ist, denn es gibt fast keinen Menschen, der sich sein eigenes Gesicht ohne zäheste, langjährige Übung vor dem inneren Auge ohne Anstrengung vorstellen kann, sodass eine Halluzination oder Selbsttäuschung so gut wie ausgeschlossen ist. Und zweitens ist das Erblicken des eigenen Gesichts für viele Anfänger ein derartiger Schock, dass sie vor Schreck wieder in ihren Körper hineinschießen und bei jedem späteren Versuch oft auf Jahre mit Blockaden zu kämpfen haben.

Ich selbst übte den Astralaustritt (allerdings nicht sexualmagisch) im Alter von 14 Jahren und erlangte schon nach etwa dreiwöchiger regelmäßiger Übung den gewünschten Erfolg (übrigens ebenfalls ohne Silberschnur!). Doch als ich plötzlich mein Gesicht, von der Zimmerdecke herabblickend, in aller Deutlichkeit sah, geschah das eben Geschilderte, und es dauerte etwa zehn weitere Jahre, bis mir wieder ein Astralaustritt gelingen wollte. Diese Erfahrung, die mir einige andere Magier später ebenfalls bestätigen konnten, brachte mich zu der Überzeugung, dass es aus technischen Gründen von größter Wichtigkeit ist, diesen Test sorgfältig vorzubereiten.

Ist Ihr Astralaustritt tatsächlich gelungen, können Sie mit Ihrem Astralleib nach Belieben auf Reisen gehen. Geben Sie Ihrem Partner ein vorher vereinbartes Signal (etwa das Heben des linken Zeigefingers des physischen Leibs o. Ä.), damit er sich erholen kann. Wenn Ihr Astralleib sta-

bil genug ist, und das sollte jetzt eigentlich bereits der Fall
sein, können leichte Bewegungen Ihres liegenden Körpers
dem Astralaustritt nichts mehr anhaben, sodass gegen ein
solches Signal kein Einwand besteht.

Im Gegensatz zum Astralleib hat der magische Doppelgänger nicht zwingend die gleiche Gestalt wie der physische Körper. Worin unterscheidet er sich dann vom Astralleib? Eigentlich nur dadurch, dass er wie dieser zwar aus
dem physischen Körper austritt, aber nun vom Magier beliebig geformt wird. So kann er die Gestalt einer blauen
Kugel erhalten, die eines Hagelschauers oder auch, was vor
allem unter Schamanen sehr beliebt ist, die Gestalt eines
Tiers. Die Technik seines Austritts ist im Übrigen die gleiche wie bei der Astralreise. Auch hier hilft die vorherige sexuelle Stimulierung, diese Technik binnen kürzester Zeit zu
meistern, die sonst oft zahlreiche Jahre des Übens erfordert.

Es versteht sich, dass Sie später, wenn Sie den Astralaustritt auch ohne Hilfe eines Partners beherrschen, ihn vor
allem im sexualmagischen Ritual nur zu einem bestimmten Zweck durchführen. Reiner Astraltourismus, der lediglich der Neugier entspringt, ist zwar prinzipiell möglich, aber nicht empfehlenswert. Erstens birgt er die Gefahr
in sich, dass die Fähigkeit zum Astralaustritt dadurch ab-
stumpft oder gar verloren geht, und zweitens ist der gerade
durch Sexualmagie herausgetretene Astralleib oder Doppelgänger energetisch derart hoch geladen, dass er geradezu nach konkretem, zielgerichtetem Handeln verlangt,
und das sollte unserer Erfahrung nach stets ein magisches
sein.

Sollte Ihnen der Astralaustritt nicht auf Anhieb gelingen, so verzagen Sie nicht, sondern üben Sie fleißig weiter,

sei es mit Partner oder allein. Niemand kann Ihnen garantieren, dass Sie binnen einer bestimmten Frist Erfolg haben werden. Wir können Ihnen lediglich versichern, dass es mit sexualmagischen Mitteln weitaus schneller gehen wird als ohne.

Der Umgang mit magischen Waffen

Wenn Sie mit den traditionellen magischen Waffen wie Dolch (Wille), Stab (Feuer), Schwert (Luft), Kelch (Wasser), Pentakel (Erde) usw. arbeiten wollen, sollten Sie diese auch sexualmagisch laden oder aber sich für rituelle sexualmagische Operationen einen speziellen Satz sexualmagischer Waffen zulegen. Diese können die gleichen sein wie die gewöhnlichen, aber es wäre vorzuziehen, wenn sie von ihrem Aussehen her einen Bezug zur Sexualmagie aufwiesen. So könnte der Stab beispielsweise eine Phallusform haben, der Kelch einer Vulva gleichen, das Pentakel ein kopulierende Paar in einem Weizenfeld zeigen o. Ä.

Wenn Sie Ihre persönlichen magischen Waffen sexualmagisch laden, so sollten Sie dies stets nur autoerotisch tun, da die Waffen Verkörperungen Ihrer eigenen Sexualmagis sind und sich die Energien nicht vermischen sollten. Wenn Sie aber mit einem Partner oder einer Partnerin einen Tempel oder einen Altar teilen und auch sonst magisch öfter zusammenarbeiten sollten, können Sie Tempel und Altar natürlich gemeinsam sexualmagisch laden, ebenso Gegenstände (z. B. Fetische), mit denen Sie gemeinsam operieren. Im Übrigen gilt auch für die sexualmagisch geladenen und gebrauchten Waffen, was für magische Waffen im Allgemeinen gilt: Sie sollten möglichst sorgfältig persönlich hergestellt werden oder auf ungewöhnliche Weise zu Ihnen gekommen sein. Tragen Sie dafür Sorge, dass kein Unbefugter die Waffen in die Hände bekommen oder gar missbrauchen kann.

Wenn Sie noch keine zeremonialmagische Erfahrung haben sollten, müssen Sie sich erst in die praktische Ritualmagie einarbeiten, bevor Sie magische Waffen auch sexualmagisch weihen oder laden. Dies alles hier zu schildern würde zu weit führen. Im Übrigen genügt die Sigillenmagie für den Anfang Ihren Zwecken vollauf.

Praktische Sexualmystik: Unio mystica und Chymische Hochzeit

Der geistige Androgyn und die praktische Sexualmystik

Der Begriff »Chymische Hochzeit« ist aus der Alchemie entlehnt und vor allem durch die 1616 erschienene Schrift *Chymische Hochzeit; Christiani Rosencreutz. Anno 1459* des Johann Valentin Andreae bekannt gemacht, die damals in ganz Europa Furore machte und eine förmliche Rosenkreuzermanie auslöste.

Die Chymische Hochzeit ist zum Inbegriff westlicher Sexualmystik geworden, wenngleich sich in Andreaes Schrift allenfalls allegorische Anspielungen auf Sexualmystisches finden.

Wir wollen anstelle langer Einleitungen im Folgenden zwei mögliche Rituale vorstellen, wie die Chymische Hochzeit im zeremoniellen Rahmen der Sexualmystik durchgeführt werden kann. Bitte beachten Sie: Diese Rituale sind lediglich Vorschläge, die Sie nach Ihren eigenen Bedürfnissen umgestalten können und sollen. Wir geben, wie immer, nur das grobe Gerüst wieder.

Wir beginnen mit einem Partnerritual, um mit einer autoerotischen Zeremonie zu enden.

Die Chymische Hochzeit für Paare

Rollenverteilung

Ein Partner stellt das männliche Prinzip dar; er wird hier als »Gott« bezeichnet; der andere Partner stellt das weibliche Prinzip dar; er wird hier als »Göttin« bezeichnet.

Vorbereitung

Der Gott meditiert einen Sonnenmonat lang über das männliche Prinzip, z. B. durch Anrufungen der Sonne, durch das Tragen von goldenem Schmuck, gelber Kleidungsstücke, durch die Aufnahme von der Sonne zugeordneter Nahrung usw. sowie durch die Beschäftigung mit »Sonnen-Tätigkeiten«. Ferner lädt er den Ritualdolch.

Die Göttin meditiert einen Mondmonat lang über das weibliche Prinzip, z. B. durch Anrufungen des Mondes, durch das Tragen von silbernem Schmuck, weißer Kleidungsstücke, durch die Aufnahme von dem Mond zugeordneter Nahrung usw. sowie durch die Beschäftigung mit »Mond-Tätigkeiten«. Ferner lädt sie den Ritualkelch.

Beide Partner enthalten sich während der Vorbereitungsphase jeglicher sexueller Betätigung. Die sexuellen Energien sollten sublimiert und in den Kleinen Energiekreislauf eingespeist werden.

Der Schutzkreis

Das Ritual findet im üblichen Schutzkreis statt. Dieser sollte groß genug sein, um beiden Partnern hinreichend Platz zu gewähren. Es ist für ein bequemes Lager zu sorgen.

Der Altar

Auf dem im Osten stehenden Altar befinden sich in harmonischer Ausgewogenheit sowohl Sonnen- als auch Mondsymbole in gleicher Anzahl. Ferner sechs goldgelbe und neun silbern durchgefärbte Kerzen sowie eine Kerze aus reinem Bienenwachs, welche das Große Werk symbolisiert, außerdem Dolch und Kelch sowie zwei Räucherschalen. In der rechten Räucherschale wird Sonnen-, in der linken Mondweihrauch abgebrannt. Der Tempel ist nach Maßgabe und Mitteln der beiden Magier ausgeschmückt.

Das Ritual

Die beiden Partner begeben sich nach gründlichen rituellen Waschungen und Salbungen mit Sonnen- bzw. Mondessenzen in den Tempel und schließen ihn.

Nun führen sie nach kurzer Meditation gemeinsam das einleitende Schutzritual (z. B. das Kleine Bannende Pentagrammritual) durch und sichern den Kreis.

Als nächstes invozieren beide Partner gemeinsam die Mondenergie in die Göttin. Dies geschieht nach Belieben durch entsprechende Meditationen, Anrufungen, Hymnen usw. Während dieser Phase wird kein Sonnen-, sondern nur Mondweihrauch abgebrannt. Ist die Göttin invoziert worden, ruft sie auf ähnliche Weise gemeinsam mit ihrem Partner die Energie der Sonne in diesen hinein. Während dieser Phase wird kein Mond-, sondern nur Sonnenweihrauch abgebrannt.

Anstelle einer etwas asymmetrischen gemeinsamen Invokation der Mond- bzw. Sonnenenergie können beide Partner auch unabhängig voneinander jeweils ihre gewünschte Energie invozieren. In diesem Fall werden die beiden Weihrauchmischungen erst bei gelungener Invokation geräuchert, weil die Vermengung beider Stoffe während der Invokationsphase irritierend wirken könnte.

Nun konsekriert die Göttin den Kelch der Energie des Mondes und stellt bei sich einen inneren Energiekreislauf aus silberner Energie her.

Der Gott konsekriert seinerseits den Dolch der Energie der Sonne und stellt bei sich einen inneren Energiekreislauf aus goldener Energie her.

Sind Kelch und Dolch konsekriert, stellen sich beide Partner vor dem Altar auf, die Göttin zur Linken, der Gott zur Rechten. Sie heben die magischen Waffen zum Himmel empor und wenden sich mit erhobenen Armen einander zu. Nach kurzer Meditation kniet die Göttin vor dem Gott nieder und hebt den Kelch zu ihm empor. Der Gott senkt den Dolch mit der Spitze nach unten. Beide schließen die Augen und konzentrieren sich auf den nun folgenden symbolischen magischen Akt.

(Das Ritual kann ab nun stumm verlaufen, es sind also keine weiteren Hymnen usw. erforderlich. Magier, die Wert auf gesprochenen Text legen, können einen solchen nach Belieben in das Ritual integrieren. Wichtig ist vor allem die feinstoffliche Wahrnehmung der aktivierten Energien.)

Der Gott senkt den Dolch in den Kelch, bis die Spitze den Kelchboden trifft. Die Göttin konzentriert sich darauf, den Dolch mit ihrer Mondenergie zu durchfluten. Der Gott konzentriert sich darauf, den Kelch mit seiner Sonnenenergie zu durchfluten. Es erfolgt noch keine bewusste und gezielte Aufnahme der Energie des Partners!

Sind die magischen Waffen von ihrer gegenpolaren Energie durchflutet, löst der Gott den Dolch wieder aus dem Kelch und richtet ihn erneut empor. Die Göttin erhebt sich und hebt den Kelch erneut empor.

Nun schreitet die Göttin im Deosil (Uhrzeigersinn) um den Altar, der Gott seinerseits gegen das Deosil. Auf der rechten Altarseite (also vor der Sonnenweihrauchschale) bleibt die Göttin stehen, der Gott dagegen auf der linken Altarseite (also vor der Mondweihrauchschale). Die Göttin stellt den Kelch auf der Sonnenseite ab, der Gott legt den Dolch auf der Mondseite auf den Altar. Beide heben erneut mit geschlossenen Augen die Arme und meditieren über das zu vollziehende Große Werk.

Gott und Göttin wenden sich einander zu. Der Gott konzentriert sich auf die Wahrnehmung der feinstofflichen Mondenergie seiner Partnerin, die Göttin wiederum konzentriert sich auf die Wahrnehmung der feinstofflichen Sonnenenergie ihres Partners.

Nun umarmen sich die Partner und vereinigen sich sitzend. Der Atem wird synchronisiert, und jeder konzentriert sich zunächst auf den eigenen Energiekreislauf. Der Gott atmet eine Weile in die linke Nasenhöhle der Göttin hinein, die ihrerseits dabei gleichzeitig einatmet. Dann wird gewechselt, und die Göttin atmet in die rechte Nasenhöhle des Gottes, während dieser seinerseits einatmet. Schließlich vereinigen sich auch die Münder der beiden, und es findet ein Energieaustausch statt.

Gott und Göttin steigern ihre Ekstase immer weiter, suchen dabei aber nicht bewusst nach dem Gipfelorgasmus. Der Gott erkennt in der Göttin sich selbst in seinem weiblichen Aspekt, die Göttin erkennt sich in ihrem männlichen Aspekt im Gott. Ein eventuell eintretender sexueller Höhepunkt sollte diese Ekstase so weit steigern, bis das Bewusstsein gänzlich ausgeschaltet ist und nur noch die reine Energie strömt.

Wichtiger Hinweis: Sollten Sie einen Tal- oder Ganzkörperorgasmus erleben, so versuchen Sie auf keinen Fall, zusätzlich einen Gipfel- oder Genitalorgasmus zu erzwingen! Geben Sie sich vielmehr dem Ganzkörperorgasmus völlig hin. Dies gilt für beide Partner. In den meisten Fällen wird der Talorgasmus bei beiden in etwa synchron einsetzen, doch ist dies nicht Bedingung. Auch kann es vorkommen, dass einer der Partner einen Genital-, der andere aber einen Ganzkörperorgasmus erfährt. In diesem Fall ist es möglich, dass der erste Partner aufgrund der höheren Energiepolung des anderen zusätzlich noch einen Ganzkörperorgasmus erlebt. Sollte in allen Fällen jedoch ein etwaiger Orgasmus auftreten, so muss dies organisch und von allein geschehen, darf also nicht gewollt herbeigeführt werden. Ferner gibt es selbstverständlich auch die Möglichkeit, völlig auf einen Orgasmus zu verzichten.

Nach dem Ausklingen der Ekstase beenden die Partner das Ritual gemeinsam: Danksagung, Bannungsritual und Entlassungsformel.

Beachten Sie, dass die Chymische Hochzeit keinen magischen Willensakt im üblichen Sinne kennt, es werden also keine Sigillen aktiviert, keine Talismane und Amulette geladen, keine Puppen bearbeitet o. Ä. Ziel dieses mystischen Rituals ist es vielmehr, zur Erfahrung der Transzendenz jenseits der Polarität der Geschlechter zu gelangen und im Inneren den geistigen Androgyn zu gebären. Da ist es in der Regel natürlich nicht mit einem einzigen Ritual getan, und es empfiehlt sich, nach Möglichkeit ein sexualmystisches Exerzitium von mehreren Tagen durchzuführen, währenddessen das Ritual mehrfach stattfindet.

Vielleicht ist Ihnen auch aufgefallen, dass wir keine Angaben über das Geschlecht der Partner gemacht haben. Tatsächlich lässt sich dieses Ritual auf hetero- und auf homoerotische Weise durchführen. Bei einer homoerotischen Arbeit sollte allerdings jeder der Partner vorher bereits die Chymische Hochzeit mit einem gegengeschlechtlichen Partner durchgeführt haben, um die Energiequalität seines geschlechtlichen Gegenpols genauer erleben und differenzieren zu können.

Abendländische Tradition

Die Chymische Hochzeit der abendländischen Tradition entspricht in ihrem Anliegen dem, was in der Inneren Alchemie des Taoismus als »Vereinigung von Himmel und Erde« praktiziert wird. Ihre höchste Stufe erfährt sie durch die autoerotische Arbeit. Dies vor allem deshalb, weil dadurch die beiden sexuellen Energiepole des Menschen in seinem eigenen Inneren ohne Projektion nach außen, also auf einen Partner, miteinander in Harmonie gebracht

werden. Erst dann ist die wirkliche Loslösung von den Bedingtheiten und Abhängigkeiten der grobstofflichen Exis-
enz erreicht. (Ein Ideal, das übrigens auch der Tiefenpsychologie C. G. Jungs mit ihrem Konzept der Individuation
oder Selbstwerdung entspricht.)

Allerdings begeht der »Abendländer« aufgrund der traditionellen Körperfeindlichkeit seiner Kultur und Religion
oft den Fehler, Transzendenzsuche mit Diesseitsflucht
zu verwechseln. Das genaue Gegenteil ist jedoch damit
gemeint: Erst in der Transzendenz findet die grobstoffliche Ebene ihre Erfüllung, umgekehrt bedarf jede Transzendenz der materiellen Grundlage, sonst ist sie nichts
anderes als abgehobene, realitätsferne Fantasterei. Es ist
bezeichnend, dass die meisten großen Mystiker unserer
Welt (wie übrigens auch die meisten Magier und Schamanen) keineswegs nur verzückte Schwärmer waren, sondern
vielmehr auch ihren weltlichen Aufgaben gewissenhaft
nachgingen.

Gerade der autoerotische Umgang mit der Sexualmystik
birgt in sich die Gefahr, unerkannte Ängste und Neurosen,
Komplexe und Hemmungen durch eine »Vergeistigung«
dem Risiko der Manifestation auf der Ebene der grobstofflichen Realität zu entziehen. Es ist immer bedenklich,
wenn ein Mensch zu schnell zu dem Schluss gelangt, er
sei innerlich völlig unabhängig von allen Äußerlichkeiten. Dahinter verbirgt sich meist eine sehr handfeste Le-
benslüge! Deshalb wird die Chymische Hochzeit autoerotischer Prägung erst zum Ende dieses Buchs behandelt, und
auch dies nur in einer bewusst knappen, stichwortarti-
gen Form, weil wir der festen Überzeugung sind, dass sie
erst in Angriff genommen werden sollte, nachdem die an-

deren Spielarten der Sexualität, der Sexualmagie und der Sexualmystik erarbeitet wurden. Alles andere wäre Selbstbetrug!

Hier nun das Gerüst einer für die autoerotische Praxis ausgerichteten Chymischen Hochzeit, das für Magier beiderlei Geschlechts geeignet ist.

Die Chymische Hochzeit des Magiers mit sich selbst

Der Magier bereitet sich 69 Tage (sechs = Sonne, neun = Mond) auf die Chymische Hochzeit vor, indem er täglich sowohl die Sonnen- als auch die Mondaspekte seiner magischen Persönlichkeit verwirklicht.

Für Altar, Schutzkreis und Tempelausstattung gelten dieselben Anweisungen wie beim oben geschilderten Ritual (s. S. 368). Überhaupt gleicht die Chymische Hochzeit des Magiers mit sich selbst in fast allen Einzelheiten der Chymischen Hochzeit für Paare, nur dass der Magier eben beide Rollen wahrnimmt. Dabei beginnen weibliche Magier mit der Invokation der Mond-, männliche Magier dagegen mit der Invokation der Sonnenenergie. Auch mit Dolch und Kelch wird sinngemäß verfahren wie oben beschrieben.

Der Magier sollte einerseits seine gegengeschlechtliche Energie klar außerhalb von sich selbst und doch auch gleichzeitig in seinem Inneren spüren – ein paradoxer Zustand, der sich sprachlich nicht präziser beschreiben lässt. Nur die Erfahrung mit den anderen hier empfohlenen

Praktiken bietet die Gewähr, dass dieses Ritual korrekt durchgeführt werden kann.

Der Magier empfindet sich zunehmend als Verkörperung der männlichen und der weiblichen Energie. Schon diese Erkenntnis allein wird ihn in Ekstase versetzen. Erreicht diese ihren Höhepunkt, erfolgt der autoerotische Akt, auf dessen Höhepunkt Sonnen- und Mondenergie auf explosionsartige Weise miteinander verschmelzen werden. Über den darauf folgenden Zustand kann die Sprache nichts mehr aussagen. Im Übrigen verfährt der Magier sinngemäß, wie bei der Chymischen Hochzeit für Paare beschrieben.

Literaturverzeichnis

Die Fülle der einschlägigen Literatur hier vollständig aufzählen zu wollen wäre ein hoffnungsloses Unterfangen,
das mehrere Bände füllen müsste. Allein zum Thema »Tantra« und »Magie« wären mehrere Tausend Titel zu nennen.
So wurde hier nur eine recht subjektive Auswahl getroffen,
anhand derer der Leser sich in die verschiedensten Untergebiete einarbeiten kann.

Andreae, Joh. Valentin, Fama Fraternitatis (1614). Confes-
    sio Fraternitatis (1615). Chymische Hochzeit: Christia-
    ni Rosencreutz. Anno 1459 (1616), hrsg. u. eingel. v.
    Richard van Dülmen. Quellen d. Forschung zur württbg.
    Kirchengeschichte, Bd. 6, Stuttgart, Calwer, 1973
Ashley, Leonard R. N., The Complete Book of Sex Magic,
    Fort Lee, Barricade Books Inc., 2003
Bardon, Franz, Die Praxis der magischen Evokation. An-
    leitung zur Anrufung von Wesen und umgebender
    Sphären, Freiburg i. Br., Bauer, 1956
ders., Der Schlüssel zur wahren Quabbalah. Der Quabba-
    list als vollkommener Herrscher im Mikro- und Makro-
    kosmos, Freiburg i. Br., Bauer, 1957
ders., Der Weg zum Wahren Adepten. Ein Lehrgang in 10
    Stufen. Theorie und Praxis, Freiburg i. Br., Bauer, 1956

Carroll, Pete, Liber Null. Praktische Magie. Das offizielle Einweihungshandbuch des englischen Ordens IOT, mit einem Vorw. v. Frater V\D\ u. einem Prolog v. Mahamudra, Bonn, Edition Magus, 1982

ders., Psychonautik. Liber Null Teil II, mit einem Vorw. v. Frater V\D\ u. einer Einl. v. Peter Ellert, Bad Honnef, Edition Magus, 1984

Crowley, Aleister, Gems from the Equinox. Instructions by Aleister Crowley for his Own Magical Order, ed. by Israel Regardie, St. Paul Minn., 1974

ders., Liber A'ash vel Capricorni Pneumatici sub figura CCCLXX, komm. u. übers. v. J. S. 209 u. Frater V.·.D.·., THELEMA, H. 10, o. J. (1985), S 23–28

ders., Liber 777 und andere kabbalistische Schriften, übers. u. ed. v. Michael D. Eschner, Clenze, Stein der Weisen, 19852

ders., The Magical Diaries of Aleister Crowley, edited by Stephen Skinner, Jersey, Neville Spearman, 1979

ders., The Magical Record of the Beast 666, edited and annotated by John Symonds & Kenneth Grant, London, Duckworth, 1972

ders. (Gregorius), Aleister Crowleys magische Rituale, Berlin, Schikowski, 1980

Culling, Louis, The Complete Magick Curriculum of the Secret Order G.·.B.·.G.·., St. Paul Minn., Llewellyn, 1971

ders., A Manual of Sex Magick, St. Paul Minn., Llewellyn, 1971 Dadaji, Sinistroversus, Privatdruck, London, 1981

ders., The Yoni Tantra, Privatdruck, o. O., o. J.

David-Neel, Alexandra, Liebeszauber und schwarze Magie. Abenteuer in Tibet, Basel, Sphinx, 1983

Devi, Kamala, Tantra Sex. Die modernen Liebestechniken des Ostens, München, Goldmann, 1978

Douval, H. E., Eros und Magie, Büdingen-Gettenbach, Lebensweiser, 1959

Eliade, Mircea, Schamanismus und archaische Ekstasetechnik, Frankfurt/M., Suhrkamp, 1961

Ellert, Peter/Wichmann, Jörg, »›Der kleine Gott. In jedem Quark begräbt er seine Nase‹. Ein Komplementaritätsmodell von Magie und Naturwissenschaft«, UNICORN, H. 13, 1985, S. 100–105

Evola, Julius, Metaphysik des Sexus, Frankfurt et al., Ullstein, 1983

Fischman, Walter I./Warren, Frank Z., Chinas Geheimnis der Liebeskraft. Die 5000 Jahre alte Methode zur Bewahrung und Belebung der Liebeskraft durch Akupunktur und Akupressur, München, Heyne, 1981

Foral, Susanna, Die Orgie. Vom Kult des Altertums zum Gruppensex der Gegenwart, München, Heyne, 1981

Frater V.·.D.·., Schule der Hohen Magie, München, Ansata, 2001

ders., Schule der Hohen Magie II. Erweiterte Praxis und Exerzitien, München, Ansata, 2003

ders., »›Ausländischer Schweinkram‹? Sexualmagie zwischen Mystik und Verklemmung«, UNICORN, H. 9, 1984, S. 84–88

ders., »Geldmagie, oder mit Dreck fängt man keine Mäuse«, ANUBIS, H. l, 1985, S. 13–21

ders., »Mythen in Tüten – Vom magischen Umgang mit Analogien«, UNICORN, H. 11, 1984, S. 221–229

ders., Sigillenmagie in der Praxis, Berlin, Edition Magus, 1985 ders., »Spaltungsmagie: Der Doppelgänger als magisches Faktotum«, UNICORN, H. 2, 1982, S. 79–81

ders., »Versuch über Pan«, THELEMA, H. 7, 1984, S. 4–9

ders., »›Wie schächte ich mein Alter Ego?‹ Anmerkungen zur Dämonenmagie«, UNICORN, H. 13, 1985, S. 64, Anm., S. 119

ders., »›Zufall natürlich!‹ Das Problem der magischen Erfolgskontrolle«, UNICORN, H. 7, 1983, S. 225–229

Frick, Karl R. H., Die Erleuchteten, Graz, Akademische, 1973

ders., Licht und Finsternis, Graz, Akademische, 1975

ders., Licht und Finsternis II (Die Erleuchteten 1112), Graz, Akademische, 1978

ders., Satan und die Satanisten I, Graz, Akademische, 1982

ders., Satan und die Satanisten II, Graz, Akademische, 1985

Grant, Kenneth, Aleister Crowley and the Hidden God, London, Muller, 1973

ders., Cults of the Shadow, London, Muller, 1975

ders., Images and Oracles of Austin Osman Spare, New York, Weiser, 1975

ders., The Magical Revival, New York, Weiser, 1972

ders., Nightside of Eden, London, 1977

ders., Outside the Circles of Time, London, Muller, 1980

Gregorius, Gregor A., Exorial, Der Roman eines dämonischen Wesens, Berlin, Grosche, 1960

ders., Magische Briefe, Berlin, Schikowski, 1980

ders., Die magische Erweckung der Chakra im Ätherkörper des Menschen, Berlin, 1978

Harner, Michael, Der Weg des Schamanen. Ein praktischer Führer zu innerer Heilkraft, Interlaken, Ansata, 1982

Hirschfeld, Magnus, Geschlechtsverirrungen. Ein Studienbuch für Ärzte, Juristen, Seelsorger und Pädagogen, aus

d. Nachlaß erg. u. geordn. v. seinen Schülern, Konstanz, Pfister, o. J.

Ivanovas, Georg, »Räucherwerk – Nahrung der Götter«, UNICORN, H.5, 1983, S. 84

King, Francis, The Magical World of Aleister Crowley, London, Weidenfeld & Nicolson, 1977

ders. (ed.), The Secret Rituals of the O.T.O., London, Daniel, 1973

ders., Sexuality, Magic and Perversion, London, 1971

Klingsor, Dr., Experimental – Magie, Berlin, Schikowski, 1976

Miller, Richard Alan, The Magical and Ritual Use of Herbs. A Magickal Text on Legal Highs, Seattle, Wash., O.A.K., o. J.

Mumford, Jonn, Tantrische Sexualmagie. Theorie und Praxis der okkulten Liebe, Basel, Sphinx, 1984

Randolph, Paschal Beverley, Magia Sexualis, Paris, 1931

Rawson, Philip, Tantra. Der indische Kult der Ekstase, München et al., Droemer Knaur, 1974

Rosenberg, Alfons, Praktiken des Satanismus, Nürnberg, 1965

Saraswati, Swami Janakananda, Yoga, Tantra and Meditation in Daily Life, London et al., Rider, 1978

Sayjan, Lus de, Magie des Sexus oder Pan – Amrita – Yoga, Freiburg i. Br., Bauer, 1966

Seller, Terence, Der korrekte Sadismus. Die Memoiren der Angel Stern, Berlin, ikoo, 1985

Serrano, Miguel, EI/Ella. Das Buch der Magischen Liebe, Basel, Sphinx, 1982

Spare, Austin Osman, The Collected Works, ed. by Christopher Bray and Pete Carroll, o. O. (Leeds), The Sorcerer's Apprentice, 1982

Symonds, John, The Great Beast. The Life and Magick of Aleister Crowley, London, Macdonald, 1971

ders., Aleister Crowley. Das Tier 666. Leben und Magick, hrsg. v. Wolfgang Bauer, Basel, Sphinx, 1983 (The Great Beast, dt.).

Tegtmeier, Ralph, Der heilende Regenbogen. Sinnvolle Spiele, Experimente und Meditationen zum kreativen Umgang mit den geheimnisvollen Energien von Klang, Farbe und Licht, Haldenwang, Edition Schangrila, 1985

ders., Musikführer für die Reise nach Innen. Kosmische Klänge zum Entspannen und Meditieren, Haldenwang, Edition Schangrila, 1985

ders., Okkultismus und Erotik in der Literatur des Fin de siècle, mit einem Vorw. v. Dr. Hans Biedermann, Königswinter, Edition Magus, 1983

Thirleby, Ashley, Das Tantra der Liebe. Eine Einführung in die altindische Liebeskunst – der Schlüssel zu sexueller Freude und seelischer Kraft, o. O. (München), Scherz, 1979

ders., Tantra-Reigen der vollkommenen Lust. Die Geheimnisse der Vielfalt und der höchsten Steigerungsform altindischer Liebeskunst, o. O. (München), Scherz, 1983

Thompson, Charles Fairfax, The Forbidden Book of Knowledge, o. O. (Los Angeles), Selbstverlag, 1981

Volin, Michael/Phelan, Nancy, Sex und Yoga. Fortpflanzung. Ehe. Gesundheit. Potenz. Sexuelle Leistungsfähigkeit, München, Goldmann, o. J.

Wagner, Johanna, Die, die so aussehen wie jemand, aber möglicherweise etwas ganz anderes sind. Aus der Praxis afrikanischer Medizinmänner, Berlin, Zerling, 1985

Waldemar, Charles, Lock. Potenz bis ins hohe Alter. Yoga und Sexualität. Erotische Energiekunst, Zürich et al., Perseus, o. J.

ders., Magie der Geschlechter. Jungwärts durch Sexual-Magie, München, Perseus, 1958

Wichmann, Jörg, Wicca – Die magische Kunst der Hexen. Geschichte, Mythen, Rituale, Berlin, Edition Magus, 1984

Williams, Strephon Kaplan, Durch Traumarbeit zum eigenen Selbst. Die Jung-Senoi-Methode, Interlaken, Ansata, 1984

Der machtvolle Zugang zur magischen Königsdisziplin

Frater V∴D∴
Geldmagie
Reichtum anziehen, mehren, schützen

240 Seiten
ISBN 978-3-7787-7333-8

Ansata